普通高等教育系列教材

物流系统建模与仿真实用教程
——基于 Flexsim 2018 中文版

马向国　孙佩健　吴丹婷　著

机械工业出版社

本书力求从理论和工程案例两个角度对物流系统建模、仿真的方法和工程应用进行比较全面的介绍。全书共 9 章，包括系统仿真基础、物流系统仿真基础、典型物流系统建模与仿真方法、仿真输入数据和输出数据分析、Flexsim 软件概述、Flexsim 建模的相关概念、Flexsim 仿真模型建立，以及 Flexsim 软件在物流系统仿真中的应用。

本书既强调建模和仿真的方法和技术，又致力于物流系统的管理决策问题的解决。尤其是书中列举的生产物流、分拣作业、配货系统、离散流水线、配送中心、自动化仓储中心以及现代物流配送中心的案例都是作者在长期科研、校企合作和教学中积累的具有代表性的案例。通过这些案例，可以充分培养学生使用物流系统仿真软件综合设计和优化物流节点的能力，对丰富实践教学、促进学科发展以及培养学生理论联系实际的能力具有很好的指导作用。本书配套有案例模型文件，读者可登录 www.cmpedu.com 免费注册，审核通过后下载，或联系编辑获取（QQ：2966938356，电话：010-88379739）。

本书适合物流管理、物流工程、系统工程、管理科学与工程等专业的本科生或研究生作为教材使用，也可供其他领域的学生、学者及科技人员参考。

图书在版编目（CIP）数据

物流系统建模与仿真实用教程：基于 Flexsim 2018 中文版 / 马向国，孙佩健，吴丹婷著．—北京：机械工业出版社，2020.1（2024.1 重印）

普通高等教育系列教材

ISBN 978-7-111-64765-2

Ⅰ. ①物… Ⅱ. ①马… ②孙… ③吴… Ⅲ. ①物流-系统建模-应用软件-高等学校-教材②物流-系统仿真-应用软件-高等学校-教材 Ⅳ. ①F252-39

中国版本图书馆 CIP 数据核字（2020）第 026207 号

机械工业出版社（北京市百万庄大街 22 号 邮政编码 100037）

策划编辑：王 斌 责任编辑：王 斌 鹿 征
责任校对：张艳霞 责任印制：郜 敏

三河市国英印务有限公司印刷

2024 年 1 月第 1 版·第 8 次印刷
184mm×260mm·14.75 印张·363 千字
标准书号：ISBN 978-7-111-64765-2
定价：49.90 元

电话服务

客服电话：010-88361066
　　　　　010-88379833
　　　　　010-68326294

封底无防伪标均为盗版

网络服务

机 工 官 网：www.cmpbook.com
机 工 官 博：weibo.com/cmp1952
金 书 网：www.golden-book.com
机工教育服务网：www.cmpedu.com

前　言

现代物流系统是区别于传统物流系统的复杂大系统，它是一个动态的网络系统，包含了交通运输、仓储、包装、配送和信息处理等多个子系统。如何对现代物流系统进行整体优化，使其低成本、高效率、高质量地实现物品在供应链上的移动是现代物流中的一个亟待解决的课题。因此，研究此类系统必须采用有效可行的方法，其中最引人注目的研究领域为系统建模仿真与优化理论。根据国外应用经验，应用建模仿真分析方法改进物流系统方案后可使总投资减少 30%左右。因此，对物流系统的设计、建模和仿真的研究，已经日益受到普遍的关注和重视，物流系统的建模、仿真及优化技术也日益成为物流系统工程技术人员的必备技能之一。

全书从实用角度出发，理论联系实际，图文并茂，首先给出了现代物流系统建模的基本理论和基本方法，然后给出了仿真中输入数据的采集方法及仿真结果的分析方法，最后给出了生产物流、分拣作业、多产品单阶段制造、产品装盘、配货系统、离散流水线、自动化仓储中心以及现代物流配送中心几个典型的物流系统仿真案例。所列举的案例都是作者在长期科研、校企合作和教学中积累的具有代表性的案例。上述案例可以充分培养学生使用物流系统仿真软件综合设计和优化物流节点的能力，对培养学生理论联系实际的能力具有很好的指导作用。

全书共分为 9 章，其中第 1 章是系统仿真基础，介绍了系统仿真的基本概念、系统仿真的应用以及物流系统仿真所解决的问题；第 2 章是物流系统仿真基础，介绍了离散系统仿真、仿真的基本方法以及手工仿真；第 3 章详细阐述了排队系统、库存系统和生产物流系统几种典型物流系统的建模与仿真方法；第 4 章介绍了物流系统仿真输入数据模型的确定；第 5 章介绍了物流系统仿真输出数据分析；第 6 章介绍了 Flexsim 2018 软件的功能特点，并对软件操作主界面各模块功能进行了详细讲解；第 7 章介绍了 Flexsim 软件的建模框架和对象层次结构，以及任务序列；第 8 章介绍了如何建立 Flexsim 仿真模型，并通过案例详细描述了具体的建模步骤和如何对各对象进行参数修改，最后介绍了模型的优化方式；第 9 章是基于 Flexsim 软件给出了生产物流、分拣作业、多产品单阶段制造、产品装盘、配货系统、离散流水线、自动化仓储中心以及现代物流配送中心几个典型的物流系统仿真案例。随书配有电子课件以及书中所有案例模型，以方便读者使用。

本书由马向国、孙佩健、吴丹婷著，姜旭教授审阅全书，并提出了许多宝贵的修改意见。此外本书在编写过程中还得到了陕西科技大学机电学院刘昌祺教授、清华大学经管学院刘丽文教授的指导以及北京物资学院物流学院领导、同事的热情支持，在此一并表示感谢。

本书还得到了机械工业出版社的大力支持，在此也要特别感谢本书的责任编辑为本书的编辑、出版工作提供的多方面帮助。

由于时间仓促，加之作者水平有限，许多内容未能完善和进一步深入，书中难免有错漏之处，恳请读者批评指正。欢迎读者通过作者电子邮箱 mxg105@163.com 与作者进行更多的交流和探讨。

作　者

目　　录

第1章　系统仿真基础

本章引入了系统、模型、仿真的概念，从其定义、特性、分类、作用等方面进行阐述。

同时，本章详细阐述了三者的关系，系统是研究的对象，模型是系统的抽象，仿真则像一座桥梁，通过对模型的实验来研究系统。然后由系统、模型、仿真进一步拓展至系统仿真的介绍，解释了其发展历程、分类、仿真步骤以及应用等。最后单独对物流系统仿真开展研究，分析其特性、类型和需要解决的问题。物流系统仿真在物流设施设备以及人员的配置、物流场地布局规划、物流节点改善等方面发挥了举足轻重的作用。

1.1　系统、模型、仿真概述

1.1.1　系统

半个多世纪以来，"系统"作为一个研究对象，在国际上引起了很多学者的注意，吸引了众多领域的专家进行研究和应用。

1. 系统来源

"系统"这一概念来源于人类长期的社会实践。人类认识现实世界的过程，是一个不断深化的过程。客观世界中的一切事物的发生和发展，都是矛盾的对立和统一，科学的发展也不例外。在古代，自然科学界往往把世界看成一个整体，寻求共性和统一，但由于缺乏观测和实验手段，科学技术理论又很贫乏，所以对很多事物只能看到一些轮廓及表面现象。往往是只见森林、不见树木。随着科学技术的发展，理论更丰富了，工具更先进了，认识逐步深化了，但仍受到当时科学技术水平的限制和世界观的局限，往往又只看到一些局部现象而不能纵观整体，以致只见树木而不见森林。只有当认识不断深化，在对个体、对局部有了更多、更深的了解以后，再把这些分散的认识联系起来，才看到了事物的整体，以及构成整体的各个部分之间的相互联系，从而形成了科学的系统观。

2. 系统定义

"系统"（System）一词源于拉丁文的"Sytema"，表示群体、集合等。人们对于系统的定义有很多，其中具有代表性是我国著名系统工程学家钱学森给出的定义："把极其复杂的研究对象称为系统，即由内部相互作用和相互依赖的若干组成部分（称为子系统）结合而成的，具有特定功能的有机整体集合，而这个整体又是它所从属的更大的系统的组成部分"。在美国的韦氏（Webster）大辞典中，"系统"一词被解释为"有组织的或被组织化的整体；结合着的整体所形成的各种概念和原理的综合；由有规则的相互作用、相互依存的形式组成的诸要素集合等等"。在日本的 JIS 标准中，"系统"被定义为"许多组成要素保持有机的秩序，向同一目的行动的集合体"。一般系统论的创始人 L. V. 贝塔朗菲（L. V. Bertalanffy）把"系统"定义为"相互作用的诸要素的综合体"。美国著名学者阿柯夫（Ackoff，R. L.）认为：系统是由两个或两个以上相互联系的任何种类的要素所构成的集合。

一般我们采用如下的定义：系统（System）是具有特定功能的、相互间具有有机联系的许多要素（Element）所构成的一个整体。

3．系统特性

无论什么样的系统，从系统的定义中可以看出其共同拥有的特性。

（1）集合性

系统的集合性表明，系统是由两个或两个以上的可以相互区别的要素或子系统所组成的，而要素是构成系统的最基础部分。例如，一个计算机系统，一般都是由中央处理器（CPU）、存储器、输入与输出设备等硬件所组成的，同时还包含操作系统、程序设计、数据库等软件，这是一个由要素组合而成的完整系统。而物流系统则可以由运输系统、装卸搬运系统、仓库系统、配送系统、物流信息管理系统等各子系统组成。

（2）相关性

组成系统的要素是相互联系、相互作用的，相关性说明这些联系之间的特定关系。

（3）层次性

系统作为一个相互作用的诸要素的总体，它可以分解为一系列的子系统，并存在一定的层次结构，这是系统空间结构的特定形式。系统的层次性主要表现在它是其构成要素的上级，同时它也是其上级系统的子系统。在系统层次结构中表述了不同层次子系统之间的从属关系或相互作用关系。在不同的层次结构中存在着动态的信息流和物质流，构成了系统的运动特性，为深入研究系统层次之间的控制与调节功能提供了条件。

（4）整体性

系统是由两个或两个以上的可以相互区别的要素，按照作为系统所应具有的综合整体性而构成的，由于系统要素之间的联系与相互作用，使系统作为一个整体具有特定的功能或效能，这是各要素个体所不具备的。系统整体性说明，具有独立功能的系统要素以及要素间的相互关系（相关性、层次性）是根据逻辑统一性的要求，协调存在于系统整体之中。就是说，任何一个要素不能离开整体去研究，要素间的联系和作用也不能脱离整体的协调去考虑。系统不是各个要素的简单集合而是一种非加和性的关系，否则它就不会具有作为整体的特定功能。脱离了整体性，要素的机能和要素间的作用便失去了原有的意义，研究任何事物的单独部分不能使你得出有关整体的结论。系统的构成要素和要素的机能、要素的相互联系要服从系统整体的目的和功能，在整体功能的基础之上展开各要素及其相互之间的活动，这种活动的总和形成了系统整体的有机行为。在一个系统整体中，即使每个要素并不都很完善，但它们可以协调、综合成为具有良好功能的系统；反之，即使每个要素都是良好的，但作为整体却不具备某种良好的功能，也就不能称之为完善的系统。

（5）目的性

通常系统都具有某种目的，要到达既定的目的，系统都具有一定的功能，而这正是区别这一系统和那一系统的标志。系统的目的一般用更具体的目标来体现，一般说来，比较复杂的系统都具有不止一个目标，因此需要一个指标体系来描述系统的目标。为了实现系统的目的，系统必须具有控制、调节和管理的功能，管理的过程也就是系统的有序化过程，使它进入与系统目的相适应的状态。

（6）环境适应性

任何一个系统都存在于一定的物质环境之中，因此，它必然也要与外界环境产生物质的、能量的和信息的交换，外界环境的变化必然会引起系统内部各要素之间的变化。系统必须适应外部环境的变化，否则系统是没有生命力的，而能够经常与外部环境保持最优适应状态的系统，才是理想的系统。

4. 系统分类

1）根据系统的变化特性，系统可分为离散系统和连续系统。离散系统是指变量只在某个离散时间点集合上发生变化的系统，连续系统是指状态变量随时间连续改变的系统。实际上很少有系统是完全离散的或完全连续的，但对于大多数系统来说，由于某一类型的变化占据主导地位，就把系统类型归为该类型。

2）根据系统的物理特征，系统可以分为工程系统和非工程系统两大类。工程系统是航空、航天、核能、电气、机械、热工、水力等工程技术系统，它们通常是用微分方程描述的连续系统。虽然从原则上来讲这类系统是允许在实际系统上进行试验的，但是利用仿真技术对它们进行分析研究，既可以保证安全，又能节省大量费用。非工程系统是社会、经济、交通、管理、农业、生态环境等系统，它们属于离散系统。这类系统就更离不开仿真技术的帮助，因为这样一类系统往往不允许在实际系统上进行试验，如经济系统中一般不允许随意改变销售和供给以避免对市场的冲击。

3）根据系统的形成方式不同，系统可分为自然系统和人工系统。自然系统形成的主体是自然界，而人工系统主体是人类自身对自然界的改造或者是人类创造的系统。

4）根据系统的实体性质不同，系统可分为实体系统和概念系统。实体系统是可见的，而概念系统是不可见的，它需要借助一定的实体才能体现出来，例如虚拟的网络系统。

5）根据系统的开放程度，系统可分为孤立系统、封闭系统和开放系统。孤立系统与环境之间既无物质交换也无能量交换，封闭系统与环境之间仅有能量交换没有物质交换，开放系统与环境之间既有物质交换也有能量交换。

6）根据运行性质不同，系统可分为静态系统和动态系统。这种分类方式主要取决于观察系统是否处于不断变化中。

1.1.2 模型

为了指明系统的主要组成部分以及它们之间的主要关系，以便于人们对系统进行深入的分析和研究，往往通过模型来实现对其研究。系统模型主要用于三个方面：第一，分析和设计实际系统；第二，预测或预报实际系统某些状态的未来发展趋势；第三，对系统实行最优控制。

1. 模型定义

模型是所研究的系统、过程、事物或概念的一种表达形式，也可指根据实验、图样放大或缩小而制作的样品，一般用于展览或实验或铸造机器零件等用的模子。

系统模型是对实际系统的一种抽象，反映系统内部要素的关系，系统某些方面本质特征，以及内部要素与外界环境的关系，是系统本质的表述，是人们对客观世界反复认识、分析，经过多级转换、整合等相似过程而形成的最终结果。它具有与系统相似的数学描述形式或物理属性，以各种可用的形式，给出研究系统的信息。从概念中可以看出系统模型只是模型中的一种，为了简化描述文中出现的模型均指系统模型。对于系统模型的理解将从三方面进行。首先，模型必须是对现实系统的一种抽象，它是在一定假设条件下对系统的简化。其次，系统模型必须包含系统中的主要因素，模型不可能与实际系统一一对应，而至少应当包含那些决定系统本质属性的重要因素。最后，为了进行定量分析，模型中必须反映出各主要因素之间的逻辑关系和数学关系，使模型对系统具有代表性。仿真模型同样必须符合以上各项要求，并且适合于仿真环境下，通过模仿系统的行为来求解问题。

从某种意义上说，模型是系统的代径，同时也是对系统的简化。在简化的同时，模型应足够详细以便从模型的实验中取得相关于实际系统的有效结论。

建模就是建立模型。建立系统模型的过程，又称模型化。建模是研究系统的重要手段和前提。凡是用模型描述系统的因果关系或相互关系的过程都属于建模。

2. 模型特性

由实际系统构造出一个模型的任务主要包括两方面的内容：一是建立模型结构，二是提供数据。在建立模型结构时，主要确定系统的边界，鉴别系统的实体、属性和活动。模型结构根据数据中包含的活动的各个属性之间的关系来确定。在构建模型结构时，要满足两个前提条件：一是要细化模型研究的目的，二是要了解有关特定的建模目标与系统结构性质之间的关系。

一般来说，系统模型的结构具有以下一些性质：

1）相似性。模型与所研究的系统具有相似的特征和变化规律，这就是真实系统与模型之间具有相似的物理属性或数学描述。

2）简单性。从实用的观点来看，由于在模型的建立过程中，忽略了一些次要因素和某些非可测变量的影响，因此实际的模型已是一个被简化了的近似模型，一般来说，在实用的前提下，模型越简单越好。

3）多面性。对于由许多实体组成的系统来说，由于其研究目的的不同，就决定了所要收集的与系统有关的信息也是不同的，所以用来表示系统的模型并不是唯一的。由于不同的分析者所关心的是系统的不同方面，或者由于同一分析者要了解系统的各种变化关系，对同一个系统可以产生相应于不同层次的多种模型。

3. 模型分类

系统模型按结构形式分为实物模型、图式模型、模拟模型和数学模型。

1）实物模型。实物模型是现实系统的放大或缩小，它能表明系统的主要特性和各个组成部分之间的关系。如桥梁模型、电视模型、城市模型、建筑模型、风洞实验中的飞机模型等。这种模型的优点是比较形象，便于共同研究问题。它的缺点是不易说明数量关系，特别是不能揭示所要的内在联系，也不能用于优化。

2）图式模型。图示模型是用图形、图表、符号等把系统的实际状态加以抽象的表现形式，如网络图（层析顺序、时间与进度等）、物流图（物流量、流向等）。它是在满足约束条件的目标值中选取较好值的一种方法，它在选优时只起辅助作用。当维数大于 2 时，该种模型作图的范围受到限制。其优点是直观、简单。缺点是不易优化，受变量因素数量的限制。

3）模拟模型。用一种原理上相似，而求解或控制处理容易的系统代替或近似描述另一种系统，前者称为后者的模拟系统。它一般有两种类型，一种是可以接受输入进行动态模拟的可控模型，如对机械系统的电路模拟，可用电压模拟机械速度、电流模拟力，电容模拟质量。另一种是用计算机和程序语言表达的模拟模型，例如物资集散中心站台数设置模拟、组装流水线投料批量的模拟等。通常用计算机模型模拟内部结构不清或复杂的系统是行之有效的。

4）数学模型。数学模型是指对系统行为的一种数量描述。当把系统及其要素的相互关系用数学表达式、图像、图表等形式抽象地表示出来时，就是数学模型。它一般分为确定型和随机型、连续型和离散型。

4. 建模原则

对于同一个实际系统，人们可以根据不同的用途和目的建立不同的模型。所建模型只是实际系统原型的简化，因此既不可能也没必要把实际系统的所有细节都列举出来。一个理想的模型应该既能反映实体的全部重要特性，同时又易于处理，即原则上要满足：

1）清晰性。一个复杂的系统是由多个子系统构成的，因此对应的系统模型也是由许多子模型构成的。模型之间除了研究目的所必需的信息外，结构要尽可能清晰。

2）相关性。模型中应该包括系统中与研究目的有关的那些信息。虽然与研究目的无关的信息包含在系统模型中可能不会有很大害处，但是因为它会增加模型的复杂性，从而使得求解模型时增加额外的工作，所以应该把与研究目的无关的信息排除在外。

3）准确性。建立模型时应该考虑所收集的、用以建立模型的信息的准确性，包括确认所应用的原理和理论的正确性和应用范围，以及检验建模过程中针对系统所做假设的正确性。例如在建立工厂设施规划与运输系统模型时，应该将运输工具视为一个三维实体而不能为一个质点。它的长度和宽度影响了运输通道的布局。

4）可辨识性。模型结构必须具有可辨识的形式。可辨识性是指系统模型必须有确定的描述和表示方式，而在这种描述方式下与系统性质相关的参数必须有唯一确定的解。若一个模型结构中具有无法估算的参数，则此结构就无实用价值。

5）集合性。建立模型还需要进一步考虑的一个因素，是能够把一些个别实体组成更大实体的程度，即模型的集合性。例如对物流与供应链系统的研究中，除了能够研究每个物流中心的物流细节和规律之外，还可以综合计算多个物流中心构建成一个供应链系统的效能。

5. 建模步骤

建构模型需要想象力和技巧。这里从方法论的角度总结建模步骤如下：

1）形成问题。在明确目标、约束条件及外界环境的基础上，规定模型描述哪些方面的属性，预测何种后果。

2）选定变量。按前述影响因素的分类筛选出适合的变量。

3）变量关系的确定。定性分析各变量之间的关系及对目标的影响。

4）确定模型的结构及参数辨识。建立各变量之间的定量关系，主要的工作是选择合适的表达形式，数据来源是该步骤的难点，有时由于数据难以取得，不得不回到步骤2）甚至步骤1）。

5）模型真实性检验。模型构建过程中，可用统计检验的方法和现有统计数字对变量之间的函数关系进行检验。模型构建后，可根据已知的系统行为来检验模型的结果。如用结果解释现实世界尚能令人接受，不致相悖，便要判断它的精确程度和模型的应用范围。如精度比期望要低，则需弄清其原因，可能是原先的设定错误或者忽略了不该忽略的因素。

经过以上5个步骤，模型便可在实际中应用，但不能与检验过的情况误差太大，应把每次模型应用都当成是对模型的一次检验。有些模型，特别是社会经济系统的模型难以实际检验，另一些模型虽可检验，但花费太大或需要特殊条件，这时，个人经验很重要，凭着对原型对象的认识对模型的真实性做出判断。然而，在能够实际试验的场合总应力求进行实验。不经过试验的建模过程总是不完整的。

1.1.3 仿真的概念

系统仿真为了利用人为控制的环境条件，改变某些特定的参数，观察模型的反应，研究真实系统的现象或过程。当前，仿真技术已经成为分析、研究各种复杂系统的重要工具，它广泛用于工程领域和非工程领域。

1．仿真定义

仿真（Simulation）是真实过程或系统在整个时间内运行的模仿。利用模型复现实际系统中发生的本质过程，并通过对系统模型的实验来研究存在的或设计中的系统，又称模拟。在研究、分析系统时，对随着时间变化的系统特性，通常是通过一个模型来进行研究。在某些情况下，所研究的模型足够简单，可以用数学方法表示并求解，这些解通常由一个或多个成为系统性能测度的数学参数组成。但是许多真实系统是非常复杂的，无法用数学关系、数学方法来求解。这时利用仿真就可以像观察、测试真实系统那样，在仿真模型中得到系统性能随时间而变化的情况，从仿真过程中收集数据，得到系统的性能测度。所以，仿真包括两个过程：建立模型和对模型进行实验、运行。

2．仿真作用

总的来说，管理系统仿真扮演着管理试验手段的角色。仿真模型已经在描述、设计和分析系统中充分显示了它的作用，具体地说有以下几个方面：

1）作为解释手段去说明一个系统或问题。对于现有的实际运行的系统，如果为了深入了解以及改进它，而在实际的系统中进行实验，则往往花费大量的人力、物力、财力和时间，有时甚至是不可能的，而通过计算机仿真，可以使现有系统不受干扰，经过分析仿真结果，对现有系统做出正确评价，并可预测其未来的发展趋势，提出改进方案。

2）作为设计准绳去综合分析和评价所建议的决策措施。对于所设计的新系统，在未能确定其优劣的情况下，先不必花费大量的投资去建立它，而是采用计算机仿真，对新系统的可行性和经济效果做出正确的评价。

3）作为决策支持系统辅助决策。在管理决策中，针对具有不同的决策变量或参数组合的不同决策方案，进行计算机仿真的多次运行，按照既定的目标函数，对不同的决策方案进行分析比较，从中选择最优方案，从而辅助管理决策。

4）作为预测方法去预报和辅助计划系统的未来发展。

5）作为分析工具去确定系统的关键组成部分或项目。

3．仿真与解析方法的比较

在系统模型不太复杂的情况下，往往可能运用数学方法，如线性代数、微积分、数学规划等求解问题。但是，大多数的实际系统是如此复杂以至它的模型不可能采用上述解析方法求得解决。这时，仿真就能发挥它应有的作用。在这种情况下，系统设计与分析人员运用计算机仿真，求解系统模型，并收集相应的资料用以估计所研究的系统的各项特征。

与数学解析方法相比，仿真有着以下优点：

1）对于复杂系统具有良好的适应性，大多数具有随机因素的复杂系统无法用准确的数学模型表述从而采用解析方法评价，于是仿真通常就成为解决这类问题的好方法。

2）它允许对一段系统工作时间进行压缩，用小段时间仿真出大量时间段的工作情况。

3）不需要打乱真实系统就可以使人们能对现有系统在重新设计的工作条件下的工作成果做出分析判断。

4）能帮助人们选择最优的系统设计方案。

与此同时，仿真也存在着如下的缺点：

1）它需要花费大量的费用和时间，这是由仿真系统开发的复杂性及仿真所需的计算机存储量大和计算时间长所造成的。

2）基于现实生活中复杂性，不能完成全部仿真、只能是其中一部分，所以会影响到仿真结果的可信度。

3）仿真的精度受到许多方面因素的影响，较难控制和测定。

4）模型的参数设定是非常困难的，即难以确定合适的系统仿真初始条件。

1.1.4　系统、模型、仿真三者关系

系统、模型与仿真三者之间有密切的关系。系统是研究的对象，模型是系统的抽象，仿真是通过对模型的实验以达到研究系统的目的。三者的关系如图 1-1 所示。

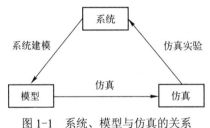

图 1-1　系统、模型与仿真的关系

1.2　系统仿真

1.2.1　系统仿真概述

1．系统仿真发展

系统仿真是 20 世纪 40 年代末以来伴随着计算机技术的发展而逐步形成的一门新兴学科。最初，仿真技术主要应用于航空、航天、原子反应堆等价格昂贵、周期长、危险性大、实际系统试验难以实现的少数领域，后来逐步发展到电力、石油、化工、冶金、机械等一些主要工业部门，并进一步扩大到社会系统、经济系统、交通运输系统等一些非工程系统领域。可以说，现代系统仿真技术和综合性仿真系统已经成为任何复杂系统，特别是高技术产业不可缺少的分析、研究、设计、评价、决策和训练的重要手段，其应用范围在不断扩大，应用效益也日益显著。

2．系统仿真定义

从一般意义上讲，系统仿真可以被理解为：

在对一个已经存在或尚不存在的系统进行研究的过程中，为了解系统的内在特性，必须进行一定的实验；由于一些原因（未存在、危险性大或者成本高昂），无法在原系统上直接

进行实验，只能设法建立既能反映系统特征又能满足系统实验要求的系统模型，然后在该模型上进行实验，以达到了解或设计系统的目的。

从近现代意义上讲，所谓系统仿真，是指：

利用计算机来运行仿真模型，模仿实际系统的运行状态及其随时间的变化情况，并通过对仿真过程的观察和统计，得到仿真模型的输出参数和基本特征，以此来估计和推断实际系统的真实性能。

所谓系统仿真，就是根据系统分析的目的，在分析系统各要素性质及其相互关系的基础上，建立能描述系统结构或行为过程、且具有一定逻辑关系或数量关系的仿真模型，据此进行试验或定量分析，以获得正确决策所需的各种信息。

3．系统仿真分类

（1）根据模型的种类分类

根据模型种类的不同，系统仿真可以分为三种：物理仿真、数学仿真、半实物仿真。

1）物理仿真。按照真实系统的物理性质构造系统的物理模型，并在物理模型上进行实验的过程，称为物理仿真。其优点是直观、形象化。计算机问世以前，基本上是物理仿真，也称为模拟。物理仿真的缺点是：花费的投资较大，周期一般也比较长，并且在物理模型上做实验，很难修改系统的结构，实验受到一定的限制。

2）数学仿真。对实际系统进行抽象，并将其特性用数学关系加以描述而得到系统的数学模型，对数学模型进行试验的过程称为数学仿真。计算机技术的发展为数学仿真创造了环境，使得数学仿真变得方便、灵活、经济，因而数学仿真亦称为计算机仿真。数学仿真的缺点是受限于系统建模技术，即系统的数学模型不易建立。

3）半实物仿真。第三类称为半实物仿真，即将数学模型和物理模型甚至实物联合起来进行实验。对系统中比较简单的部分或对其规律比较清楚的部分建立数学模型，并在计算机上加以实现，而对比较复杂的部分或对其规律尚不十分清楚的系统，由于其数学模型的建立比较困难，则采用物理模型或实物。仿真时将两者连接起来完成整个系统的试验。

（2）根据系统模型的特性分类

计算机仿真根据被研究系统的特性可以分为连续系统仿真、离散事件系统仿真和离散——连续复合系统仿真三大类。

1）连续系统仿真。

连续系统是指系统中的状态变量随时间连续的变化的系统。由于连续系统的关系式要描述每一实体属性的变化速率，所以连续系统的数学模型通常由微分方程组成。当系统比较复杂尤其是引进非线性因素后，此微分方程经常不可求解，至少非常困难，所以采用仿真方法求解。

连续系统计算机仿真的中心问题是将微分方程描述的系统转变为能在数字机上运行的模型。用于该类系统的数学方法可以分为以下两种：常微分方程的数值积分法和连续系统的离散化方法。

① 数值积分法。在连续系统仿真中，系统模型数学描述的最基本形式是微分方程，所以微分方程的数值计算方法即数值积分法的基本算法是主要研究内容。

数值积分法主要可分为单步法、多步法和预测校正法等。单步法中最简单的是欧拉（Euler）法，常用的是龙格——库塔（Runge-Kutta）法。多步法中则以阿达姆斯（Adams）法用得最为普遍。

对连续系统进行数字仿真时，首先应保证这一数值解的稳定性，即在初始值有误差，计算机在舍入误差影响下，误差不会积累而导致计算失败。所以，在进行仿真时必须正确选择积分步长，积分步长过大将影响计算稳定性及计算精确度，而积分步长过小则大大增加计算量与计算时间，故应在保证计算稳定性与计算精度的要求下选择最大步长。

② 离散相似法。离散相似法是将连续系统进行离散化处理，用离散化的模型直接代替连续系统的数学模型，其数字描述是以常系数差分方程来近似"等效"原来的常系数微分方程，这样就可以方便地用迭代方法在数字计算机上直接求解差分方程。

采取了合理的算法，就可以将数学模型转为仿真模型，然后编程、运行，得到连续系统的仿真结果。

2）离散事件系统仿真。

离散事件系统是状态变量只在一些离散的时间点上发生变化的系统。这些离散的时间点成为特定时刻。在这些特定时刻系统状态发生变化，在其他时刻系统状态保持不变，而在这些特定时刻是由于有事件发生所以引起了系统状态发生变化。常见的离散事件系统有排队系统、库存系统等。

总体说来，离散事件系统具有如下特点：

① 不连续性，离散事件系统的物理状态在本质上都是离散的。

② 性能测度的连续性，如平均输出、等待时间等。

③ 随机性，系统在运行过程中总有诸如失效等不可预知的因素在起作用。

④ 层次性，这是产生系统复杂的原因之一。

⑤ 动态性，在对离散事件系统进行动态控制时尤其要注意所选模型必须能充分描述系统的动态性。第一，计算的复杂性，这是因为离散事件系统物理状态呈指数增长；第二，应用的广泛性，离散事件系统的应用领域十分广泛，如 FMS 分布式系统、计算机系统、军事 C31 系统等等。

3）离散-连续复合系统仿真。

在离散-连续复合系统仿真中，参变量可以做连续性及离散性的变化，或者做连续性变化并具有离散型突变。它的自变量——仿真时间可以是连续性的或离散性的。

4）连续系统与离散事件系统的区别。

比较连续时间系统与离散事件系统，可以看出二者存在如下几方面的区别：

① 时间基。连续系统的时间基是一个确定的值。离散事件系统的时间基则是可变的，而且随着时间基的变化，仿真结果也各不相同。这两种仿真，系统的初始状态不同，仿真的结果也不相同。因为离散事件系统仿真的结果是一个统计结果。它与统计的区段大小有关。

② 输入变量和输出变量。连续系统的输入变量通常是一个确定性变量，而离散事件系统的变量往往带有随机性，因此离散事件系统的模型也被称为随机模型。输出变量与输入变量情况相同。

③ 状态变量。连续系统的状态变量一般也是一个连续变量，而离散事件系统的状态变量则可能是非连续的，例如仓库货位的状态时空或非空。

④ 状态转移函数。在连续系统中，存在一个状态转移函数，可通过其推算出状态变量的变化过程，而离散事件系统则不存在状态转移函数，人们无法找到一个函数来表达状态变量变化的规律。

⑤ 状态空间。状态空间是状态变量的集合所表述的空间。对于一个被研究的连续系统，引进不同组合的状态变量，可以构造不同的状态空间模型。这一点离散事件系统是相同的。

从上述分析可知，离散事件系统与连续系统最主要的区别在于离散事件系统输入输出变量的随机性以及状态变化的不确定性。由此，连续系统与离散事件系统仿真方法有很大的差别。连续系统仿真借助数字积分算法和离散相似算法等来求解表征系统变量之间关系的方程，离散事件系统则是建立系统的概率模型，采用数值方法"执行"仿真模型，系统的变量是反映系统各部分相互作用的一些确定或者随机事件，系统模型则反映这些事件和状态的值集，仿真结果，也就是"执行"的结果，是产生处理这些事件的时间历程。

（3）根据仿真时钟与实际时钟的比例关系分类

实际动态系统的时钟称为实际时钟，而系统仿真时模型所采用的时钟称为仿真时钟。根据仿真时钟与实际时钟的比例关系，系统仿真分类如下：

1）实时仿真，即仿真时钟与实际时钟完全一致，也就是模型仿真的速度与实际系统运行的速度相同。当被仿真系统中存在物理模型或实物时，必须进行实时仿真，例如各种训练仿真器就是这样。有时也称为在线仿真。

2）亚实时仿真，即仿真速度慢于实际时钟，也就是模型仿真的速度慢于实际。

4．系统仿真步骤

系统仿真的一般步骤如下。

（1）调研系统，建立目标

通过调研仿真者应对研究的系统有全面的、深入的了解，能够对系统进行尽可能详细的描述，明确仿真的目标和系统涉及的范围。一般来说，仿真目标不同，所建立的模型也不同，为建立模型所需要采集的数据也不同。

（2）收集仿真数据，建立模型

根据仿真的目标，对系统进行选择和整理，这是一件费时费力的工作。在收集数据时，应注意考虑系统运行的循环周期。正确的收集方法是对完整的循环周期收集数据。建立模型的过程，是一个抽象和简化过程。为了保证所建模型符合真实系统，在建立模型后，应对模型进行检查，反复修改，直至模型正确为止。所需检查的项目包括系统流程、逻辑关系、循环周期、随机变量等。

（3）编制程序

程序可以用通用语言编写，如 FORTRAN、C、PASCAL 等，也可以用专门的仿真语言编写，如离散事件系统的仿真语言有 GPSS、SIMULA、SIMAN、SLUM、WITNESS 等，还可以用专门的仿真软件编写，如 ARENA、AUTOMODE 等。

（4）运行仿真模型

在计算机上进行仿真运行，获取模型的输出数据，许多仿真语言和仿真软件如 ARENA、WITNESS 可以做到边建模边试运行。

（5）输出结果分析

输出结果分析在仿真活动中占有十分重要的地位，特别是对离散事件系统来说，其输出结果分析甚至决定着仿真的有效性。输出分析即对模型数据的处理，同时也是对模型的可信性进行检验。

5. 仿真时钟

仿真时钟用于表示仿真时间的变化。在离散事件系统仿真中，由于系统状态变化是不连续的，在相邻两个事件发生之间，系统状态不发生变化，因而仿真钟可以跨越这些"不活动"区域。从一个事件发生时刻，推进到下一个事件发生时刻。仿真钟的推进成跳跃性，推进速度具有随机性。由于仿真实质上是对系统状态在一定时间序列的动态描述，因此，仿真钟一般是仿真的主要自变量，仿真钟的推进是系统仿真程序的核心部分。

仿真时钟的推进有两种经典的方法：固定步长推进法和变步长推进法（或称为下一事件推进法）。变步长推进法应用较多，目前市面的大多数仿真软件都采用变步长推进法。

（1）固定步长推进法

确定一个固定的时间增量，以此增量逐步推进仿真时钟。每推进一个增量，就在被推进的时刻观察有无事件发生。如果没有事件发生，则继续以相同的增量推进仿真时钟；如果有事件发生，则根据事件类型进入事件处理程序，对事件发生后的状态变化进行相应处理，然后再推进仿真时钟。

如果恰好在推进的增量的中间时刻有事件发生，一般采取简化的方法，把该事件假定为是在增量推进的时刻发生的。

（2）变步长推进法

变步长推进法即事先没有确定时钟推进步长，而是根据随机事件的发生而进行随机步长的推进，推进的步长为最后易发生事件与下一事件之间的间隔时间。由于离散事件系统的状态多数是随时间离散变化的，在仿真时不需要考虑那些没有发生状态变化的时段。因此，这种变步长的推进方法，其节奏性与系统状态变化更加吻合。

应当指出，仿真钟所显示的是仿真系统对应实际系统的运行时间，而不是计算机运行仿真模型的时间。仿真时间与真实时间将设定成一定比例关系，使得像物流系统这样复杂的系统，真实系统需要运行若干天或若干月，计算机仿真只需要几分钟就可以完成。

1.2.2 系统仿真应用

众多的随机性给复杂的系统研究带来了许多困难。系统研究常用的理论和方法有数学规划法（运筹学）、统筹法（网络分析法）、系统优化法和系统仿真方法。前面的三种方法属于解析法，而系统仿真方法是一种非解析法，它利用模型对实际系统进行实验研究，这种模型既表达了系统的物理特征，又有其逻辑特征，既反映了系统的静态性质，也反映了其动态的性质。对于各种复杂的系统，无论是线性的还是非线性的，无论是静态的还是动态的，都可以用系统仿真方法来研究。

系统仿真模型还是一个随机模型，系统的参数受随机因素影响所发生的变化在模型中能够得到充分体现，这是解析法无法比拟的。复杂的离散事件系统往往受很多随机因素的影响（物流系统就是这样的系统），忽略随机因素的影响，用确定性模型代替随机模型研究系统，将会使分析结果有很大的误差。另外，系统仿真方法是一种间接的系统优化方法，对于系统来说，并不存在绝对意义上的最优解，优化只是相对而言。不单纯追求最优解，而寻求改善系统行为的途径和方法，应该说是更加有效的，系统仿真方法正是提供了这种环境。同时，它也是系统研究和系统工程实践中的一个重要技术手段，在各种具体的应用领域中表现出越来越强的生命力，特别是在求解一些复杂系统问题中具有很多优点。

系统仿真的应用可以从研究对象系统所处的生命周期阶段来体现，也可以从系统仿真所做的具体内容和目的来体现。

1）按照所研究对象所处的时间、空间来划分，系统仿真的应用体现在以下几个方面：

① 对已经发生的系统所经历的历史过程，通过仿真进行再现，以研究其规律。

许多复杂系统在实际运作中出现的复杂问题，难以在发生当时得到充分的理解和较好的解决，难以得到更优的解决方案。而当实际系统的动态过程成为过去，再想要去分析当时的过程，往往很难把握各种复杂的因素。这时，采用仿真方法，可以把当时复杂的过程动态再现出来，从而更充分加以认识，并可以在仿真模型上做各种方案的对比，从而更好地理解系统和解决问题。

② 研究一个尚未存在的对象系统的特征、性能、规律等。

对于一个尚处于规划、设计阶段的对象系统，由于系统的复杂性，尽管在系统设计时使用了各种数学解析方法或其他方法进行了系统各部分的设计计算，但仍难以预料，在整个系统运行起来时，由于各个部分的交互作用，尤其是在众多随机因素的作用下，整个系统将体现怎样的特性，表达出怎样的系统性能。这时，采用仿真方法，可以构建这个尚未真实存在的系统，充分体现系统各子系统和各部分之间的交互作用的动态执行过程，从而把握所设计系统的特征、系统性能以及系统运行中体现的各种规律性。

③ 对于存在，但由于各种因素难以在实际系统上进行实验的系统。

有些现实中的系统，虽然实际存在，但是难以在实际系统上直接进行实验研究。这往往要考虑安全、经济和时间成本等因素。这时，仿真就起到了不可替代的作用。通过建立实际系统的仿真模型，可以避免在实际系统上的直接研究带来的一系列影响，如停工、停产、安全隐患、研究时间过长或过短等问题。

2）按照仿真应用的目的、内容来划分，系统仿真的应用体现在以下几个方面：

① 用于理解实际系统，进行 What-if 分析。

采用仿真方法可以进行多种实验，通过改变系统的各种输入、系统边界条件或系统特征参数、设定各种不同的实验情景来预测系统可能发生的情况，揭示和理解系统运作的规律。根据多种对比，捕捉系统关键要素，更深入地了解系统成分、特征变量、外部条件和输入变量等对系统产生的影响、这些因素之间的相互作用以及系统各种性能参数之间的相互影响和变化规律。例如，虽然用数学模型和解析方法能够解释一个复杂系统在运作中可能出现的瓶颈问题，但是，在设计时，各个部分构成的整体难以用极复杂的数学模型来描述，即使描述出来也往往无法求解析解，也难以事先发现瓶颈。而如果用仿真方法，在改变系统输入、系统特征参数或其他设定的情况下，就能及时直观地暴露系统的瓶颈问题。

② 用于对一个系统的多种方案对比研究。

通过仿真可以对比同一个系统的多种不同策略、方案在系统多个性能参数方面的异同和差别。实际中，对于同一个对象系统，往往有多个解决方案，仿真方法可以定性或定量对多个方案进行分析评价，给出多个方案的多个系统性能参数的评价，从而为决策者提供一个全面的、可信的参考依据。

③ 对其他研究方法得到的研究结果进行验证。

仿真还是验证其他数学算法的有力工具。在研究实际问题时，通常可能会给出解决实际问题的策略、数学模型和相应的算法，如何验证所提出的策略（方案）以及相应的模型和算法是可信的呢？仿真可以将其算法的实现展现出来，通过仿真评价，来验证所给的策略、模型和算法是否正确。

④ 其他。

仿真作为一种新型方法，发挥着多方面的作用。例如，由于仿真发展了三维图形动画技术，使它成为有效的沟通工具。一些用数学语言不便交流或难以发现、理解的问题，可以用仿真直接展示出来。正因为如此，仿真正越来越多地被应用到各个领域的商业技术交流中。又如，仿真可以用于培训。设计仿真系统，可以使受培训者根据设定的程序为仿真模型提供决策的输入，通过与仿真模型的交互，达到认识、训练的目的。

1.2.3　系统仿真结果

系统仿真的目标很少是单纯建立一个仿真模型，多数情况下使用系统仿真方法来研究一些复杂的实际系统。这些实际系统的动态行为特征体现在得到的仿真结果中。那么，用什么样的方法来分析实验结果才能得出有用的结论呢？如何进行仿真实验才能保证实验结果是合理、可靠的呢？采用正确的实验和分析方法是离散事件系统仿真的关键问题之一。

1. 输入数据分析

由于在离散事件系统仿真中，有些输入数据及模型参数是随机数而不是确定型数，故需对输入数据进行分析，即确定各输入数据的分布及参数。输入数据的分析是项工作量很大的工作，同时也是直接影响仿真结果正确性的工作，一般应分为如下四个步骤：

（1）数据收集

收集足够多的原始数据，是首先要做的工作。为了使数据收集工作尽量有效，应在事先有所计划，即制定适当的数据表格，并在收集数据的同时进行分析。分析所收集的数据是否已足以确定在仿真中需要用作输入数据的分布及参数，对与此无关的数据不必收集，不足的数据则补充收集。而对已收集的数据，应尽量把均匀数据组合在一组，以便初步检验其独立性。

（2）分布的识别

将收集到的数据制成频数分布或直方图，根据直方图形状得到分布的类型。也可采用概率图得到分布的假设。另外，根据系统的性能，输入数据的物理意义也可以得到分布的假设，如顾客的来到、故障的出现等输入，若这些输入数据之间是相互独立的，则可认为服从泊松分布。同一类零件加工时间，同一性质的服务时间等，它们有期望值，则可认为服从指数分布。一般情况下，通过分析直方图、概率图可以对输入数据的分布做某一假设。

（3）参数估计

对输入数据假设了其分布后，还需对该分布的参数进行估算。样本均值与样本方差可用来估计所假设分布的参数，在通常情况下，这些参数是样本均值与样本方差的函数。不同的假设分布有不同的函数表示。

（4）分布假设检验

分布假设检验即对各输入数据假设的分布及估算得到的参数进行检验，看其假设的正确性。对许多分布假设可应用柯尔莫哥洛夫-斯米尔诺夫和卡方拟合优度检验，当检验结果为不符及拒绝分布假设时，应尝试另一种分布假设，并估算参数，再度检验，直至接受。如所有方法都无效时，可在模型中应用经验分布。输入数据分析工作费时又重要，不管仿真模型如何正确与精确，如果输入数据的分布与参数估计不正确，仿真运行就会产生不正确的输入数据，那么由此而得到的输出结果也将是错误的，所以应重视输入数据的分析。

2. 输出数据分析

（1）输出数据的随机性及其估计

对于从运行仿真模型后得到的输出变量，应被看作是具有未知分布的随机变量，只不过是输出变量所有可能的观察总体中的一个采样观察。这是由于仿真模型的某些输入变量是随机变量，该模型是输入-输出变换，所以一般来说模型输出变量也是随机变量，哪一个观察值都不可以随意用来表示系统的真实值，它们之间可能有很大的波动，也可能与真实值有很大的方差，必须经过统计分析才能得到真实值。

为了估计系统输出变量的真实值，必须对变量的输出值进行多次观察，并将多次观察值加以统计分析，同时还必须说明系统的输出变量真实值降落在一给定估计区间的概率，即要求定义一个置信区间，在这个区间内集中了输出真实值的绝大部分。所以在进行仿真输出数据分析时，我们需要得到输出变量的点估计以及它的区间估计。仿真输出数据的估计也指的是点与区间二者的估计。

在对数据进行统计分析时，有些经典方法常被采用，但是这些经典方法不能直接用来分析离散事件系统仿真的输出数据，因为经典方法假设数据是独立的，也就是所有观察结果之间是不相关的、彼此独立的。但是仿真的结果却是不可能相互独立的，一次仿真运行结束时的系统状态往往是下一次仿真运行的初始状态，故这两次仿真运行的输出数据是自相关的，如果用经典统计方法来统计系统、分析仿真运行的输出数据则会带来较大误差，往往会严重的低估输出数据的标准误差。此外，系统在仿真起始时刻所规定的初始条件也往往会影响仿真运行的输出数据，使这些输出数据由于初始状态的不正确规定而偏离系统的稳态值。对统计分析来说，初始条件的影响会使输出观察值可能不是同一分布，所以应当采用适当的方法来解决上述两个问题。

从仿真结果分析的观点来看，仿真运行可分为两大类：一类是终止型仿真，这种仿真的运行长度是事先确定的，系统的性能与运行长度有关，而且系统的初始状态对系统性能的影响不能忽略；另一类仿真是稳态型仿真，这类仿真研究仅运行一次，但运行长度却是足够长，仿真的目的是估计系统的稳态性能。显然，由于仿真长度没有限制，系统的初始状态对仿真结果的影响可忽略。

（2）终态仿真输出分析

在分析仿真输出数据时，由于系统特性及仿真研究的目的不同，可以将仿真运行方式分为两类，即终态仿真输出与稳态仿真。

终态仿真是指从指定的初始时刻 0 开始到某一时刻 T_E 终止的一类仿真。这里 E 是停止仿真的一个指定事件，T_E 是结束仿真的特定时刻，它是由 E 事件发生来决定或者由人为预先指定的。所以终态仿真是一种系统性能测度与仿真的时间区间$(0，T_E)$有关的仿真类型。这是经常遇到的一类仿真，如仿真从早上 8:00 开门至晚上 10:00 关门的一个超级市场，仿真从早上 8:00 至 16:00 的一条加工线的运行情况，又如仿真在 9:00 至 21:00 高峰期的交通情况等等。由于系统就在这段时间内运行，如超级市场有开门营业与关门停止营业时间，或者由于仿真研究的目的是为了研究某一时间区间内的系统性能，如我们关心的是 9:00 至 21:00 的交通运输高峰期，而其他时间也有交通但不拥挤便不加以研究。这类仿真称为终态仿真（暂态仿真）。

终态仿真应尽量满足下列三个条件：

1）初始条件设置正确，且保证每次仿真运行在相同的初始条件下进行。初始条件对终态仿真的输出结果有明显的影响，若每次运行都在正确初始状态下，就保证了每次运行结果都是正确的观察值。

2）随机数流的独立性。这是为了保证每次运行的随机输入数据的独立性，从而使各次仿真运行也相互独立。

3）假设输出结果服从正态分布，如不服从正态分布，则必须进行大量次数的运行，以遵从大数定律。

（3）稳态仿真输出分析与主要方法

1）稳态仿真。稳态仿真是另一类运行方式的仿真。它的研究对象是系统的稳态行为，如一个 24h 不间断的加工系统、城市的通信服务系统等。这类系统没有开门服务与关门结束服务的时间区间，它们是不间断系统，仿真研究的目的是系统的稳态性能。对这类系统应该仿真运行足够长的时间，理论上应是无限长的时间。这样首先可以消除人为设置的初始状态的影响，也可以得到系统的真正稳态特性，但实际上无限长时间的仿真运行是不可能的。当仿真时间不是无限长时，如何消除初始值影响以及如何在观察值自相关的情况下得到输出结果的点估计与区间估计，是稳态仿真输出分析的主要工作。

2）减少初始状态引起的偏差。当系统在周而复始无间断地运行时，初始条件所引起的影响已不存在，但在仿真运行时，总有一个仿真运行起始时刻，在这时刻需人为地设置初始状态。这个初始状态在相当长的一段时间内将影响仿真运行的输出，使它不是稳态输出。为了减少此影响，可以将仿真运行分为两段：第一段是从零时刻到 T_0 时刻，称为初始阶段；第二段是从 T_0 到结束时刻 T_E。在初始阶段，零时刻设置的初始条件对输出的影响较为明显，这时不采集数据，而在 T_0 到 T_E 时刻内采集数据，那时的数据就更能反映系统的稳态性能。T_0 应该设在哪里，理论上讲在 T_0 时系统已达到近似稳态，即在 T_0 时刻系统的状态概率分布已充分地接近稳态的概率分布。这时只要 T_0 到 T_E 的长度足够长，数据收集阶段的长度就足以保证得到充分准确的系统稳态性能的估计。正确的选择可以使初始条件引起的偏差影响尽量减少，尽量使 T_0 到 T_E 的观察值接近系统的稳态值。

3）输出数据分析方法。对离散事件系统的输出数据分析时，通常采用的两种方法或两种策略为：

① 固定样本量法。任意给定一个仿真运行长度，利用从有效过程中得到的有效数据来构造置信区间。

固定样本量法又可分为若干种，常用的有重复-删除法与批平均法。简略介绍如下：重复-删除法应进行几次独立的重复运行，每次运行都删去初始条件引起的过渡阶段，计算稳态值；对几次运行得到的样本均值，使用独立观察法的分析方法得到均值及置信区间。

批平均法只进行一次长的运行，把一次运行的稳态阶段的数据分批收集，计算每批的样本均值，当批量足够大时，批均值近似地不相关，则可用经典方法计算均值及置信区间。批量的大小将会影响结果的正确性。

② 序贯法。仿真运行长度序贯的增加，直到所构造的置信区间可以接受为止。决定仿

真停止的技术通常有两种方法，即绝对精度停步规则和相对精度停步规则。

另外还有再生法、自回归分析法（或时间序列法）、频谱法等。但是所有方法都不是简单而令人十分满意的方法，也不能达到任意高的可信度，只是一种近似的处理方法。

由于离散事件系统仿真输出数据的随机性，当采用仿真技术来决策选择多个方案中的最优方案时，应注意勿被其随机性所迷惑。如 A 方案中其真实值大于 B 方案中的对应值，但在某次仿真运行中得到的观察值可能是 B 方案中该值大于 A 方案中的值，这种现象是由于仿真输出数据的随机性所引起，应对其加以分析后采用。

1.3 物流系统仿真及解决问题

1.3.1 物流系统的概念与分类

物流系统是指在一定的时间和空间里，由所需运转的物资、包装设备、搬运和装卸机械、运输工具、仓储设施、人员以及通信联系等若干相互制约的动态要素所构成的具有特定功能的有机整体。其目的是使企业物流合理化，并将企业生产出来的成品按时、按质、按量、配套齐全、完好无损地迅速运达到消费者手中，实现其空间和时间效益。物流系统是企业生产的一个重要组成部分，物流合理化是提高企业生产率最重要的方法之一。因此对物流系统的设计和仿真的研究，也日益受到人们的重视。

我们可以按照不同的标准对物流系统进行分类。

按物流发生的位置，物流系统可划分为企业内部物流系统和企业外部物流系统；根据物流运行的性质，物流系统可以划分为供应物流系统、生产物流系统、销售物流系统、回收物流系统和废弃物流系统；以物流活动的范围进行分类，物流系统可以划分为企业物流系统、区域物流系统和国际物流系统；我们还可以根据物流构成的内容，把物流系统划分为专项物流系统和综合物流系统。

从不同角度对物流系统进行分类划分，可以加深我们对物流性质、过程的理解和认识，有利于我们更好地进行物流系统的规划、设计、运营组织与管理。

1.3.2 物流系统的特性

物流系统是复杂的离散事件系统，有如下特点：

1. 不确定性（随机性）

不确定性存在于物流系统中的每一节点，包括客户需求的不确定性、原材料供应供需关系的不确定性、采购准备时间的不确定性、运输时间的不确定性、交付时间的不确定性、产品价格的不确定性等。它总是处在一个不确定的环境中，受很多随机因素的影响，具有多目标、多因素、多层次的特点。

2. 非线性

非线性是指个体以及它们的属性在发生变化时，并非遵从简单的线性关系。组成物流系统的各个实体间的相互影响不是简单的、被动的、单向的因果关系，每个实体的行为和决策又依赖它自身的状态和一些有限的、相关的其他实体的行为，且它们易受内部和外部环境的影响。物流系统的各个实体主动改变自己的内部或外部结构，以适应环境的变化，从而呈现出物流系统的非线性。

3．复杂性

物流系统是由若干个供应商、制造商、配送中心、销售商和终端客户组成的系统。它包含供应商和制造商的选择、配送中心的选址、运输方式（如空运、陆运、铁运、水运或混合运输方式的选择）和运输路线（选择由哪个配送中心送货）的确定。其复杂性主要体现在贯穿于物流系统中的不确定及各实体要素间的非线性关系。

4．适应性

物流系统各个实体为了适应市场环境的变化，与周围环境和其他实体间不断进行交互作用。在这种持续不断交互作用的过程中，实体不断学习，积累经验，并根据学到的经验改变自身的结构和行为方式，寻找合适的实体组成物流系统以适应环境的变化，从而促成供需过程不断重新组合改造。

5．多样性

由于物流系统各实体要素间处于不断相互作用和不断适应的过程，造成了实体向不同的方面发展变化，从而形成了物流系统实体类型的多样性。

综上所述，物流系统具有系统的所有特征。由于物流系统的层次性及各子系统的相互联系和相互作用，很显然，物流系统是一个动态的、开放的复杂系统。

1.3.3　物流系统仿真的概念

所谓物流系统的仿真是指针对现实物流系统建立仿真模型，然后在模型上进行试验，用模型代替真实系统，从而研究物流系统性能的方法。通过仿真，可以一一仿效实际物流系统的各种动态活动并把系统动态过程的瞬间状态记录下来，最终得到用户所关心的系统统计性能。

由于物流系统自身的不完善或运作过程的不合理，一些物流系统设计上缺乏前瞻性和系统规划，在物流资源的配置、物流网络的结构等方面，很难保证其可靠性、合理性、协调性和最优化。在实际系统中常常包含有较多随机的因素，如物流系统中商务的到达、运输车辆的到达和运输事件等一般是随机的。对于这些复杂的随机系统很难找到相应的解析式来描述和求解，系统仿真技术成了解决这类问题的有效方法。物流系统运作的成败事关重大，而仿真方法是完善、推进物流系统的一个很好的方法，可以节省费用，减少浪费，消除物流环节中的瓶颈。

1.3.4　物流系统仿真的类型

从技术与管理的角度看，系统仿真在物流领域主要有以下几种类型：

1．物流系统规划与设计

仿真多用于供应链设计、评价和优化，用来处理链中的不确定因素与动态性，此外有能力找出供应链各个成员之间的最优解决方案。在系统没有运行之前，把规划转化为仿真模型，通过运行模型，评价规划或设计方案的优劣并修改方案，仿真能够辅助决策者或策划者的决策活动，这是仿真经常用到的一方面。这样不仅可以避免不合理的设计和投资，而且也减少了投资风险和避免了人力、时间等的浪费。

2．物流运输调度

复杂的物流系统经常包含若干运输、多种运输路线，连接供应链上游与下游是供应链运作过程中至关重要的一个环节，而运输调度与路线选择一直是物流系统的难点，其中包含了很多 NP（Non-Deterministic Polynomial，即多项式复杂程度的非确定性）问题。在解决调度问题、规划运输路线多使用启发式算法、不完全优化算法和遗传算法等，但在评价这些算法得到的策略哪个更有效、更合理时，遇到的问题更多。因运输调度是物流系统最复杂、动态变化最大的一部分，有许多不确定因素，很难用解析法描述运输的全过程。使用仿真建立运输系统模型，动态运行此模型，再结合图形将运行状态、物料供应情况、配货情况、道路堵塞情况、配送路径等生动地呈现出来。仿真还提供了各种数据，包括车辆运输时间与效率，不同策略之间的比较，不同路径的比较等。

3．物流成本估算

物流系统运作是一个复杂的系统，其中存在许多不确定因素。系统的总成本中包括运输成本、库存成本、订货成本和生产成本等。成本核算与所花费的时间有关。物流系统仿真是对物流整个过程的模拟。进程中每一个操作的时间，通过仿真推进被记录下来。因此，人们可以通过仿真，统计物流时间的花费，进而计算出物流的成本。

4．库存控制

库存系统是供应链管理中的重要环节，起到缓冲、调解和平衡的作用。供应链上各节点企业库存水平的高低一方面影响产品的成本，另一方面影响客户服务水平和企业对市场波动的适应能力。企业运作时库存处理的好坏直接影响公司的效益，也决定了公司的竞争力。现实库存系统多数属于复杂的离散事件系统，具有诸多不确定因素，而且各部分之间的关系复杂。企业在确定安全库存量、采购订货方式的时候遇到了很大的困难，直接表现为没有适应的库存策略、库存积压与库存短缺并存等问题。随机性库存系统中有很多不确定的随机参数，解析方法的应用具有很大的局限性，很难采用数学规划或启发式算法进行准确分析。常用离散系统仿真技术，对库存系统全局或局部变量进行分析和优化，例如库存系统规划、库存成本分析、库存控制策略分析等。

1.3.5　物流系统仿真解决问题

不组装现实系统，利用计算机模型进行实验，可以在短时间、低成本下运行，而且不给现行系统带来任何中止或破坏的危险。现实系统与仿真模型之间的对比如图 1-2 所示，从成本、时间长短及业务连续性三个方面进行展示。

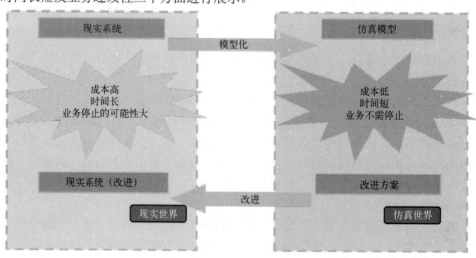

图 1-2　现实系统与仿真模型对比

物流系统仿真解决的问题：

1）引进新设备时的事先评价问题以及人员、设备的配置问题。例如：

① 引进何种设备？

② 多大性能的设备？

③ 引进设备后的场地规划和人员怎样配置才能合理？

④ 引进设备后瓶颈口能否缓解或清除？其他地方是否成为新的瓶颈口？

2）场地布局的评价问题；工厂、仓库的规划设计；工厂、仓库的容量/库存问题。

例如：

① 需要扩建多大面积的仓库？

② 如何合理地配置新建配送中心的设备和人员？

③ 已经有两套以上的方案，但不知怎样才能比较这些方案？

3）作业工程计划的改善问题；几乎所有涉及时间·空间和效率的关系问题。例如：

① 已有定性的认识，但如何才能进行定量分析？

② 如何在定量分析的基础上进行改进、评估 ？

③ 作业方式选择哪些定量标准？

1.4 思考题

1．什么是系统模型？系统模型是否必须反映出系统的全部特征？为什么？

2．简述仿真技术的优势和劣势。

3．简述仿真方法与解析方法的区别。

4．建模应遵循哪些原则？

5．简述系统仿真的应用。

6．列举几个需要应用系统仿真进行分析的例子。

7．简述物流系统的特征及分类。

8．系统仿真在物流领域有哪些应用？

第2章 物流系统仿真基础

本章介绍了离散系统仿真的基本要素、组成与构造、基本步骤及其仿真方法，引入了离散系统事件仿真算法，对事件调度法、活动扫描法、进程交互法进行了阐述，并对三种算法进行综合评述，根据不同情况可采取相应的算法，其中时间推进算法在计算机仿真中扮演重要的角色，因此重点对其进行阐释，分析了它的仿真驱动方式和类型等。在本章最后介绍了手工仿真的步骤，并给出了理发店系统手工仿真和加油站系统手工仿真的案例，分析了两个系统的平均等待时间、顾客等待概率、空闲率及平均服务时间等。最后通过单服务员单队列的排队系统仿真实例，通过仿真结果对机器修理车间的工作情况进行分析，验证离散系统仿真是否可行。

2.1 离散系统仿真概述

2.1.1 离散系统仿真的基本要素

1. 基本要素介绍

（1）实体

实体是主导系统活动的对象（Object），它是描述系统的三个基本要素（实体、属性、活动）之一。

在离散事件系统中的实体可分为两大类：临时实体及永久实体。在系统中只存在一段时间的实体叫临时实体，如工件、货物。这类实体由系统外部到达系统、通过系统，最终离开系统。始终驻留在系统中的实体叫永久实体，如缓冲站、仓库。临时实体按一定规律不断地到达（产生），在永久实体作用下通过系统，最后离开系统，整个系统呈现出动态过程。

实体还可以分为主动体（Active）和被动体（Passive）。主动体为系统中具有自主移动能力，如服务系统的顾客、AGV 小车，运输系统中的车辆。被动体不具有自主移动的能力，如产品、工件、托盘、容器等。

（2）属性

实体所特有的特性称为实体的属性，分为固有属性和仿真属性。固有属性包括大小、颜色、形状、重量等，仿真属性包括到达时间间隔、到达批量等。

（3）状态

在某一确定时刻，系统的状态是系统中所有实体的属性的集合。

（4）资源

资源系统中活动被执行时必须搭配的载具，通常用来定义由哪个实体在什么地方执行活动。资源在系统中为定点设置，但是和实体一样可分为主动资源和被动资源。主动资源对象为本身具有自我驱动的能力，一般常见的为输送带、售货员、叉车、堆垛机等，一般讲到的资源指主动资源；被动资源对象如仓库、轨道、道路等。

（5）事件

事件是引起系统状态发生变化的行为，系统的动态过程是靠事件来驱动的。例如，在物流系统中，工件到达可以定义为一类事件。因为工件到达仓库，进行入库时，仓库货位的状态会从空变为满，或者引起原来等待入库的队列长度的变化。

事件一般分为两类：必然事件和条件事件。只与时间有关的事件称为必然事件。如果事件发生不仅与时间因素有关，而且还与其他条件有关，则称为条件事件。系统仿真过程中最主要的工作就是分析这些必然事件和条件事件。

（6）活动

离散事件系统中的活动通常用于表示两个可以区分的事件之间的过程，它标志着系统状态的转移。如等待活动。

（7）进程

进程由若干个有序事件及若干有序活动组成，一个进程描述了它所包括的事件及活动间的相互逻辑关系及时序关系，如图 2-1 所示。例如，工件由车辆装入进货台，经装卸搬运进入仓库，经保管、加工到配送至客户的过程。

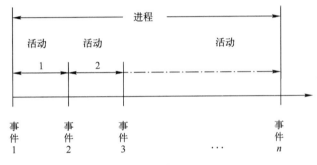

图 2-1　事件、活动与进程

（8）仿真时钟

仿真时钟用于表示仿真时间的变化。在离散事件系统仿真中，由于系统状态变化是不连续的，在相邻两个事件发生之间，系统状态不发生变化，因而仿真时钟可以跨越这些"不活动"区域。从一个事件发生时刻，推进到下一个事件发生时刻。仿真时钟的推进成跳跃性，推进速度具有随机性。由于仿真实质上是对系统状态在一定时间序列的动态描述，因此，仿真时钟一般是仿真的主要自变量，仿真时钟的推进是系统仿真程序的核心部分。

仿真时钟的推进有两种经典的方法：固定步长推进法和变步长推进法（或称为下一事件推进法）。变步长推进法应用较多，目前市面的大多数仿真软件都采用变步长推进法。

1）固定步长推进法。

确定一个固定的时间增量，以此增量逐步推进仿真时钟。每推进一个增量，就在被推进的时刻观察有无事件发生。如果没有事件发生，则继续以相同的增量推进仿真时钟；如果有事件发生，则根据事件类型进入事件处理程序，对事件发生后的状态变化进行相应处理，然后再推进仿真时钟。

如果恰好在推进的增量的中间时刻有事件发生，一般采取简化的方法，把该事件假定为是在增量推进的时刻发生的。

2）变步长推进法。

变步长推进法即事先没有确定时钟推进步长，而是根据随机事件的发生而进行随机步长的推进，推进的步长为最后易发生事件与下一事件之间的间隔时间。由于离散事件系统的状态多数是随时间离散变化的，在仿真时不需要考虑那些没有发生状态变化的时段。因此，这种变步长的推进方法，其节奏性与系统状态变化更加吻合。

应当指出，仿真时钟所显示的是仿真系统对应实际系统的运行时间，而不是计算机运行仿真模型的时间。仿真时间与真实时间将设定成一定比例关系，使得像物流系统这样复杂的系统，真实系统运行若干天、若干月，计算机仿真只需要几分钟就可以完成。

2. 系统要素举例分析

（1）分析理发店的实体、状态、事件、活动

实体：顾客、服务员。

状态：服务员个数、顾客数、服务员忙闲。

事件：顾客到达、服务完毕。

活动：顾客等待、理发员服务。

（2）分析柔性制造系统实体、状态、事件、活动

实体：工件、加工中心。

事件：（待加工工件）到达、机床完成加工。

状态：各加工中心的繁忙程度、各加工中心的等待队列。

活动：工件等待、加工。

2.1.2 离散事件系统仿真的组成与构造

仿真可以用来研究千差万别的现实世界，但是不同实际系统的离散事件仿真模型却具有一些相同的组成部分和这些组成部分之间的逻辑组织关系。对于大多数采用变步长始终推进机制的离散事件系统仿真模型，通常都包含有如下几个组成部分。

1）系统状态：在特定时间用来描述系统的状态变量集。

2）仿真时钟：表示仿真时间当前值的变量。

3）事件列表：将发生各类事件时用来存放下次事件发生的时间和事件其他属性的表。

4）统计计数器：用来存放有关系统性能统计数据的各个变量。

5）初始化子程序：在仿真开始时（即仿真时间为零时）初始化仿真模型的子程序。

6）时间推进子程序：从事件列表中确定下次事件，然后将仿真时钟推进到该事件发生的时刻。

7）事件发生程序：指用来更新系统状态的子程序。当某类型的特定事件发生后，根据该事件的类型，进行相应的系统状态更新。

8）报告生成器：用来计算各种所期望的性能测度的量，并在仿真结束时输出结果。

9）随机观测生成程序库：是一组用来根据概率分布产生随机观测值的子程序。

10）主程序：用来唤醒时间推进子程序来确定下一要发生的事件，然后将控制转向相应的事件程序，并对系统状态进行相应的更新。主程序还可能检查仿真的终止并在仿真结束时激活报告生成器。

2.1.3　离散事件系统仿真的基本步骤

离散事件系统仿真研究的一般步骤与连续系统仿真是类似的，它包括确定仿真目标、数据收集、系统建模、确定仿真算法、建立仿真模型、验证与确认模型、运行仿真模型、仿真结果分析和输出仿真结果。

1．确定仿真目标

对一个系统的仿真目的可以各不相同。例如，研究一个物流配送中心，可以提出各种不同的问题，如管理调度策略问题、运作流程协调问题等。针对所关心的问题不同，建立的系统模型、设定的输入变量和输出变量等都各不相同。因此在进行系统仿真时，首先要确定仿真的目标，也就是仿真要解决的问题。这是数据收集和系统建模的依据。

2．数据收集

数据收集的对象是仿真建模需要的相关数据。仿真建模的过程是一个从简单到详细的渐进过程，每个阶段都需要收集整理有关数据。需要收集数据的种类和数量与仿真对象及其复杂程度有关。这些数据大多是仿真模型中各种实体的属性，包括临时实体和永久实体，如客户到达时间间隔及其分布规律、服务时间及其分布规律等。

3．系统建模

系统模型由模型和模型参数两部分组成。模型参数是对数据收集结果的整理。系统模型的形式可以是多样的，有文字叙述型、流程图型、图表型、数学表达式型。离散事件系统仿真模型最常用的是建立系统的流程图模型，也被称为流程模型。流程模型中应包含临时实体到达模型、永久实体服务模型和排队规则。

4．确定仿真算法

离散事件系统虽然大多是随机的，但由于仿真模型中采用的是伪随机数，从理论上讲，其状态的转移是确定的，因而也可得到确定性的状态转移函数。但离散事件系统的模型难以用某种规范的形式写出，一般采用流程图或网络图的形式才能准确地定义实体在系统中的活动。在一个较为复杂的离散事件系统中，一般都存在诸多的实体，这些实体之间相互联系，相互影响，然而其活动的发生却统一在同一时间基上，采用何种方法推进仿真时钟，以及建立起各类实体之间的逻辑联系，是离散事件系统仿真中建模方法学的重要内容，称之为仿真算法或仿真策略。仿真策略决定仿真模型的结构。

5．建立仿真模型

前面建立的系统模型只是对系统的抽象化描述，是仿真者对系统深入了解的必经过程。然而这种模型仅仅能够被人脑所接受和理解，还无法在计算机上运行。为此还需建立计算机可运行的模型，即仿真模型。仿真模型是将系统模型规范化和数字化的过程。同时也根据计算机运行的需要特定增加一些必要的部件。仿真模型的主要部件有初始化模块、输入模块、仿真时钟、随机数发生器、状态统计计数器、事件列表、事件处理程序和输出模块等。

6．验证与确认模型

对建立的仿真模型必须进行验证，以保证通过仿真软件或者仿真语言所建立的系统模型能够准确地反映所描述的系统模型。模型的验证主要检验所建立的仿真模型（包括系统组成的假设、系统结构、参数及其取值、对系统的简化和抽象）是否被准确地描述成可执行的模型（如计算机程序）。

模型的确认则是考察所建立的模型及模型的运行特征是否能够代表所要研究的实际系统。实际上,没有哪个模型能够完全地代表所研究的实际系统,总是存在这样或那样的简化或者抽象。只要一个模型在研究关注的问题上能够代表实际系统,就是有效的。

7. 运行仿真模型

运行仿真模型时需要确定终止仿真的时间。一般有两种终止方法:一是确定一个仿真时间长度,如仿真100h。系统仿真时钟推进100h后将自动终止仿真,并输出仿真结果。另一种方式是确定仿真事件的数量。以工件到达仓库为例,可以设定100批物品到达后终止仿真。选择哪种方式可依仿真系统的具体情况确定。

8. 仿真结果分析

由于离散事件系统固有的随机性,每次仿真运行所得到的结果仅仅是随机变量的一次取样。尽管仿真实验要进行多次,系统仿真结果的可信度仍然需要进行分析和判断,不同的仿真方式(终态仿真或稳态仿真)有不同的仿真结果分析方法,详细内容见本章第4节。

9. 输出仿真结果

仿真结果输出有实时在线输出和在仿真结束时输出两种方式。当对系统进行动态分析时,往往需要了解各种中间变量或者输出变量的实时变化情况。对于这些变量可以设定在仿真时钟推进的每一或某一时刻输出该变量的瞬时值,即实时在线结果输出,输出的是仿真阶段性的结果。最后在仿真结束时,需要输出最终的仿真结果。目前成熟的仿真软件一般都可以提供多种仿真结果输出形式,如表格输出、直方图、饼图、曲线图等图形以及数据文件等输出。

2.1.4 离散事件系统仿真方法

离散事件系统仿真与连续系统仿真的方法很不相同。

离散事件系统模型只是一种稳态模型,无须研究状态变量从一种状态变化到另一种状态的过程。而对于连续系统,主要是研究其动态过程,连续系统模型一般要用微分方程描述。

离散事件系统中的变量大多数是随机的,例如实体的"到达"和"服务"时间都是随机变量。仿真实验的目的是力图用大量抽样的统计结果来逼近总体分布的统计特征值,因而需要进行多次仿真和较长时间仿真。

连续系统仿真中采用均匀步长推进仿真时钟的原则,则离散事件系统仿真中时间的推进是不确定的,它决定于系统的状态条件和事件发生的可能性。

离散事件系统仿真实质上是对那些由随机系统定义的,用数值方式或逻辑方式描述的动态模型的处理过程。从处理手段上看,离散事件系统仿真方法可分为两类。

1. 面向过程的离散事件系统仿真

面向过程的仿真方法主要研究仿真过程中发生的事件以及模型中实体的活动,这些事件或活动的发生是顺序的。而仿真时钟的推进正是依赖于这些事件和活动的发生顺序,在当前仿真时刻,仿真进程需要判断下一个事件发生的时刻或者判断触发实体活动开始和停止的条件是否满足,在处理完当前仿真时刻系统状态变化操作后,将仿真时钟推进到下一事件发生时刻或下一个最早的活动开始或停止时刻。仿真进程就是不断按发生时间排列事件序列,并处理系统状态变化的过程。

2. 面向对象的离散事件系统仿真

在面向对象仿真中,组成系统的实体以对象来描述。对象有三个基本的描述部分,即属性、活动和消息。每个对象都是一个封装了对象的属性及对象状态变化操作的自主的模块，对象之间靠消息传递来建立联系以协调活动。对象内部不仅封装了对象的属性还封装了描述对象运动及变化规律的内部和外部转换函数。这些函数以消息或时间来激活，在满足一定条件时产生相应的活动。消息和活动可以同时产生，即所谓的并发，但在单 CPU 计算机上，仍须按一定的仿真策略进行调度。在并行计算机和分布式仿真环境中，仿真策略则可以更加灵活、方便。

面向对象的仿真尤其适用于各实体相对独立、以信息建立相互联系的系统中，如航空管理系统、机械制造加工系统以及武器攻防对抗系统等。

2.2 离散系统事件仿真算法

仿真算法是确定仿真时钟推进策略的控制方法，是仿真控制的核心。目前为止，最常用的仿真算法有事件调度法（Event Scheduling）、活动扫描法（Activity Scanning）和进程交互法（Process Interaction）。

2.2.1 事件调度法

事件调度法由兰德公司在 1963 年提出，在美国广泛采用，欧洲不很流行。

事件调度法的基本思想是：将事件例程作为仿真模型的基本模型单元，按照事件发生的先后顺序不断执行相应的事件例程。每一个有确定发生时间的事件，都有一个事件例程，用事件例程来处理事件发生后对实体状态所产生的影响，并安排后续事件。

这种方法有一个时间控制程序，从事件表中选择具有最早发生时间的事件，并将仿真时钟修改到该事件发生的时刻，再调用与该事件相应的程序模块，对事件进行处理，该事件处理完毕后，返回时间控制程序。这样，事件的选择与处理不断地交替进行，直到仿真终止的程序事件发生为止。在这种方法中，任何条件的测试，均在相应的事件模块中进行，这显然是一种面向事件的仿真方法。

事件调度法用事件的观点分析真实系统，通过定义事件及每个事件的发生，引起系统状态的变化，按时间顺序，在每个事件发生时，确定并执行有关的逻辑关系。

1．事件调度法的基本步骤

1）初始化：给出当前仿真时钟、系统状态量及统计量的初始值。

2）扫描事件表，将当前仿真时钟增加到下一个最早发生事件的时间上。

3）处理该事件，相应地改变系统状态。

4）收集统计数据。

5）若仿真时间未结束，则返回步骤 2）；否则，执行下一步。

6）分析收集的统计数据，产生报告。

2．事件调度法的参数

1）成分集合：定义为 $C=\{\alpha_1, \alpha_2, \cdots, \alpha_n\}$

主动成分：$C_A=\{\alpha_1, \alpha_2, \cdots, \alpha_m\}$

被动成分：$C_P=\{\alpha_{m+1}, \alpha_{m+2}, \cdots, \alpha_n\}$

2）描述变量：描述每一主动成分 $\alpha \in C_A$ 的变量，α 的状态 s_α，值域 S_α。s_α 下一变化

时刻的时间变量 t_α。

3）描述每一被动成分 $\alpha \in C_P$ 的变量，α 的状态 s_α，值域 S_α（被动成分的状态变化只有在主动成分作用下才能发生，其发生时间由主动成分来确定，因而不需要时间变量）。

4）描述所有成分的属性的变量：参数集合 P={p_1, p_2, …, p_r}；成分间的相互关系，每个主动成分 $\alpha \in C_A$ 的影响受主动 α 作用下其状态变化的描述，称为事件处理流程；各成分处理的优先级，即同时发生时的处理顺序（解结规则）。注意，在事件调度法中，一般主动成分也同时具有被动成分属性，以便接受其他主动成分的作用。

3．事件调度算法

1）执行初始化操作，包括置初始时间 $t=t_0$，结束时间 $t_\infty = t_e$；事件表初始化，置系统初始事件；成分状态初始化：

$$S = ((s_{\alpha_1}, t_{\alpha_1}), \cdots (s_{\alpha_m}, t_{\alpha_m}), s_{\alpha_{m+1}}, \cdots s_{\alpha_n})$$

2）操作事件表，包括：

● 取出具有 $t(s) = \min\{t_\alpha \mid \alpha \in C_A\}$ 事件记录，

● 修改事件表。

3）推进仿真时钟。

　　TIME=t(s)
　　while(TIME<=t_∞) 则执行
　　　　case　根据事件类型 i
　　　　　　i=1 执行第 1 类事件处理程序*
　　（*第 i 类事件处理程序对成分的状态变化进行建模，而且要进行统计计算）
　　　　　　i=2 执行第 2 类事件处理程序
　　　　　　…
　　　　　　i=m 执行第 m 类事件处理程序
　　　　endcase
　　　　取出具有 $t(s) = \min\{t_\alpha \mid \alpha \in C_A\}$ 事件记录**
　　　　（**若具有 $t(s) = \min\{t_\alpha \mid \alpha \in C_A\}$ 事件记录有若干个，则按解结规则处理）
　重置仿真时间　TIME=t(s)
　　　　endwhile***
（***该算法中未包括仿真结束后对结果的分析等内容）

4．事件表处理

复杂系统运行中的事件表规模巨大，如果采用传统的处理方式，每处理完一个事件要将事件表中的所有项向上平移一行，这样的处理显然需要占用时间，为了提高处理效率，采用链表法是可取的。

2.2.2　活动扫描法

活动扫描法的基本思想是：用活动的观点建模。系统由成分组成，而成分包含着活动，这些活动的发生必须满足某些条件，每一个主动成分均有一个相应的活动子例程，仿真过程中，活动的发生时间也作为条件之一，而且是较之其他条件具有更高的优先权。显然，活动扫描法由于包括了对事件发生时间的扫描,因而它也具有事件调度法的功能。

1．活动扫描法的设置

1）设置系统仿真钟 TIME（即控制系统仿真时间）与成分仿真钟 t_α。系统仿真钟表示系统的仿真进程的推进时间,而成分仿真钟则记录该成分的活动发生时刻,两者的关系可能有三种情况。

① t_α>TIME：表示该活动在将来某一时刻可能发生。

② t_α=TIME：表示该活动如果条件满足则应立即发生。

③ t_α<TIME：表示该活动按预定时间早应发生,但因条件未满足,到目前为止实际上仍未发生,当前是否发生,则只需判断其发生的条件。

2）设置条件处理模块——成分活动开始与结束其他的条件是否满足。

3）设置成分活动子程序——处理活动开始与结束时系统的状态变化。

2．活动扫描法的步骤

1）扫描所有活动。

2）t_α≤TIME 的成分进行条件检验,看其活动开始与结束的条件是否满足,满足则是可激活成分。

3）对所有激活的成分,处理其相应的活动子程序,即修改系统的有关状态,并修改成分仿真时钟。

4）推进系统仿真时钟 TIME。

5）继续步骤1）～4）,直至仿真结束。

2.2.3 进程交互法

进程交互法采用进程（Process）描述系统,它将模型中的主动成分所发生的事件及活动按时间顺序进行组合,从而形成进程表,一个成分一旦进入进程,只要条件满足,它将完成该进程的全部活动。

系统仿真钟的控制程序采用两张事件表：其一是当前事件表（Current Events List, CEL）,它包含了从当前时间点开始有资格执行事件的事件记录,但是该事件是否发生的条件（如果有的话）尚未判断；其二是将来事件表（Future Events List, FEL）,它包含在将来某个仿真时刻发生事件的事件记录。每一个事件记录中包括该事件的若干属性,其中必有一个属性,说明该事件在进程中所处位置的指针。

这种方法综合了事件调度法和活动扫描法的特点,采用两张事件表。它首先按一定的分布产生到达实体并置于 FEL 中,实体进入排队等待；然后对 CEL 进行活动扫描,判断各种条件是否满足；再将满足条件的活动进行处理,仿真时钟推进到服务结束并将相应的实体从系统中清除；最后将 FEL 中最早发生的当前事件的实体移到 CEL 中,继续推进仿真时钟,对 CEL 进行活动扫描,直到仿真结束。

1．进程交互法的设置

1）设置一张当前事件表 CEL,它包含了从当前时间点开始有资格执行事件的事件记录,但是该事件是否发生的条件尚需要判断。

2）设置一张将来事件表 FEL,它包含了将来某个仿真时刻发生事件的事件记录。

3）设置系统仿真时钟 TIME 和成分仿真时钟 t_α。

2．进程交互法的步骤

1）推进系统仿真时钟 TIME。

2）把满足 $t_\alpha \leqslant$ TIME 的所有事件从 FEL 表移至 CEL 表中。

3）取出 CEL 中的每一个事件，判断其所属的进程及在进程中的位置。

4）判断该事件发生的条件是否满足。

5）如果条件允许该进程尽可能连续推进，直到进程结束，该成分离开系统。

6）该进程推进过程中，遇到条件不满足时，记录下进程的位置，并退出该进程。

7）重复步骤 3）～6），CEL 中的事件处理完毕。

8）重复步骤 1）～7），直到仿真结束。

2.2.4 三种仿真策略的比较

1．系统描述

所有策略均提供主动成分及被动成分，每种成分均能接受其他成分的作用。在事件调度法中，只有主动成分才能施加作用，而在其他两种策略中，主动成分与被动成分均可施加作用。

在事件调度法中，系统的动态特性表现为主动成分不断产生事件，而在活动扫描法中则表现为主动成分产生活动；在进程交互法中则是通过成分在其进程中一步一步地推进来描述。

2．建模要点

在事件调度法中，用户要对所定义的全部事件进行建模，条件的测试只能在事件处理子例程中进行。

活动扫描法设置了一个条件子例程专用于条件测试，还设置一个活动扫描模块，该模块对所有定义的活动进行建模。

进程交互法则将一个进程分成若干步，每一步包括条件测试及执行活动两部分。

3．仿真时钟的推进

在事件调度法中，主动成分的下一事件发生时间保存在事件表中，定时模块不断地从事件表中取出具有最早发生事件的事件记录，并将仿真时钟推进到该事件发生时间，并转向该事件处理子例程执行。

活动扫描法除了设置了系统仿真时钟之外，每一个主动成分还没有成分仿真时钟。定时模块选择那些大于当前系统仿真时钟的值且是所有成分仿真时钟最小的那个成分仿真时钟，然后将系统仿真时钟推进到该时刻，并开始对活动扫描。

进程交互法采用将来事件表及当前事件表。当前事件表中的进程扫描完后，从将来事件表中取出具有最早发生事件的事件记录置于当前事件表中，将仿真时钟推进到该事件发生时间。一旦某个进程被执行，则要求尽可能多地走下去，但并不改变系统仿真时钟；如果该进程并未完成，则将其断点记录下来，即将中断时间及事件类型放到将来事件表中，如果当前事件表中有一项或几项的发生时间小于当前系统仿真时钟的值，则说明在以前的扫描中，发生该事件的条件未得到满足，本次应再次进行扫描。

4．评述

事件调度法：建模灵活，可应用范围广泛，但一般要求用户用通用的高级语言编写事件处理子例程，建模工作量大。

活动扫描法：对于各成分相关性很强的系统来说模型执行效率高。但是，建模时，除了要对各成分的活动进行建模外，仿真执行程序结构比较复杂，其流程控制要十分小心。

进程交互法：建模最为直观，其模型表示接近实际系统，特别适用于活动可以预测、顺序比较确定的系统，但是其流程控制复杂，建模灵活性不如事件调度法。

2.2.5 时间推进算法

时间推进算法是指随着仿真的进程将仿真时间从一个时刻推进到另一个时刻的机制。对某一系统进行仿真时所采用的时间推进算法的种类以及仿真时间单位所代表的实际时间量的长短，不仅直接影响到计算机仿真的效率，甚至影响到仿真结果的有效性。

1．仿真驱动方式

仿真的驱动方式主要分为以下两种。

（1）时间驱动方式

仿真过程是由时间驱动而不是由事件驱动的。当仿真运行时，系统不考虑一个实体的输入信息是否发生变化，而是以仿真时间间隔为基本驱动信息，依次遍历各实体。虽然这种方式非常简单，容易实现，但执行效率比较低。因为不论一个实体是否需要运行，它在每一仿真时刻都要被访问扫描到，这对于存在许多低运行频率实体的仿真系统而言，资源的浪费是极其可观的。

（2）事件驱动方式

该算法首先保证仿真系统不是在每一仿真时刻都将内部的实体扫描一遍，而是由事件作为驱动信息来运行实体。事件驱动算法在仿真系统中定义一个全局时钟变量，每次实体运行后修改全局时钟，同时确定下一事件对实体的触发时刻，很显然这种方式的仿真时间推进效率相对于时间驱动方式要高很多。

2．时间推进算法分类

（1）保守时间推进算法

它最大的特征是严格禁止在仿真过程中发生因果关系错误，保证各类事件是按时间的先后顺序处理执行。保守算法的主要任务是确定何时能安全地执行某一事件，它常常依赖于仿真模型的行为信息，如模型内子模块之间通信的拓扑结构，或模型的超前性等来确定哪个事件是"安全"的，能被安全地处理。

（2）乐观时间推进算法

所谓乐观时间推进算法是指依赖于退回机制来消除由于接收到落后的信息而对事件产生错误处理的一种方法，它更为积极地允许节点更加乐观地处理事件。它的目标是最大程度地发掘仿真系统的并行性，提高系统的运行效率。这种算法具有风险性，如果发生因果关系错误就要求回退到发生错误之前的时刻重新开始执行，因此需要大量的系统资源来保存仿真过程中的状态和数据。

（3）受约束的乐观时间推进算法

乐观方法曾一度广泛地被认为是一种能够始终获得高效率的方法，但是实践证明对乐观性缺乏理智的控制往往会导致极差的性能，所以有必要对乐观的方法进行一定的限制。依据不同的约束控制标准又可以分为基于窗口的策略、基于惩罚的策略、基于知识的策略、基于概率的策略等。

（4）混合时间推进算法

该算法是保守时间推进算法与乐观时间推进算法的混合，将两者结合起来，取长补短，则有可能获得更好的性能，由此人们提出了混合时间推进算法。通过比较研究，保守算法和乐观算法的优缺点恰恰具有一定的互补性：保守算法的仿真并行性利用不高，运行效率较低，但不会发生因果关系错误；相比之下乐观算法则较容易发生因果错误，从而增加仿真运行的复杂性，但能有效地利用仿真系统现有的资源，最大限度地发掘潜在的并行性。

（5）自适应时间推进算法

该算法可以看作是一种动态调整的混合时间推进算法，但它的基本思想是随着仿真状态的变化而动态地选择或修改其执行方式。主要是通过动态地改变一个或多个变量，从而使系统在保守与乐观之间适当调整。自适应时间推进算法在保守与乐观之间架起了一座桥梁，并且可以根据需要使自适应时间推进算法逼近任何一种策略。很显然，这种算法在混合时间推进算法基础上又进了一步。

2.3 手工仿真

2.3.1 手工仿真步骤

1）确定仿真的每个对象的 p 个输入值。

2）构造一个仿真表。

3）对每一对象重复运行仿真，每一对象由 p 个输入产生一个值，并评价其功能，计算响应 $y(i)$ 的值。

2.3.2 手工仿真案例

1. 理发店系统手工仿真

（1）模型基本介绍

- 仿真方法：手工仿真。
- 仿真初始条件：系统中没有顾客，即排队的队列中没有顾客等待，服务台无服务对象。
- 仿真开始：以第一个顾客到达时刻为仿真的起始点。
- 模型：实体——顾客、服务员；状态——系统中的顾客数、服务员忙闲；事件——到达事件、离开事件（完成服务）；活动——服务。

（2）确定输入数据的特征

1）假定：到达事件中，顾客到达时间间隔为 1～8min 均匀分布到达，如表 2-1 所示。

表 2-1 到达间隔时间分布

到达间隔时间/min	概率	累计概率	随机数区间
1	0.125	0.125	001～125
2	0.125	0.250	126～250

到达间隔时间/min	概率	累计概率	随机数区间
3	0.125	0.375	251~375
4	0.125	0.500	376~500
5	0.125	0.625	501~625
6	0.125	0.750	626~750
7	0.125	0.875	751~875
8	0.125	1.000	876~1000

2）到达事件的产生（即到达间隔时间的确定）如表 2-2 所示。

表 2-2　到达时间间隔的确定

顾客	随机数字	到达时间间隔/min	顾客	随机数字	到达时间间隔/min
1	—	—	6	309	3
2	913	8	7	922	8
3	727	6	8	753	7
4	015	1	9	235	2
5	948	8	10	302	3

3）服务事件中，服务时间的分布如表 2-3 所示。

表 2-3　服务时间分布

服务时间/min	概率	累计概率	随机数区间
1	0.10	0.10	01~10
2	0.20	0.30	11~30
3	0.30	0.60	31~60
4	0.25	0.85	61~85
5	0.10	0.95	86~95
6	0.05	1.00	96~100

4）服务事件的产生（即服务时间的确定）如表 2-4 所示。

表 2-4　服务时间的确定

顾客	随机数字	服务时间/min	顾客	随机数字	服务时间/min
1	84	4	6	79	4
2	10	1	7	91	5
3	74	4	8	67	4
4	53	3	9	89	5
5	17	2	10	38	3

（3）构造仿真表及重复运行结果

仿真表如表 2-5 所示。

表 2-5　仿真表　　　　　　　　　　　　　　　（单位：min）

顾客	到达时间间隔	到达时刻	服务开始时刻	服务时间	等待时间	服务结束时间	逗留时间	服务员空闲时间
1	—	0	0	4	0	4	4	0
2	8	8	8	1	0	9	1	4
3	6	14	14	4	0	18	4	5
4	1	15	18	3	3	21	6	0
5	8	23	23	2	0	25	2	2
6	3	26	26	4	0	30	4	1
7	8	34	34	5	0	39	5	4
8	7	41	41	4	0	45	4	2
9	2	43	45	5	2	50	7	0
10	3	46	50	3	4	53	7	0
Σ				35	9		44	18

（4）仿真结果计算

计算顾客的平均等待时间、顾客的等待概率、服务员空的概率和平均服务时间。

1）全部顾客的平均等待时间为 9min/10=0.9min。

2）顾客必须在队中等待的概率为 3/10=0.3。

3）服务员空的概率为 18min/53min=0.34。

服务员忙碌概率为 1-0.34=0.66。

4）平均服务时间为 35min/10=3.5min。

这个结果可和服务时间分布的均值进行比较：

$$T_s = E[t_s] = \sum_{i=0}^{\infty} t_s P(t_s)$$

应用表 2-3 求分布的期望值可得期望服务时间为 1min×0.10+2min×0.20+3min×0.30+4min×0.25+5min×0.10+6min×0.05=3.2min，手工仿真的平均服务时间稍大于期望服务时间，如果加大顾客人数，仿真的平均服务时间将越接近于均值 $E[t_s]$（样本越多，经过大数统计，越接近理论值）。

5）平均到达间隔时间为 46min/9=5.1min。

分母减 1 是因为第一个到达时间规定出现在时刻 0，这个结果和离散均匀分布求得的均值（期望到达间隔时间）相比较，这个均匀分布的端点为 a=1 和 b=8，于是均值为：

$$T_w = E[t_w] = \frac{a+b}{2} = 4.5 \text{min}$$

期望到达间隔时间稍低于仿真的平均值，同样在更多顾客情况的仿真中，到达间隔时间的均值应接近于理论均值。

6）在队列的排队顾客的平均等待时间为 9min/3=3min。

7）顾客在系统中逗留的平均时间为 44min/10=4.4min。

2．汽车加油站系统手工仿真

（1）模型基本介绍

一个汽车加油站有 A、B 两个加油工作台。A 台距入口近，出口较 B 台方便。如 A、B

都空闲，A 优先被占用；如都忙，则汽车排队等待。仿真的目的是分析系统中车辆平均排队时间和加油工作台的利用率。

系统状态通过以下变量来描述。

- LQ(t)：在 t 时刻等待服务的汽车数；
- LA(t)：在 t 时刻 A 台忙或闲（1 或 0）；
- LB(t)：在 t 时刻 B 台忙或闲（1 或 0）。

（2）确定输入数据的特征

1）汽车随机到达，到达时间间隔分布如表 2-6 所示。

表 2-6　到达间隔时间分布

到达时间间隔/min	概率	累计概率	随机数区间
1	0.25	0.25	01～25
2	0.40	0.65	26～65
3	0.20	0.85	66～85
4	0.15	1.00	86～100

2）汽车在 A、B 工作台的加油服务时间分布如表 2-7 所示。

表 2-7　加油时间分布

A 服务时间分布				B 服务时间分布			
服务时间/min	概率	累计概率	随机数	服务时间/min	概率	累计概率	随机数
2	0.30	0.30	01～30	3	0.35	0.35	01～35
3	0.28	0.58	31～58	4	0.25	0.60	36～60
4	0.25	0.83	59～83	5	0.20	0.80	61～80
5	0.17	1.00	84～100	6	0.20	1.00	81～100

（3）构造仿真表及重复运行结果

如表 2-8 所示。

表 2-8　汽车加油站仿真表（两台加油设备）　　　　　　　　　　单位：min

顾客编号	到达随机数	到达间隔	到达时钟时间	服务随机数	A 工作台			B 工作台			排队时间
					开始服务时间	服务时间	完成服务时间	开始服务时间	服务时间	完成服务时间	
1	–	–	–	95	0	5	5	–	–	–	0
2	26	2	2	21	–	–	–	2	3	5	0
3	98	4	6	51	6	3	9	–	–	–	0
4	90	4	10	92	10	5	15	–	–	–	0
5	26	2	12	89	–	–	–	12	6	18	0
6	42	2	14	38	15	3	18	–	–	–	1
7	74	3	17	13	18	2	20	–	–	–	1
8	80	3	20	61	–	–	–	20	5	25	0
9	68	3	23	50	–	–	–	23	4	27	0

顾客编号	到达随机数	到达间隔	到达时钟时间	服务随机数	A 工作台			B 工作台			排队时间
					开始服务时间	服务时间	完成服务时间	开始服务时间	服务时间	完成服务时间	
10	22	1	24	49	24	3	27	–	–	–	0
11	48	2	26	39	–	–	–	27	4	31	1
12	34	2	28	53	28	3	31	–	–	–	0
13	45	2	30	88	–	–	–	31	6	37	0
14	24	1	31	1	31	2	33	–	–	–	1
15	34	2	33	81	33	4	37	–	–	–	0
16	63	2	35	53	–	–	–	37	4	41	2
17	38	2	37	81	37	4	41	–	–	–	0
18	80	3	40	64	–	–	–	41	5	46	1
19	42	2	42	1	42	2	44	–	–	–	0
20	56	2	44	67	44	4	48	–	–	–	0
21	89	4	48	1	–	–	–	48	3	51	0
22	18	1	49	47	49	3	52	–	–	–	0
23	51	2	51	75	–	–	–	51	5	56	0
24	71	3	54	57	54	3	57	–	–	–	0
25	16	1	55	87	–	–	–	56	6	62	1
26	92	4	59	47	59	3	62	–	–	–	0
Σ					450	49	499	348	51	399	8

（4）仿真结果计算

1）全部加油车辆的平均等待时间为 8min/26=0.307min。

2）加油车辆的平均被服务时间为(51min +49min)/26=3.846min。

3）车辆的总等待时间为 8min。

4）等待队列长度为 2。

5）A 工作台忙的概率为 1-51min/62min=0.177。

6）B 工作台忙的概率为 1-49min/62min=0.209。

2.4 仿真实例

以某机器修理车间的仿真为例，已知的基本信息如下：

1）等待区足够大。

2）排队规则为先进先出（FIFO）。

3）到达间隔时间服从负指数分布为 $\lambda_1=1/10$（台/天）。

4）修理时间服从负指数分布为 $\lambda_2=1/15$（台/天）。

5）仿真时间长度为 365 天。

1. 建模目的

编程序求解机器的平均等待时间、机器的平均逗留时间及修理台利用率。

2. 模型描述

车间流程如图 2-2 所示。

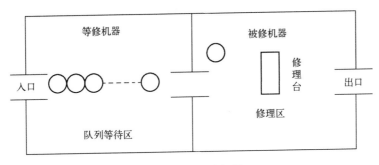

图 2-2　车间流程图

这是一个典型的单服务员单队列的排队系统仿真模型。这类排队系统主要包括两个要素：顾客（即服务对象）和服务员（即服务设备）。该系统由到达模式、服务模式、并行服务员数目、系统容量、排队规则来表示。

由命题可知，被修理的机器为"顾客"，而修理台为"服务员"。该排队系统的到达模式用机器到达间隔时间的负指数分布表示；服务模式由修理时间的负指数分布表示；系统中并行服务员数目为 1；系统容量足够大；排队规则采用先进先出 FIFO 方式。

3. 模型工作情况描述

在整个仿真模型中只存在一个服务员（修理台）。顾客（机器）不断地进入修理车间，并接受服务（到修理台上修理），然后离开车间。

如果某个顾客（机器）到达时，服务员（修理台）处于忙状态，则进入唯一的一个队列等待。服务员（修理台）在经过一定时间的服务后停止服务（仿真结束）。

通过系统仿真，给出仿真结果，包括系统中顾客（机器）平均逗留时间、队列中顾客（机器）平均等待时间、服务员忙闲度（修理台利用率），以对机器修理车间的工作情况进行分析。

4. 仿真建模方法

采用事件调度法，具体的仿真步骤如下。

1）初始化：给出当前仿真时钟、系统状态量及统计量的初始值。

2）扫描事件表，将当前仿真时钟增加到下一个最早发生事件的时间上。

3）处理该事件，相应地改变系统状态。

4）收集统计数据。

5）若仿真时间未结束，则返回步骤 2）；否则，执行下一步。

6）分析收集的统计数据，产生报告。

通过分析可知，该仿真模型只存在两类事件：第一类事件为"到达事件"；第二类事件为"离开事件"。那么下一事件的类型由变量 EVTFLAG 给出。

仿真模型的总体结构图如 2-3 所示，其中 INIT 为系统初始化子程序；TIMEDV 为时间推进子程序（如图 2-5 所示）；ARRIVE 为到达事件处理子程序（如图 2-4 所示）；DEPART 为离开事件处理子程序；REPORT 为报告生成子程序。模型中各变量及其说明如表 2-9 所示。

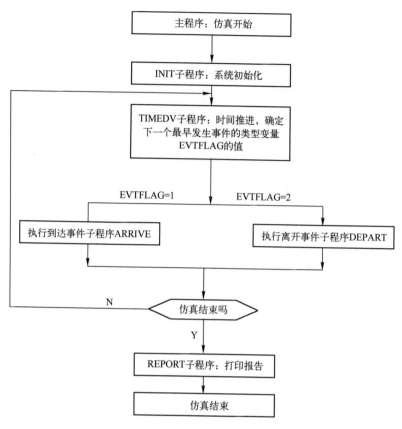

图 2-3 仿真模型总体结构图

表 2-9 建模变量表

变 量	说 明
系统状态 NUMQ NUMR	当前时刻等待队列中的机器数 当前时刻正在接受修理的机器数（0 或 1）
实体属性和集合 WQAT[Q] WQAT[1] Q	等待队列中第 Q-1 个机器的到达时间 现在正在接受修理的机器的到达时间 等待队列中元素索引
将来事件表 EVT[I] EVTFLAG	类型为 I 的下一事件发生时间，I=1, 2 下一事件类型标志（1 或 2）
已知条件 SEED EATI ERT TIME FMIN	产生随机数的种子 到达间隔时间均值 修理时间均值 仿真停止时间 EVT[1] 和 EVT[2] 的最小值（最早发生事件的时间值）
仿真变量 CLOCK	仿真时钟当前时间
累积统计量 B TLE	到当前时间为止修理台工作的总时间 上一事件发生时间 当前队列中机器数与时间区间的乘积（机器等待的总时间）

变　　量	说　　明
TLQ TVAL S ND	时间区间，当前时间与上一事件发生时间之差 到当前时间为止已离开的机器在系统中逗留的总时间 到当前时间为止已离开的机器总数
结果量 P=B/CLOCK W=S/ND WQ=TLQ/ND	修理台利用率 机器在系统中平均逗留时间 机器在队列中平均等待时间

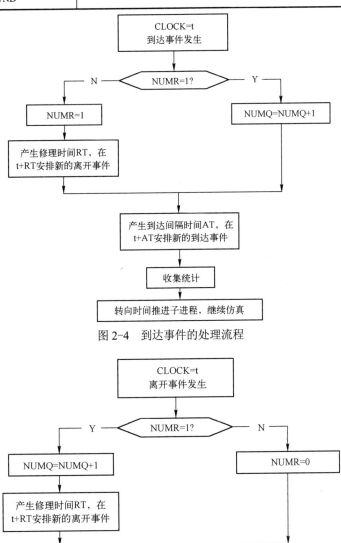

图 2-4　到达事件的处理流程

图 2-5　离开事件的处理流程

5．仿真结果

由已知条件可知：到达间隔时间服从 $\lambda_1=1/10$（台/天）的负指数分布，修理时间服从 $\lambda_2=1/15$（台/天）的负指数分布，仿真时间长度为 365 天。故到达间隔时间均值 EATI=$1/\lambda_1$=10（天），修理时间均值 ERT=$1/\lambda_2$=15（天），仿真结束时间 TIME=365（天）。给定随机数发生器种子 SEED=113，通过计算机仿真可以得出一台机器利用率为 78.9%，在系统中平均逗留时间为 33 天，在队列中平均等待时间为 40 天。

2.5　思考题

1．请在下列系统中命名一些实体、属性、事件、活动和进程：零售商店、汽车总装线、医院手术室、银行储蓄所。

2．在系统仿真中，仿真时钟起什么作用？

3．与固定步长推进法相比，在仿真过程中推进仿真时间的变步长推进法有什么优点？

4．仿真时间与计算机消耗时间有无对应关系？为什么？

5．常用的仿真策略有几种？各有什么特点？

6．假设有一家超市请你为他们建立商场的仿真模型，用来分析超级市场的运行现状并提出改进建议。简述你的工作计划。

第3章　典型物流系统建模与仿真方法

本章介绍了排队系统、库存系统和生产物流系统的建模与仿真，三大系统在生活中广泛存在，合理调节系统，使其良性运行在现实生活中具有重要意义。本章从排队系统的概念、特点、基本参数、类型等方面展开介绍，并辅以出纳台小杂货铺的实例进行叙述。通过仿真可以解决复杂的排队系统问题，通过仿真结果的分析，如：顾客的等待时间，服务台的空闲率，判断排队系统是否可行，并为其他实验性的推断提供依据。而库存作为供应链管理中的重要环节，其库存水平的高低直接影响企业库存资金的占用。本章引入了报纸订购与销售和公司销售冰箱两个仿真案例，克服算法上的困难，同时在不同层次上分析不同约束条件和输入系统活动的动态响应，为企业提供决策支持。最后以企业的轴承更换案例对生产物流系统建模与仿真展开介绍，通过对现有轴承更换策略，提出了改进方案，通过仿真及其仿真结果的分析，验证了新的轴承更换策略，为企业节省不少成本，具有可行性。

3.1　排队系统建模与仿真

3.1.1　排队系统的概念及特点

排队是我们在日常生活中经常遇到的现象，如顾客到商店买物品、病人到医院看病就常常要排队。一般说来，当某个时刻要求服务的数量超过服务机构的容量时，就会出现排队现象。这种现象远不只在个人日常生活中出现，要求服务的可以是人，也可以是物。例如在计算机网络系统中，要求传输数据的是各个网络结点，这里的服务机构是网络传输机构，而要求服务的就是等待传输一数据的网络结点。此外，电话局的占线问题，车站、码头等交通枢纽的车船堵塞和疏导，故障机器的停机待修，水库的存贮调节等都属于排队现象。在各种排队系统中，顾客到达的时刻与接受服务的时间都是不确定的，随着不同时机与条件而变化，因此排队系统在某一时刻的状态也是随机的，排队现象几乎是不可避免的。

排队系统的关键元素是顾客和服务台。顾客可以指到达设施并请求服务的任何事物；服务台可以指能够提供服务的任何资源。排队系统是指物、人及信息等流量元素在流动过程中，由于服务台不足而不能及时为每个顾客服务，产生需要排队等待服务（加工）的一类系统。所以，排队是这些元素在流动、处理过程中常见的现象。这类系统的应用范围也可以扩大到一些大系统中物流问题的研究，如等待装运的物料与运输车辆之间、等待包装的商品与包装设备之间、等待入库的成品与堆垛机之间等，都是排队系统的实例。简单的排队系统可以用数学方法来求解，但复杂的排队系统用数学方法求解就显得困难，而仿真求解可用于各种结构、各种类型的排队系统。

排队系统虽然有各种形式，其复杂程度也有很大不同，但是，排队系统仿真建模却有其共同特点。首先，它们的建模步骤都是相同的。其次，排队系统仿真时钟是跳跃的。这是由于顾客的到来或离开系统的时间在排队系统中都是随机的。在有些时刻，系统中没有事件发生，系统状态没有任何变化，此时系统不必一秒一秒地变化，而是直接跳到下一个状态点；而在另外一个时刻，则有一个或多个事件发生，这些时刻称为特定时刻，系统状态也会随之变化。所以在排队系统的仿真时，仿真时钟只停留在事件发生的时刻上。此外，排队系统有共同及相似的事件类型与处理子程序，到来与离开事件及其处理子程序是所有排队系统共有的，其他事件及相应子程序则因不同类型的排队系统而有不同的内容。

3.1.2 排队系统的基本参数

排队系统的简单形式如图 3-1 所示，系统本身包括了顾客、排队列和服务台三部分。顾客源中的顾客不断到达该系统，并形成队列等待服务，直到服务结束离开，或重返顾客源，或永久离开该系统。排队系统是一个顾客不断的到来、排队及服务与离去的动态过程。

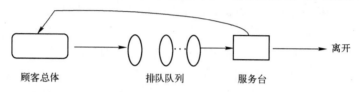

图 3-1　排队系统的简单形式描述

这类系统中，最主要的实体就是顾客与服务台（或称服务员）。而在动态随机服务的过程中，还会发生许多客观的现象，为了对排队系统有一个清晰确切的描述，需要对其对应的有关概念分别作一介绍。

1．顾客与顾客源

"顾客"一词在这里是指任何一种需要系统对其服务的实体。顾客可以是人，也可以是零件、机器等物。

顾客源又称为顾客总体，是指潜在的顾客总数。它分为有限与无限两类。有限顾客源中的顾客个数是确切或有限的，如一个维修工人负责维修三台机器，则这三台机器就是一个有限的总体。

在具有较大潜在顾客的系统中，顾客源一般假定为无限的，既不能用确切的或有限的个数或没有办法来预知可能到来的顾客总体。如进入超市的顾客或要求电信局提供通话服务的顾客，即可假定为无限总体，而事实上这些顾客总体虽然很大但仍是有限的。定义其为无限主要是为了简化模型。

之所以区分有限顾客源与无限顾客源，主要是因为这两类系统中，顾客到达率（即每单位时间到达顾客的平均数）的计算是不同的。无限顾客源模型中，到达率不受已经进入系统等待或正接受服务的顾客数的影响。而对于有限顾客源模型，到达率往往取决于正在服务或正在等待服务的顾客数。

2．到达模式

到达模式是指顾客按照怎样的规律到达系统，它一般用顾客相继到达的时间间隔来描述。根据时间间隔的确定与否，到达模式可分为确定性到达与随机性到达。

确定性到达模式指顾客有规则地按照一定的间隔时间到达。这些间隔时间是预先确定的或者是固定的。等距到达模式就是一个常见的确定性到达模式，它表示每隔一个固定的时间段就有一个顾客到达的模式。

随机性到达模式指顾客相继到达的时间间隔是随机的、不确定的。它一般用概率分布来描述，常见的随机性到达模式有以下几种：

（1）泊松到达模式

泊松分布是一种很重要的概率分布，出现在许多典型的系统中，如商店顾客的到来、机器到达维修点等均近似于泊松到达模式。

（2）爱尔朗到达模式

这种到达模式常用于典型的电话系统。

1）一般独立到达模式。也称任意分布的到达模式，指到达间隔时间相互独立，分布函数是任意分布的到达模式。这种分布往往可以用一个离散的概率分布加以描述。

2）超指数到达模式。主要用于概率分布的标准差大于平均值的情况下。

3）成批到达模式。与到达时间间隔的分布无关，只是在每一到达时刻到达的顾客个数不是一个，而是一批。

3. 服务机构

服务机构是指同一时刻有多少服务台可以提供服务，服务台之间的布置关系是什么样的。服务机构不同，则排队系统的结构也不相同。根据服务机构与队列的形成形式不同，常见且比较基本的排队系统的结构一般有以下几种：单队列单服务台结构、多队列单服务台结构、多个服务台串联且每个服务台前有一个队列的结构、多个服务台并联且共同拥有一个队列的机构、多个服务台并联且每个服务台前有一个队列的结构。一个较为复杂的排队系统其结构往往是由以上几种基本结构组合而成的。

服务机构有两个重要的属性，分别为服务时间和排队规则。

（1）服务时间

服务台为顾客服务的时间可以是确定的，也可以是随机的。后者更为常见，即服务时间往往不是一个常量，而是受许多因素影响不断变化的，这样对这些服务过程的描述就要借助于概率函数。总的来说，服务时间的分布有以下几种。

1）定长分布。这是最简单的情形，所有顾客被服务的时间均为某一常数。

2）指数分布。当服务时间完全随机的时候，可以用指数分布来表示它。

3）爱尔朗分布。它用来描述服务时间的标准差小于平均值的情况。

4）超指数分布。与爱尔朗分布相对应，用来描述服务时间的标准差大于平均值的情况。

5）一般服务分布。用于服务时间是相互独立但具有相同分布的随机情况，上述分布均是一般分布的特例。

6）正态分布。在服务时间近似于常数的情况下，多种随机因素的影响使得服务时间围绕此常数值上下波动，一般用正态分布来描述服务时间。

7）服务时间依赖于队长的情况。即排队顾客越多，服务速度越快，服务时间越短。

（2）排队规则

排队规则是指顾客在队列中的逻辑次序，以及确定服务员有空时哪一个顾客被选择去服务的规则，即顾客按什么样的次序与规则接受服务。

常见的排队规则有以下几类。

1）损失制。若顾客来到时，系统的所有服务机构均非空，则顾客自动离去，不再回来。

2）等待制。顾客来多时，系统所有的服务台均非空，则顾客就形成队列等待服务，常用的规则如下。

① 先进先出（FIFO）：即按到达次序接受服务，先到先服务。

② 后进先出（LIFO）：与先进先出服务相反，后到先服务。

③ 随机服务（SIRO）：服务台空闲时，从等待队列中任选一个顾客进行服务，队列中每一个顾客被选中的概率相等。

④ 按优先级服务（PR）：当顾客有着不同的接受服务优先级时，有两种情况：一是服务台空闲时，队列中优先级最高的顾客先接受服务；二是当有一个优先级高于当前顾客的顾客到来时，按这样的原则处理。

⑤ 最短处理时间先服务（SPT）：服务台空闲时，首先选择需要最短服务时间的顾客来进行服务。

3）混合制。它是损失制和等待制的综合类型，具体包括以下几种规则。

① 限制队长的排队规则：设系统存在最大允许队长 N，顾客到达时，若队长小于 N，则加入排队，否则自动离去。

② 限制等待时间的排队规则：设顾客排队等待的最长时间为 T，则当顾客排队等待时间大于 T 时，顾客自动离去。

③ 限制逗留时间的排队规则：逗留时间包括等待时间与服务时间。若逗留时间大于最长允许逗留时间，则顾客自动离去。

3.1.3 排队系统的类型

1．单服务台排队系统

单服务台结构是排队系统中的最简单的结构形式，在该类系统中有一级服务台，这一级中也只有一个服务台。它的结构如图 3-2 所示。

等待队列

图 3-2　单服务台排队系统结构

2．单级多服务台排队系统

单级多服务台结构也是经常遇到的一类排队系统形式，它又可分为所有服务台只排一个队以及每个服务台都有排队的两种不同情况，分别如图 3-3 所示。这里每个服务台的服务时间可以有相同分布或参数，也可以有不同参数甚至不同的分布。在第一种排队形式中，无论哪个服务台空闲则有顾客进入服务台，当两个或两个以上服务台空闲时，则可按规则选择进入其中的一个服务台。在第二种排队形式中，首先确定该顾客选择哪个服务台，然后根据选择的服务台是"忙"或"闲"决定是接受并开始服务，还是在该服务台前的队列中等待服务。

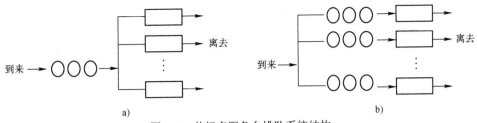

图 3-3　单级多服务台排队系统结构

a) 所有服务台只排一个队　b) 每个服务台都有排队

3. 多级多服务台排队系统

多级多服务台排队系统是排队系统的一类常见形式。图 3-4 表示了一个典型的多级多服务台排队系统，服务台共有 3 级，每级分别由 2 台、3 台和 1 台组成，每级服务台前有一排队，顾客进入系统后逐级进入服务台，逐级服务。如没有空闲的服务台则逐级排队等待，当最后一级服务结束后顾客离开系统。

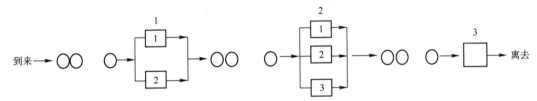

图 3-4　多级多服务台排队系统结构

3.1.4　排队系统的性能指标

排队系统中，除了损失制，排队现象是不可避免的。这是由顾客到达的速率大于服务台进行服务的速率造成的。但是，排队越长则意味着系统服务质量越差，或者说系统效率越低。而盲目增加服务台，虽然队长可以减少，但却有可能造成服务台太多的空闲时间，设备利用率太低。排队系统研究的实质就是要解决上述问题，即合理地解决顾客等待时间与服务台空闲时间的矛盾，使得系统服务质量与设备利用率都达到较高的标准。

排队系统常用的性能指标有如下几个。

1. 服务台的利用率 ρ

$$\rho = 平均服务时间/平均到达时间间隔 = \lambda/\mu$$

其中，λ 为平均到达速率，μ 为平均服务速率（即单位时间内被服务的顾客数）。

通常情况下，$\rho < 1$。这是其他性能指标存在的前提条件。

2. 平均等待时间 W_q

$$W_q = \lim_{n \to \infty} \sum_{t=1}^{n} D_i \Big/ n$$

其中，D_i 为第 i 个顾客的等待时间；n 为已接受服务的顾客数。

3. 平均逗留时间 W

$$W_q = \lim_{n \to \infty} \sum_{t=1}^{n} W_i \Big/ n = \lim_{n \to \infty} \sum_{t=1}^{n} (D_i + S_i)/n$$

其中，W_i 为第 i 个顾客在系统中的逗留时间，它等于该顾客排队等待时间 D_i 和接受服务时间 S_i 之和。

4．平均队长 L_q

$$L_q = \lim_{t \to \infty} \int_0^T L_q(t) \, \mathrm{d}t / T$$

其中，$L_q(t)$ 为 t 时刻的队列长度；T 为系统运行时间。

5．系统中平均顾客数 L

$$L = \lim_{T \to \infty} \int_0^T L(t) \, \mathrm{d}t / T = \lim_{T \to \infty} \int_0^T \left[L_q(t) + S(t) \right] \mathrm{d}t / T$$

其中，$L(t)$ 为 t 时刻系统中的顾客数；$S(t)$ 为 t 时刻系统中正在接受服务的顾客数。

6．忙期（闲期）

忙期是指服务台全部处于非空闲状态的时间段，否则成为非忙期。而闲期指服务台全部处于空闲状态的时间段。对于单服务台来说，忙期与闲期交替出现。

除以上常见的性能指标外，具体的排队系统还可以根据系统本身的要求，采用其他体现系统性能的指标，如最长队列，顾客在系统中最大的逗留时间等。

3.1.5 排队系统的仿真实例

一个拥有一个出纳台的小杂货铺，顾客相隔 1~8min 随机到达出纳台，每个到达时间间隔的可能取值具有相同的发生概率，如表 3-1 所示。服务时间在 1~6min 间变化见表 3-2。我们是通过仿真 100 个顾客的到达和接受服务来分析该系统。

表 3-1 到达时间间隔分布

到达间隔时间/min	概率	累计概率	随机数字分配
1	0.125	0.125	001~125
2	0.125	0.250	126~250
3	0.125	0.375	251~375
4	0.125	0.500	376~500
5	0.125	0.625	501~625
6	0.125	0.750	626~750
7	0.125	0.875	751~875
8	0.125	1.000	876~1000

表 3-2 服务时间分布

服务时间/min	概率	累计概率	随机数字分配
1	0.10	0.10	01~10
2	0.20	0.30	11~30
3	0.30	0.60	31~60
4	0.25	0.85	61~85
5	0.10	0.95	86~95
6	0.05	1.00	95~100

为了产生到达出纳台的时间，需要一组均匀分布的随机数，这些随机数满足下列条件：

1）这些随机数在 0～1 之间均匀分布。

2）相邻的随机数是相互独立的。

由于表 3-1 中的概率值精度为三位，那么三位的随机数就可以满足要求。必须列出 99 个随机数以便产生到达间隔时间。为什么仅需要 99 个数呢？因为第一个顾客是假定在 0 时到达的，所以只需要为 100 个顾客产生 99 个到达时间间隔。同样，对于表 3-2，两位的随机数足够了。

表 3-1 和表 3-2 的最右边两栏是用来生成随机到达和随机服务时间的，每个表的第三栏包含了该分布的累计概率。最右边一栏包含了随机数字的分配。在表 3-1 中，首先分配的随机数字是 001～125，这里三位数有 1000 个（001～000）。到达间隔的时间为 1min 的概率是 0.125，所以在 1000 个随机数字中有 125 个被分配到这种情况。99 名顾客的到达间隔时间的产生是由表 3-3 列出 99 个三位数字值并将其与表 3-1 的随机数字分配比较得到的。

到达间隔时间的确定如表 3-3 所示。注意，第一个随机数字是 064。为了得到相应的到达间隔时间，进入表的第四栏并从该表的第一栏读取 1min。另一方面，我们看到 0.064 在累积概率 0.001～0.125 之间，作为产生的时间也得到 1min。

表 3-3 到达时间间隔的确定

顾客	随机数字	到达间隔时间/min	顾客	随机数字	到达间隔时间/min
1	—	—	11	413	4
2	064	1	12	462	4
3	112	1	13	843	7
4	678	6	14	738	6
5	289	3	15	359	3
6	871	7	16	888	8
7	583	5	17	902	8
8	139	2	18	212	2
9	423	4	…	…	…
10	039	1	100	538	5

前 18 名和第 100 名顾客的服务时间见表 3-4。这些服务时间是根据上述的方法同时借助于表 3-2 产生的。

表 3-4 服务时间的生成

顾客	随机数字	服务时间/min	顾客	随机数字	服务时间/min
1	84	4	8	09	1
2	18	2	9	64	4
3	87	5	10	38	3
4	81	4	11	94	5
5	06	1	12	32	3
6	91	5	13	79	4
7	79	4	14	92	5

顾客	随机数字	服务时间/min	顾客	随机数字	服务时间/min
15	46	3	18	55	3
16	21	2	…	…	…
17	73	4	100	26	2

第一个顾客的服务时间是 4min，因为随机数字 84 处于 61～85 之间；或者，换句话说，因为导出的概率0.84 落在累计概率 0.61～0.85 之间。

手工仿真的本质是仿真表格。这些仿真表格是为了解决遇到的问题而专门设计的，采用的方法是：增加栏目以回答所提出的问题。第一步是填写第一个顾客所在的单元以初始化表格：第一个顾客假定在时刻 0 到达，服务马上开始并在时刻 4 结束，第一个顾客在系统中逗留 4min。在第一个顾客以后，表中后续的各行都基于前一顾客的到达间隔时间、服务时间以及服务结束时间的随机数。例如，第二个顾客在时刻 1 到这，但服务不是马上而是直到时刻 4 才开始，因为服务台（出纳员）在该时刻之前一直繁忙。第二个顾客在队列中要等待 3min，服务时间为 2min。这样，第二个顾客在系统中停留 5min。跳到第五个顾客，服务结束于时刻 16，但是第六个顾客要在时刻 18 才到达，那时服务才开始。这样，服务台（出纳员）就要空 2min。这一过程继续到 100 个顾客。最右边增加的两栏用来收集性能统计量度，比如每个顾客在系统中的时间以及服务台从前一顾客离去后的空闲时间（如果有的话）等。为了计算总统计量，表中列出了服务时间、顾客在系统中花费的时间、服务台空闲的时间以及顾客在队列中等待的时间的总数。

从表 3-5 中的仿真得到如下一些结果：

1）顾客的平均等待时间是 1.74min，依据以下方法计算：

$$平均等待时间（min）= \frac{顾客在队列中等待的总时间（min）}{总顾客数} = \frac{174min}{100} = 1.74min$$

2）顾客必须在队列中等待的概率是 0.46，依据以下方法计算：

$$概率（等待）= \frac{等待的顾客数}{总顾客数} = \frac{46}{100} = 0.46$$

3）服务台空闲的概率是 0.24，依据以下方法计算：

$$服务台空闲的概率 = \frac{服务台空闲的总时间（min）}{仿真的总运行时间（min）} = \frac{101min}{418min} = 0.24$$

服务台繁忙的概率就是 0.24 的补，即 0.76。

表 3-5　单通道排队系统的仿真表格

顾客	到达时间间隔/min	到达时间/min	服务时间/min	服务开始时间	顾客在对列中等待的时间/min	服务结束时间	顾客在系统中花费的时间/min	服务台空闲的时间/min
1	—	0	4	0	0	4	4	—
2	1	1	2	4	3	6	5	0
3	1	2	5	6	4	11	9	0
4	6	8	4	11	3	15	7	0
5	3	11	1	15	4	16	5	0
6	7	18	5	18	0	23	5	2

顾客	到达时间间隔/min	到达时间/min	服务时间/min	服务开始时间	顾客在对列中等待的时间/min	服务结束时间	顾客在系统中花费的时间/min	服务台空闲的时间/min
7	5	23	4	23	0	27	4	0
8	2	25	1	27	2	28	3	0
9	4	29	4	29	0	33	4	1
10	1	30	3	33	3	36	6	0
11	4	34	5	36	2	41	7	0
12	4	38	3	41	3	44	6	0
13	7	45	4	45	0	49	4	1
14	6	51	5	51	0	56	5	2
15	3	54	3	56	2	59	5	0
16	8	62	2	62	0	64	2	3
17	8	70	4	70	0	74	4	6
18	2	72	3	74	2	77	5	0
19	7	79	1	79	0	80	1	2
20	4	83	2	83	0	85	2	3
⋮	⋮	⋮	⋮	⋮	⋮	⋮	⋮	⋮
100	5	415	2	416	1	418	3	0
Σ	415		317		174		491	101

4）平均服务时间是 3.17min，依据以下方法计算：

$$平均服务时间（min）=\frac{总服务时间（min）}{总顾客数}=\frac{317min}{100}=3.17min$$

这个结果可以和服务时间的期望值相比较，服务时间分布的均值用以下公式计算

$$E(S)=\sum_{s=0}^{\infty}sp(s)$$

对表 3-2 的分布应用期望值公式，得到

期望服务时间=1min×0.10+2min×0.20+3min×0.30+4min×0.25+5min×0.10+6min×0.05=3.2min

期望服务时间要略高于仿真中的平均服务时间。仿真时间越长，平均值将会越接近 E(S)。

5）平均到达时间间隔是 4.19min，依据以下方法计算：

$$平均到达时间间隔（min）=\frac{所用到达时间间隔总和（min）}{到达数-1}=\frac{415min}{99}=4.19min$$

因为第一个顾客是在 0 时刻到达的，所以分母减去了 1 。可以通过求离散均匀分布的均值将这个结果和期望到达时间间隔做比较。离散均匀分布的端点是 a=1min、b=8min，其均值为

$$E(A)=\frac{a+b}{2}=\frac{1min+8min}{2}=4.5min$$

到达时间间隔的期望值要略高于平均值。仿真时间越长，所得出的期望值就会越接近理

论的平均值 E(A) 。

6）有等待的顾客的平均等待时间是 3.22min，依据以下方法计算：

$$平均等待时间（min）=\frac{顾客在队列中等待的总时间（min）}{等待的顾客总数}=\frac{174min}{54}=3.22min$$

7）顾客在系统中花费的平均时间是 4.91min。这个值可以由两种方法获得，第一种方法通过下列关系进行计算：

$$顾客在系统中花费的平均时间（min）=\frac{顾客在系统中花费的总时间（min）}{顾客总数}=\frac{491min}{100}=4.91min$$

第二种方法也会得到同样的结果，基于以下关系的成立：

顾客在系统中花费的平均时间=顾客在队列中等待的平均时间+ 顾客接受服务的平均时间，根据结果 1 和结果 4 可以得到：

顾客在系统中花费的平均时间= 1.74min +3.17min =4.91min

决策者会对这一类结果满意。但如果增加仿真时间，会使结果更加准确。这样的结果已经能给许多实验性的推断提供依据。大约半数的顾客必须等待，但是平均等待时间并不太长。服务台没有不适当的空闲时间。关于本结果更可信的说法可能取决于在等待的成本和增加服务台的成本之间取得平衡。

3.2 库存系统仿真

库存系统是供应链管理中的重要环节，起到缓冲、调节和平衡的作用。供应链上各节点企业库存水平的高低一方面影响产品的成本，另一方面影响客户服务水平和企业对市场波动的适应能力。现实库存系统多数属于复杂的离散事件系统，具有诸多不确定因素，而且各部分之间的关系复杂。企业在确定安全库存量、采购订货方式的时候遇到了很大的困难，直接表现为没有适当的库存控制策略、库存积压与库存短缺并存等问题。由于库存控制和管理水平还比较低，在国内企业中库存成本过高的现象尤为突出，有的企业库存积压的资金要占到每年销售额的 30% 以上。

分析库存问题建立合理的库存水平，一直是广受关注的领域。研究者们在库存系统模型、订货策略、库存优化等领域进行了大量工作。常用的库存系统分析方法可以分为解析方法和仿真方法两类。

1. 解析方法

解析方法根据设定的目标函数和约束条件，采用数学规划或者启发式算法来寻找库存水平最低、并满足交货期要求的系统方案。库存系统的参数可以是确定性变量，也可以是随机变量。

2. 仿真方法

实际库存系统的结构复杂、环节众多，在模型结构比较复杂或不确定性因素比较多的场合下，采用数学规划或启发式算法进行系统分析会很困难。在这种情况下，使用系统仿真方法还可以克服算法上的困难，具有显著的优越性。系统仿真方法还可以在不同的层次上，分析不同约束条件和输入下系统的动态响应，提供决策支持。

用随机模型表示产品需求和生产过程中的延迟，较好地反映了实际系统的不确定性，真实地反映库存系统的特点。随机性库存系统中有很多不确定的随机参数，解析方法的应用受到了很大局限性，很难采用数学规划或启发式算法进行准确分析。应用离散系统仿真技术，可以对库存系统全局或局部变量进行分析和优化，例如库存系统规划、库存成本分析、库存控制策略分析等。

3.2.1 库存系统的基本概念

库存问题是物流科学领域研究的重点问题之一。库存系统的研究目的是通过建立库存系统模型来确定库存策略，从而达到满足服务水平和控制库存费用的目标。对库存系统的研究主要有建立计算机仿真模型和建立优化模型两类方法。

库存系统仿真就是利用仿真方法对库存系统进行建模，通过仿真运行结果中的费用指标来对库存策略和库存结构进行评价。

根据现代物流理论的观点，库存系统应具有以下的功能。

1）调节供需的功能。由于生产活动的节奏与消费活动的节奏因产品的不同而存在这差异。库存系统作为平衡环节能够对此加以调节和控制，从而使得生产和消费协调起来。

2）调节货运能力的功能。由于各种运输工具的运量存在着很大的差距，因此在各个运输方式的衔接环节，通常由库存系统来调解和弥补。

根据需求与订货的规律，库存系统分为随机型库存系统和确定型库存系统。随机型库存系统是指库存参数中至少有一个是随机变量的库存模型，即需求发生的时间、每次的需求量、订货时间和订货量以及订货提前期，均有可能是随机的。研究库存系统的目的一般是要确定或比较各种库存策略。对于确定型库存系统，一般采用解析法进行研究。现实的库存系统多数属于随机型库存系统，由于其具有随机复杂性的特点，采用传统的解析方法难以描述系统变量之间复杂的非线性关系，因此需要借助于计算机系统仿真的方法。

3.2.2 库存系统的分类及仿真特点

1. 库存系统的分类

根据需求与订货的规律，可以将库存系统分为确定性库存系统和随机性库存系统两大类。

（1）确定性库存系统

在确定性库存系统中，需求量与需求发生时间，订货量与订货发生时间，从订货到货物入库的时间都是确定的。如果采用安全库存订货策略，库存量随时间的变动如图 3-5 所示，其中 T 为订货周期，Q 为入库量，R 为安全库存量。

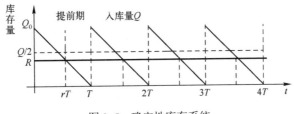

图 3-5　确定性库存系统

（2）随机性库存系统

在随机性库存系统中，需求量与需求发生时间、订货量与订货发生时间、从订货到货物入库的时间都可能是随机的，库存量随时间的变动如图 3-6 所示。

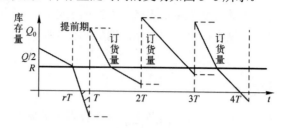

图 3-6　随机性库存系统

2. 库存系统的仿真特点

库存系统是一类不同于排队系统的离散事件系统，它的变化除了具有离散性与随机性外，在仿真建模时有如下特点。

（1）仿真时钟的步进式推进

在库存系统中，由于每个仿真时刻都有需求发生，也就是每个仿真时刻都有事件发生，所以仿真时钟的推进是步进式的，每执行完一个时刻的事件后，仿真时钟加一，到来下一个特定时刻，再执行下一个时刻的事件。

虽然在库存系统中每个特定时刻都需执行需求事件，但对订货事件与到货事件却不是每个特定时刻都必须执行的，这两个事件应登记在事件表中，当执行完需求事件后再查找事件表，决定是否需执行其他两类事件。

（2）事件类型

库存系统中事件有三类，如表 3-6 所示，不同类库存系统有不同的需求与供给，但事件类型是相同的。

表 3-6　库存系统事件类型

事件类型	性质	事件描述	处理内容
1	原发	需求	根据系统的需求规律求解每个特定时刻的需求量，然后确定库存量
2	原发或 1 类事件的后续事件	订货	根据订货规则确定订货数量及订货日期
3	原发	到货	改变库存量
4	原发	费用计算	每个时刻其他事件结束后计算当天的费用

1）需求事件。其含义是收到货物的需求订单并发出货物。仿真时，处理需求事件需要根据需求规律，得到每个特定时刻的需求量。对于确定性库存系统，通过解析的方法可以得到数学表达式；对于不确定性库存系统，其需求规律主要是由历史数据经统计分析后得出。当需求事件出现后，产生的结果是系统状态发生变化，即库存量改变。需求事件的发生不受系统中其他事件的影响，是系统之外的因素所为，故在系统中只与时间因素有关，因而，其性质显然是一个原发事件。

2）订货事件。其含义是根据需求和现库存量，依据库存管理规则，发出订购货物单。这一事件的性质在不同类型的库存系统中可有不同。要依据事先规定的订货原则，以及库存系统类型而定。对确定性库存系统，其发生可以预先明确，因而在仿真处理时，按原发事件的性质处理；对于随机系统，若采用最低、最高库存控制方法，则最低、最高库存量将对其是否发生以及订货量的多少成为必要的约束条件。即当系统的存货低于最低库存量时，则必须补充货物，订货事件才会发生，补充的数量则涉及最高库存量；同时，由于要考虑货物在订货后到达要延迟一段时间，因此，还要根据订货提前时间的分布规律确定此次订货的日期，并计算货物到达的特定时刻。在这种情形下，订货事件不仅是需求事件的后续事件，而且是条件事件。需要明确的是，无论订货事件的性质如何，这一事件的发生并不改变系统状态，不改变库存量。

3）到货事件。其含义是订购的货物到达，进入库存。这一事件的发生必然改变系统状态，在特定时刻，库存量发生变化。显然这一事件应是一个原发事件，只是在不同系统中，依据订货提前时间的变化规律，使其发生的特定时刻的获得方法有所不同。在确定性库存系统中，因订货提前时间是固定的，所以其到达时间可以是明确计算的；在随机系统中，由于订货提前时间按统计规律变化，故其发生时刻是根据统计分布规律，由随机数确定，与其他因素无关。

（3）事件表

由于 1 类事件（即需求事件）是每个时刻都发生的事件，所以不登记在事件表中，在事件表中仅登记 2 类与 3 类事件。2 类事件订货发生的时刻有两种情况：一种是固定间隔 N，在 $T=0$ 时发生一个 1 类事件，同时产生一个订货事件，在执行订货事件时要计算 $T_{当前}+T_{间隔}(N)$ $=T_{下一次订货}$，并将下一次订货时间登记在事件表上，此时订货事件是原发事件；在另一种情况下，假如订货时间是根据当前库存量来决定，如当前库存量等于或小于一定的值就需订货，则订货事件就成了 1 类事件的后续事件并且是一个条件事件。在执行订货事件时还需要根据到货时间的分布与参数，计算出到货时刻并登记在事件表上。

（4）费用计算

在库存系统仿真中还有一个每个时刻必须执行的事件就是费用计算。由于它也是每个时刻就执行的，所以不必列在事件表中，但是在执行完其他所有事件后，必须执行该事件。费用计算就是根据该时刻的库存量计算费用。如有订货则计算订货费用。根据当天是否缺货再计算缺货费用，将这一天所有的费用计算出来。

3.2.3　库存系统仿真的建模参数

库存系统仿真的建模参数如表 3-7 所示。

表 3-7　库存系统仿真的建模参数

模型参数	每件货物每月保管费、每件缺货损失费、每件订货费、订货附加费、仓库初始库存量、库存策略数、库存控制量、平均需求间隔时间、需求量、事件发生概率
运行控制参数	仿真运行的长度、运行次数、仿真步长
运行变量	订货数量、实际需求量、动态库存量 I(t)、事件类型数、下一个最早发生的事件类型数、仿真钟的数值、上次改变库存水平的时间、类型为 I 的事件发生的时间、上一次事件发生以来的时间、仿真运行长度单位、仿真运行时间长度
输出变量	第 I 种订货策略的运行总费用、保管费用、订货费用、缺货损失费用、其他数据总计等

1. 模型参数

模型中供应方、仓库、需求方、货物的各单元属性是仿真模型的基本属性，如果属性数据发生改变，则模型本身也发生变化。

仿真模型除了确定各自单元属性外，还需要确定各个单元之间的逻辑关系，比如仓库、需求方和所需求的货物种类会决定需求请求的时间间隔、数量及其缺货损失费，不同的单元之间发生的逻辑关系属性会有不同。如果单元之间的逻辑关系发生变化，仿真模型结构即发生变化。

上述两种属性是仿真模型的基本属性。

2．仿真控制参数

仿真控制参数将决定仿真运行的时间长短、方式和其他属性。仿真控制参数改变，不改变仿真模型本身，但是改变仿真运行过程。

3．仿真运行的过程变量

这是在仿真运行过程中需要的执行变量，这些变量只在仿真运行过程中使用，可以作为状态记录输出。

4．仿真运行的结果变量

仿真运行结束后将输出结果数据，结果变量即是在仿真运行中记录结果数据的变量，通常需要根据模型单元属性和仿真运行过程变量计算才能得出，比如仓储费就是根据仓储费用单价属性跟仓储量计算。

3.2.4　确定性库存系统

确定性是指需求量及订货提前期为一个已知的确定量，这样的库存系统的最优库存方案是各项费用之和最少。当一个时期内的产品需求量及订货提前期确定以后，相应的库存成本就基本上确定了。如果暂时不考虑缺货成本，库存成本由产品成本、存储成本和订货成本三部分组成。主要解决的问题是什么时候订货、订多少货；如果允许缺货，允许缺多少货等问题。解决确定性库存问题最常用的模型为 EOQ 模型，即经济订货批量（Economic Order Quantity）模型，经济订货批量是存货维持与订货相结合的使成本最低的补给订货批量。

模型成立需要以下几个假设条件：缺货费用无穷大；当库存量降为零时，可以立即得到补充；需求是连续的，均匀的；每次订货量不变；单位存储费用不变。由于经济批量模型需要相当严格的假设才能直接应用，所以在其延伸的模型中往往有以下诸多假设：不允许缺货，生产需一定时间；允许缺货（缺货需补充），生产时间很短；允许缺货（需补足缺货），生产需一定时间。不同的假设模型不尽相同。

（1）周期性检查模型

此类模型有六种情形，分不允许缺货、允许缺货、实时补货三种情况；每种情况又分瞬时到货、延时到货两种情形。

最常用的模型是不允许缺货、瞬时到货型。其最佳订货周期为

$$T = \sqrt{\frac{2C_0}{C_H D}}$$

式中　　C_0——单位订货费用(元)；

　　　　C_H——单位产品库存持有费用(元/件·年)；

　　　　D——年需求率(件/年)。

（2）连续性检查模型

连续型检查模型需要确定订货点和订货量两个参数。此模型分为六种情形：不允许缺货、瞬时到货型；不允许缺货、延时到货型；允许缺货、瞬时到货型；允许缺货、延时到货

型；补货、瞬时到货型；补货、延时到货型。

最常见的连续性检查模型是不允许缺货、瞬时到货型。此情形的模型是最经典的经济订货批量模型（EOQ）。

订货点：$R = L_T$

最佳订货批量：$Q^* = \sqrt{\dfrac{2DC_0}{C_H}}$

式中　　C_0——单位订货费用(元)；

C_H——单位产品库存持有费用(元/件·年)；

D——年需求率(件/年)；

L_T——订货提前期。

3.2.5　随机性库存系统

随机性库存系统模型最重要的特点是订货提前期、需求量、需求周期这三个方面至少有一个是随机的，其概率或分布是已知的，对于需求通常分为需求是连续的和需求是离散的两种情况研究。对于这样的随机库存系统，确定性库存系统解析模型不再适用，可供选择的策略主要有三种。

第一种策略：定期订货，但订货数量需要根据上一个周期剩下货物的数量来决定。剩下的数量少，可以多订货；剩下的数量多，可以少订或者不订货。

第二种策略：定点订货，库存量降到某一确定的数量时立即订货，不再考虑间隔的时间。这一数量值称为订货点，每次订货的数量不变。

第三种策略：把定期订货和定点订货综合起来的方法，隔一定时间检查一次库存量，如果库存量数量高于一个数值 s，则不订货；小于时则订货补充库存，订货量要使库存量达到 s，这种策略可以简称为 (s, S) 存储策略。

另一种更为复杂的模型是具有随机需求过程和随机供货时间的库存模型。由于随机库存模型与排队论和控制论联系紧密，这就需要相当严格的假设才能直接应用，所以在其延伸的模型中往往有以下诸多假设：不允许缺货，生产需一定时间；允许缺货（缺货需补充），生产时间很短；允许缺货（需补足缺货），生产需一定时间。不同的假设模型不尽相同。另外，为了利用特殊的购买形势和单位化特征而必须做出某些调整，与 EOQ 有关的两种调整分别是运量费率和数量折扣。我们常看到一种商品有所谓的零售价、批发价和出厂价，购买同一种商品的数量不同，商品单价也不同，一般情况下购买数量越多，商品单价越低。

3.2.6　库存系统的仿真实例

1. 报纸经销商问题

报纸的订购与销售问题是一个经典的库存问题。报摊以 33 美分买进每张报纸，以 50 美分卖出。当日结束时销售不掉的报纸作为废品处理，每份卖 5 美分。报纸以 10 份为一捆订购，因此，报摊可以买 50 份或 60 份，等等。有三种类型的报纸，分别是"良""中"和"差"，它们的概率分别是 0.35、0.45 和 0.20。每天对于报纸需求的分布见表 3-8，要解决的问题是，计算报摊应该订购报纸的最优数量。为完成这项工作进行 20 天的仿真并记录了每天的利润。

利润按照以下公式计算：

利润=销售收入-报纸成本-额外需求的利润损失+报废报纸的回收费

根据问题的描述，每份报纸的销售收入是 50 美分，订购每份报纸的成本是 33 美分。未满足的额外需求的利润损失每份是 17 美分。这种短缺损失存在着一些争议，但是会使问题变得更为有趣。报废报纸的回收收入为每份 5 美分。

表3-8　每天报纸需求量的分布

需求	需求概率分布		
	良	中	差
40	0.03	0.10	0.44
50	0.05	0.18	0.22
60	0.15	0.40	0.16
70	0.20	0.20	0.12
80	0.35	0.08	0.06
90	0.15	0.04	0.00
100	0.07	0.00	0.00

表 3-9 和表 3-10 提供了报纸类型和需求量的随机数字分配。用仿真解决这一问题，需要设定每天购买的报纸的数量（购买策略），然后进行周期为 20 天时间的报纸需求的仿真来确定总利润。改变购买策略（报纸订购数）为其他的值，然后重新运行仿真直到找出最佳的值。

表3-9　报纸类型的随机数字分配

报纸类型	概率	累计概率	随机数字分布
良	0.35	0.35	01～35
中	0.45	0.80	36～80
差	0.20	1.00	81～100

表3-10　报纸需求的随机数字分配

需求	累积分布			随机数字分配		
	良	中	差	良	中	差
40	0.03	0.10	0.44	01～03	01～10	01～44
50	0.08	0.28	0.66	04～08	11～28	45～66
60	0.23	0.68	0.82	09～23	29～68	67～82
70	0.43	0.88	0.94	24～43	69～88	83～94
80	0.78	0.96	1.00	44～78	89～96	95～100
90	0.93	1.00	1.00	79～93	97～100	
100	1.00	1.00	1.00	94～100		

表 3-11 为每天订购 70 份报纸的策略的仿真表格。

在第 1 天，报纸的需求量是 80 份，但是仅有 70 份可卖。70 份报纸的销售收入是 35.00 美元，额外需求的 10 份报纸的利润损失是 1.70 美元，需求量大于供产量，报废报纸的回收费为 0。这样第一天的利润计算如下：

利润=35.00 美元-23.10 美元-1.70 美元+0 美元=10.20 美元

在第 4 天，需求小于供应。卖出 50 份报纸的收入是 25.00 美元，20 份报纸按每份 0.05 美元回收共得 1.00 美元，当天的利润确定如下：

利润=25.00 美元-23.10 美元-0 美元+1.00 美元=2.90 美元

20 天时间的总利润是每天利润的总和，共计 131.00 美元。也可以由仿真的 20 天的总数进行计算如下：

总利润=600.00 美元-462.00 美元-17.00 美元+10.00 美元=131.00 美元

其中，462.00 美元为 20 天报纸的总成本，即 20 天×0.33 美元×70 份=462.00 美元。

表 3-11 所示的手算解的利润为 131.00 美元。一个 20 天的结果和 400 次试验的平均值 137.61 美元差别不大，但是一个 20 天仿真的结果有可能出现最大值和最小值。这也证明了进行多次试验的必要性。

表 3-11　订购 70 份报纸的仿真表格

天	报纸类型的随机数字	报纸类型	需求的随机数字	需求/份	销售收入/美元	额外需求的利润损失/美元	废品回收收入/美元	每日利润/美元
1	58	中	93	80	35.00	1.70	—	10.20
2	17	良	63	80	35.00	1.70	—	10.20
3	21	良	31	70	35.00	—	—	11.90
4	45	中	19	50	25.00	—	1.00	2.90
5	43	中	91	80	35.00	1.70	—	10.20
6	36	中	75	70	35.00	—	—	11.90
7	27	良	84	90	35.00	3.40	—	8.50
8	73	中	37	60	30.00	—	0.50	7.40
9	86	差	23	40	20.00	—	1.50	-1.60
10	19	良	02	40	20.00	—	1.50	-1.60
11	93	差	53	50	25.00	—	1.00	2.90
12	45	中	96	80	35.00	1.70	—	10.20
13	47	中	33	60	30.00	—	0.50	7.40
14	30	良	86	90	35.00	3.40	—	8.50
15	12	良	16	60	30.00	—	0.50	7.40
16	41	中	07	40	20.00	—	1.50	-1.60
17	65	中	64	60	30.00	—	0.50	7.40
18	57	中	94	80	35.00	1.70	—	10.20
19	18	良	55	80	35.00	1.70	—	10.20
20	98	良	13	40	20.00	—	1.50	-1.60
Σ					600.00	17.00	10.00	131.00

2. 上限订货库存系统的仿真

考虑某公司销售冰箱的情况。为维护库存，系统每过一段固定的时间都会检查销售情况，然后决定下一步的行动。策略是上限订货，比如上限订货水平为（M），依据下述关系确定订购量：

订购量=上限订货水平-盘点库存量+短缺量

比如说，定义上限订货水平（M）为 11，盘点库存是 3。进一步，假设检查周期（N）是 5 天。这样，在每个周期的第 5 天，从供货商那里订购 8 台冰箱。如果第 5 天有 2 台冰箱的短缺，则需要订购 13 台（盘点库存和短缺不可能同时发生）。如果有 3 台冰箱的短缺，则收到的第一批（3 个）冰箱将会首先提供给订货已经到达的客户，这称为"延期交货"。当消费者有需求而库存量又不满足时就会出现失销情况。

每天需要的冰箱量是随机的，其分布见表 3-12。另一个随机性的来源是供货到达前订单交给供货商后的天数，或者称为提前期。表 3-13 为提前期的分布。假设每天结束以后才进行订购。如果提前期为 0 天，则第 2 天早上供应商的冰箱就会运到，并且当天可以销售。如果提前期是 1 天，则冰箱在第 2 个早晨运到，并且当天可以销售。

仿真开始时，库存水平是 3，订购了 8 台冰箱，在 2 天后到达，仿真表格见表 3-14。

选定的几天，跟踪仿真表格来观察这个过程是如何运行的。在第 1 个周期第 3 天的早上，订购的 8 台冰箱到货，将库存水平从 0 台提升到 8 台。在第 1 个周期剩余的几天期间需求不断将库存减少，到第 5 天，盘点库存下降到了 2 台，所以要订购 9 台。该订单的提前期是 2 天，9 台冰箱在第 2 个周期的第 3 天早晨加入到库存。

表 3-12 每日需求的随机数字分配

需求	概率	累计概率	随机数字分配
0	0.10	0.10	01~10
1	0.25	0.35	11~35
2	0.35	0.70	36~70
3	0.21	0.91	71~91
4	0.09	1.00	92~100

表 3-13 提前期的随机数字分配

提前期（天）	概率	累计概率	随机数字分配
1	0.6	0.6	1~6
2	0.3	0.9	7~9
3	0.1	1.0	10

注意，第 4 个周期的第 5 天的初始库存是 2，当天的订货是 3，所以就产生了短缺情况（当天 1 台冰箱需要延期交货）。这样，当天的订购量就是（11+1）台，提前期是 1 天。第 2 天（即第 5 个第 1 天）的需求量是 2，增加了短缺。

再下一天（即第 5 个周期的第 2 天）早上订货到达，3 台冰箱用于满足延期交货，当天的需求是 1 台，所以最后的库存是 8。

经过 5 个周期的仿真，平均盘点库存近似为 2.72（即 68/25）台，在 25 天中有 5 天出现了短缺现象。

在此例中，供货商那边任何时候不能出现多于一个未完成的订单。但是，存在这样一种情况，即提前期如此之长，以至于前面给出的关系式需要修改如下：

订购量=上限订货水平-盘点库存量-已订购量+短缺量

这个关系保证了不会出现多余的订购。为了估计在库存盘点时冰箱平均数量的情况，应该进行多次的仿真试验。

表 3-14 （M，N）库存系统的仿真表格

天	周期	周期内的天数	初始库存/台	需求的随机数字	需求/台	盘点库存/台	短缺量/台	订购量/台	需求的随机数字	提前期（天数）	到货天数
1	1	1	3	26	1	2	0	—	—	—	—
2	1	2	2	68	2	0	0	—	—	—	—
3	1	3	8	33	1	7	0	—	—	—	—
4	1	4	7	39	2	5	0	—	—	—	—
5	1	5	5	86	3	2	0	9	8	2	2
6	2	1	2	18	1	1	0	—	—	—	—
7	2	2	1	64	2	0	1	—	—	—	—
8	2	3	9	79	3	5	0	—	—	—	—
9	2	4	5	55	2	3	0	—	—	—	—
10	2	5	3	74	3	0	0	11	7	2	2
11	3	1	0	21	1	0	1	—	—	—	1
12	3	2	0	43	2	0	3	—	—	—	—
13	3	3	11	49	2	6	0	—	—	—	—
14	3	4	6	90	3	3	0	—	—	—	—
15	3	5	3	35	1	2	0	9	2	1	1
16	4	1	2	08	0	2	0	—	—	—	—
17	4	2	11	98	4	7	0	—	—	—	—
18	4	3	7	61	2	5	0	—	—	—	—
19	4	4	5	85	3	2	0	—	—	—	—
20	4	5	2	81	3	0	1	12	3	1	1
21	5	1	0	53	2	0	3	—	—	—	—
22	5	2	12	15	1	8	0	—	—	—	—
23	5	3	8	94	4	4	0	—	—	—	—
24	5	4	4	19	1	3	0	—	—	—	—
25	5	5	3	44	2	1	0	10	1	1	1
总计						68	9				
平均					2.04	2.72	0.36				

3.3 生产物流系统建模与仿真

3.3.1 生产物流系统的基本概念

当前，物流主要应用于两个主要领域：一是流通物流，也称之为社会物流、大物流，属于宏观物流范畴，宏观物流系统的重要性在于可以很大程度地影响国民经济效益；二是生产物流，主要指企业物流，属于微观物流范畴，包括采购物流、生产物流、销售物流直至回收物流、废弃物回收物流整个过程的物料流动。

从企业的原材料、外购件购进入库起，直到企业成品库的成品发送为止，这一全过程的物流活动称为生产物流。它包括从原材料和协作件的采购供应开始，经过生产过程中半成品的存放、装卸、输送和成品包装，到流通部门的入库验收、分类、储存、配送，最后送到客户手中的全过程，以及贯穿于物流全过程的信息传递。

生产物流是指企业在生产工艺中的物流活动，是与整个生产工艺过程伴生的，实际上已构成了生产工艺过程的一部分。生产物流的概念从不同的角度可以有不同的定义。

1. 从生产工艺角度分析

生产物流是指企业在生产工艺过程中的物流活动，即物料不断离开上一工序进入下一工序，不断发生搬上搬下、向前运动、暂时停滞等活动。其流程为：原材料、燃料、外购件等物料从企业仓库或企业的"门口"开始，进入生产线的开始端，再进入生产加工过程并借助一定的运输装置，一个一个环节地"流"，在"流"的过程中，本身被加工，同时产生一些废料和余料，直到生产加工终结，再"流"至库。

2. 从物流范围分析

企业生产系统中，物料的边界起源于原材料、外购件的投入，止于成品仓库。它贯穿生产全过程，横跨整个企业，其流经的范围是全厂性的、全过程的。物料投入生产后即形成物流，并随时间进程不断改变自己的形态和场所位置。

3. 从物流属性分析

生产物流是生产所需物料在空间和时间上的运动过程，是生产系统的动态表现，换言之，物料（原材料、辅助材料、零配件、在制品、成品）经历生产系统各个生产阶段或工序的全部运动过程就是生产物流。

所谓生产物流是指从工厂的原材料购进、车间生产、半成品与成品的周转直至成品库中成品发送的全过程中的物流活动。因此，生产物流起源于原材料、外购件的投入，止于成品仓库，贯穿于整个生产过程，在整个制造系统中循环反复流动。生产物流担负运输、储存、装卸物料等任务。生产物流系统可以保障生产制造的顺利进行。随着科技的进步和管理理论的成熟，生产制造过程中的自动化、柔性化程度越来越高，生产规模越来越大，对生产物流系统的要求也越来越高。

对现代生产物流系统进行仿真，其目的是通过仿真了解物料运输、存储动态过程的各种统计、动态性能，如各种设备的处理能力配套是否满足实际、运输设备的利用率是否合理、输送路线是否通畅、物料流经系统的周期是否过长等。但由于现代生产物流系统具有突出的离散性、随机性的特点，因此人们希望通过对现代物流系统的计算机辅助设计及仿真的研究，将凭经验的猜测从物流系统设计中去除，能使物流合理化，进而提高企业生产效率。

3.3.2 生产物流系统仿真特点

企业的生产过程实质上是每一个生产加工过程"串"起来时出现的物流活动。合理组织生产物流活动，使生产过程始终处于最佳状态，是保证企业获得良好经济效果的重要前提之一。要想合理组织生产物流，就要了解生产物流的特性，主要如下。

1）连续性。它是指物料总是处于不停地流动中，包括空间上的连续性和时间上的流畅性。空间上的连续性要求生产过程各个环节在空间布置上合理紧凑，使物料的流程尽可能短，没有迂回现象。时间上的流畅性要求物料在生产过程的各个环节的运动，自始至终处于连续流畅状态，没有或很少有不必要的停顿与等待现象。

2）比例性。它是指生产过程的各个工艺阶段之间、各工序之间在生产能力上要保持一定的比例以适应产品制造的要求。比例关系表现在各生产环节的工人数、设备数、生产速率、开动班次等因素之间的相互协调和适应，所以，比例是相对的、动态的。

3）节奏性。它是指在生产过程的各个阶段，从来料加工到产品入库，都能保持有节奏的均衡进行。它要求在相同的时间间隔内生产大致相同数量或递增数量的产品，避免前松后紧的现象。

4）柔性。它是指生产过程的组织形式要灵活，能及时适应市场的变化，满足市场发生的新的需求。我们通常称柔性为适应性，即生产物流系统对生产工艺流程变动的反应程度。

加工生产线是典型的离散事件系统。离散事件系统的时间是连续变化的，而系统的状态仅在一些离散的时刻上由于随机事件的驱动而发生变化。由于状态是离散变化的，而引发状态变化的事件是随机发生的，离散事件系统的模型很难用数学方程来描述。因此，根据生产线和装配线各自的主流产品信息、车间空间信息、设备信息和布置设计的要求，进行生产线设备布局设计，然后利用对象类库建立生产系统仿真模型。

生产线规划设计与布局主要是确定生产线的规模、构成和布局，包括加工设备的类型和数量的选择与布局、物流系统的选择与设计、有关辅助设备的确定、系统布局设计等。这些任务之间是相互关联的，其中物流系统的设计是核心，因为其设备的类型和运输方法决定了系统布局形式，并对控制系统体系结构和系统控制策略的设计产生重要的影响。

仿真模型是对问题的直观描述。在生产规划设计与布局的基础上，根据仿真实验框架利用已建好的类库，采用"重用"技术和层次结构，从类库中直接选取并拖动对象放到屏幕的相应位置上，通过连接这些对象，即建立对象之间的输入输出连接关系和它们内部的连接关系，就可以构建一个系统的仿真模型，从而实现生产线面向生产物流系统仿真建模。

3.3.3　生产物流系统仿真的步骤

1．确定仿真的目标

针对所关心的问题不同，建立的系统模型、设定的输入变量、输出变量等都各不相同。因此在进行系统仿真时，首先要确定仿真的目标，也就是仿真要解决的问题，这也是系统调研和建模的依据。

2．系统分析及抽象简化

系统分析的目的是为了深入了解系统的结构、生产流程、各种建模所需参数等，以便建立准确的、完整的物流系统仿真模型。

由于现实的生产物流系统比较复杂，在仿真技术的运用中，许多环节是没有办法实现的。因此，我们应该根据系统仿真的目标对物流系统进行抽象和简化，将主要因素以及与研究问题相关的要素保留，将其余无关的或是关联性不强的要素舍弃，使得描述的系统精简扼要，这样可以降低仿真模型构建的难度。例如对生产系统的生产效率进行分析的时候，产品的残次品率可以忽略不计，人力资源都是可以不作为考虑的重要因素。同时，我们应该设定一定的仿真约束或前提条件，保证仿真模拟出的系统与现实系统在功能上保持最大化的一致，减少误差，如对工作时间、机器故障率、物流路径等参数进行限制。

3．系统模型的建立

（1）模型建立的思路

系统是由许多子系统所构成的，每个子系统之间相互联系、相互制约，共同实现系统功能。同时该系统也是另一个更大、更高级系统的子系统。因此，在对生产物流系统进行仿真建模时，我们遵循的思路应是：围绕仿真目的，先对子系统建模，然后再对整个系统建模，即由分到总。每个子系统之间都存在一定的逻辑关系，按照对应的关系将各个子模块衔接组合，形成整个生产物流系统的仿真模型。

（2）子系统的建立

我们将生产物流系统模型划分为三个子系统：物理模型子系统、逻辑控制模型子系统、信息处理及分析子系统。在每个子系统模块下又包含许多的子模块，如图3-7所示。

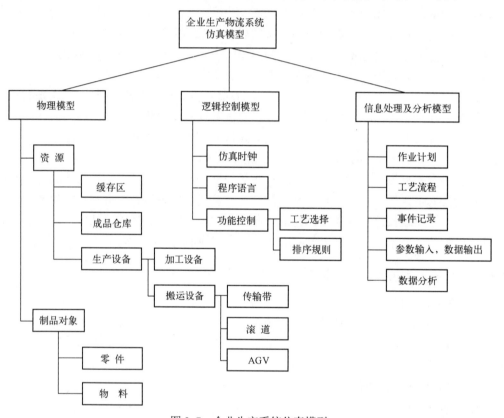

图3-7　企业生产系统仿真模型

1）物理模型。主要包括仓储模块、加工模块、缓冲区以及搬运设备模块等。它们构成了仿真模型的实体框架部分。

2）逻辑控制模型。主要包括：仿真时钟、功能控制模块、程序语言模块等。它们是实现生产物流系统功能的关键。

仿真时钟是仿真运行的基础条件，它主要有两种推进方式：一种是按下一最早发生事件的发生时间推进，另一种是固定增量推进方法。应根据生产系统的实际情况选择仿真时钟的推进方式，一般来说事件调度法比较适合大多数的离散事件系统，而固定增量推进法则适用于系统事件发生时间具有较强周期性的模型中。

3）信息处理及分析模型。主要包括作业计划、工艺流程、事件记录、数据输入输出、数据分析等模块。

4．模型的验证及运行

完成以上各子模块模型的构建之后，我们就将其组合成整个生产系统模型框架，并运行该模型，检验它的性能，通过分析结果来判定模型是否如期望的那样运行，是否符合真实的系统实际情况。

3.3.4 生产物流系统仿真实例

一台铣床有三个不同的轴承，它们在服务时会失效。每个轴承的寿命的分布是一样的，如表 3-15 所示。当一个轴承失效时铣床停止工作，然后就会打电话要求维修，安装新的轴承。维修人员到达铣床的延迟时间也是一个随机变量，其分布如表 3-16 所示。铣床在停工期损失的费用是每分钟 10 美元，维修工人在现场的费用是每小时 30 美元。换一个轴承需要 20min，换两个轴承需要 30min，换三个轴承需要 40min。一种建议是在任何一个轴承坏掉的情况下更换所有的轴承。管理层需要对这一建议做出评估，每 10000h（运转时间）的总费用可以作为评价的准则。

表 3-15 轴承寿命的分布

轴承寿命/h	概率	累计概率	随机数字分配
1000	0.10	0.10	01～10
1100	0.13	0.23	11～23
1200	0.25	0.48	24～48
1300	0.13	0.61	49～61
1400	0.09	0.70	62～70
1500	0.12	0.82	71～82
1600	0.02	0.84	83～84
1700	0.06	0.90	85～90
1800	0.05	0.95	91～95
1900	0.05	1.00	96～100

表 3-17 所示为当前的运行情况下 15 次轴承更换的仿真过程。注意，有多个轴承同时发生故障的情况。这恐怕与实际发生的情况不同，是因为轴承寿命的估计比较粗略，按 100h 为挡。本例还假设失效时间不会完全相间，也就是说最多只有一个轴承是在停机的时候被更换的。当前系统的费用估计如下：

轴承的费用= 45 个轴承×32 美元/轴承=1440 美元

延误时间的费用=(110 + 110 + 105)min×10 美元/min = 3250 美元

停机修复时间内的损失=45 个轴承×20min /轴承×10 美元/min =9000 美元

修理人员的费用=45 个轴承×20min /轴承×30 美元/60min = 450 美元

总费用=1440 美元+3250 美元+9000 美元+450 美元=14140 美元

轴承的总寿命是 22300h+18700h+18600h= 59600h，所以 10000h 的总费用是 14140 美元/5.96=2372 美元。

表 3-16 延迟时间的分布

延迟时间/min	概率	累计概率	随机数字分配
5	0.6	0.6	1~6
10	0.3	0.9	7~9
15	0.1	1.0	10

表 3-17 当前方法下的轴承更换

	轴承 1				轴承 2				轴承 3			
	随机数字	寿命/h	随机数字	延迟时间/min	随机数字	寿命/h	随机数字	延迟时间/min	随机数字	寿命h	随机数字	延迟时间/min
1	67	1400	7	0	71	1500	8	10	18	1100	6	5
2	55	1300	3	5	21	1100	3	5	17	1100	2	5
3	98	1900	1	5	79	1500	3	5	65	1400	2	5
4	76	1500	6	5	88	1700	1	5	3	1000	9	10
5	53	1300	4	5	93	1800	0	15	54	1300	8	10
6	69	1400	8	10	77	1500	6	5	17	1100	3	5
7	80	1500	5	5	8	1000	9	10	19	1100	6	5
8	93	1800	7	10	21	1100	8	10	9	1000	7	10
9	35	1200	0	15	13	1100	3	5	61	1300	1	5
10	2	1000	5	5	3	1100	2	5	84	1600	0	15
11	99	1900	9	10	14	1000	1	5	11	1100	5	5
12	65	1400	4	5	5	1000	0	15	25	1200	2	5
13	53	1300	7	10	29	1200	2	5	86	1700	8	10
14	87	1700	1	5	7	1000	4	5	65	1400	3	5
15	90	1700	2	5	20	1100	3	5	44	1200	4	5
Σ				110				110				105

表 3-18 是一个建议方案的仿真。注意,随机数字并没有显示出来。对第一组轴承,最早的故障时间是在第 1000 个小时。在那个时刻,所有的轴承都被更换,虽然其余轴承还有更长的寿命(比如,轴承 1 就还会有 700h 的寿命)。

建议系统的费用估计如下:

轴承的费用=45 个轴承×32 美元/轴承= 1440 美元

延误时间的费用=110min×10 美元/min =1100 美元

停机修复时间内的损失=15 组×40min /组×10 美元/min =6000 美元

修理人员的费用=15 组×49min /组×30 美元/60min =300 美元

总费用= 1400 美元+1100 美元+6000 美元+300 美元=8840 美元

轴承的总寿命是 20300h×3 个轴承=51000 小时,所以 10000 个小时的总费用是 8840 美元/5.1=1733 美元。

新的策略在每 10000 个小时内节省了 920.44 美元。如果机器连续不停地运转,则每年大约节省 556 美元。

表 3-18　建议方案下的轴承更换

	轴承 1 寿命/h	轴承 2 寿命/h	轴承 3 寿命/h	第一次故障时间/h	延迟时间/min
1	1700	1100	1000	1000	10
2	1000	1800	1200	1000	5
3	1500	1700	1300	1300	5
4	1300	1100	1800	1100	5
5	1200	1100	1300	1100	5
6	1000	1200	1200	1000	10
7	1500	1700	1200	1200	5
8	1300	1700	1000	1000	10
9	1800	1200	1100	1100	15
10	1300	1300	1100	1100	5
11	1400	1300	1900	1300	10
12	1500	1300	1400	1300	5
13	1500	1800	1200	1200	10
14	1000	1900	1400	1000	5
15	1300	1700	1700	1300	5
总计					110

3.4　思考题

1．请在下列系统中命名一些实体、属性、事件、活动和进程：零售商店、汽车总装线、医院手术室、银行储蓄所。

2．在系统仿真中，仿真时钟起什么作用？

3．与固定步长推进法相比，在仿真过程中推进仿真时间的变步长推进法有什么优点？

4．仿真时间与计算机消耗时间有无对应关系？为什么？

5．简述排队系统的主要特征。

6．简述库存系统的主要特征。

7．排队系统与库存系统有何区别？

8．假设有一家超市请你去为他们建立商场的仿真模型，用来分析超级市场的运行现状并提出改进建议，简述你的工作计划。

第4章 仿真输入数据分析

仿真的输入数据是仿真的基础和源泉，收集和分析仿真输入数据是系统仿真的前提和基础。在仿真模型中输入数据的正确与否直接影响着仿真输出结果。在仿真模型中几乎都包含了随机输入，例如在排队系统仿真中，典型的输入数据可以是到达的时间间隔和服务时间的分布；在库存系统仿真中，输入数据包括需求的分布和提前期的分布等。许多仿真系统模型存在一些随机变量，对此类系统的仿真结果进行分析时，一般采用统计方法来估计系统的性能，用随机变量的概率分布、数学期望和方差等统计特征进行描述。本章节介绍了确定随机变量分布模型的方法，并对数据的收集与处理展开阐述，通过分析系统输入数据，建立输入数据模型，来真实反映数据随机特征。在数据的分析与假设中，从连续分布类型假设、离散分布类型假设及实验分布假设进行阐述。在分布参数估计中，重点对极大似然估计法展开介绍，该估计方法应用广泛。最后对数据进行拟合优度检验。

4.1 仿真输入数据分析概述

对具有随机变量的系统进行仿真时，为了在仿真模型中对这些分布进行取样以得到需要的随机变量，必须确定其随机变量的概率分布。确定随机变量的模型技术是搜集随机模型的观测数据，当输入随机变量的分布已知时，可以用合适的方法生成相应分布的随机数作为系统的输入。在实际问题中，常常是只能通过对系统的观察收集到感兴趣的输入随机变量的观察数据，而对输入的总体分布一无所知或仅有部分信息。确定随机变量的分布模型通常采用两种方法：利用观察数据建立实验分布函数，并用实验分布抽样法生成相应的输入随机数；通过对这些数据的分布形式假定、参数估计和分布拟合优度检验等过程，确定输入随机变量的分布模型。

输入数据模型确定的基本方法如图4-1所示。

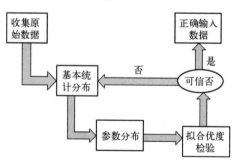

图4-1 输入数据模型确定的基本方法

4.2 数据的收集与处理

数据收集是针对实际问题，经过系统分析或经验的总结，以系统的特征为目标，收集与此有关的资料、数据、信息等反映特征的相关数据。数据收集是输入数据分析的基础，需要对数据进行分析，对收集的方法、数据需要做预先的设计和估算。因此收集的原始数据是进行系统仿真的一个关键因素。实际系统中会存在很多输入数据，根据仿真目的判断资料和数据的收集是十分重要的，因此数据的收集也是一项工作量很大的工作。收集到的数据通过统计的数学手段（计数统计、频率分析、直方图制作等），得出统计分布的假设函数（如正态分布、负指数分布、*Erlang* 分布等），对数据进行分析。如果收集到的输入数据不准确或者采用的数据分析方法不正确，即使仿真系统的模型是正确的，利用该数据进行仿真也不能得到正确的结果，最终造成决策失误和损失，仿真的意义没有得到充分体现。

在进行数据收集时应该注意以下几个问题：根据问题的特征，进行仿真的前期研究；分析影响系统的关键因素，做好仿真计划，了解仿真时所需要的数据；尽量把性质相同的数据集组合在一起，形成不同类型的数据分组，便于数据本身的管理和仿真的对比分析；在收集数据时应注意对数据的分析，抓住仿真研究的关键，对于仿真无用的数据无须收集；数据的自相关性的检验，考察一个似乎是独立的观察序列数据存在自相关的可能性，自相关可能存在于相继的时间周期或相继的顾客中；数据应该满足独立的要求，通过进行回归分析，判断两个随机变量之间的相关性。

在进行系统仿真时，可以通过对原始数据的收集获得数据，也可以通过实际观察获得系统的输入数据（例如观测在一段时间内到银行的顾客数目，观测超市中顾客到达收银台的时间间隔）；通过项目管理人员提供的实际系统的运行数据（配送中心在一段时间内收到的订单数量）；通过参考文献，从公开发表的研究资料、论文等文中收集相关系统的输入数据模型。利用研究机构或组织提供的用于测试仿真或算法的数据包进行仿真或算法性能对比。同时由于这些数据具有较高的可信度和权威性，便于进行对比分析。

通过对系统输入数据的分析确定输入数据模型，使建立的输入数据模型能够准确反映数据的随机特征。数据模型的确定是得到正确仿真结果的前提。

4.3 数据分布的分析与假设

1. 连续分布类型的假设

若观测数据来自连续分布，最常用的预处理方法有三种，即点统计法、直方图法及概率图法。

（1）点统计法

点统计法是基于连续分布的变异系数特征来进行分布类型的假设，观测数据的预处理则是计算其变异系数，根据偏差系数的特征寻找与其相近的理论分布。变异系数的定义是

$$\delta = \sqrt{S^2(n)} / \bar{x}(n)$$

其中，$S^2(n)$ 与 $\bar{x}(n)$ 分别为观测数据的方差与均值。

例如，指数分布 $\exp(\beta)$，无论 β 为何值，$\delta = 1$。

点统计法对观测数据进行如下预处理。

均值：

$$\bar{x}(n) = \sum_{i=1}^{n} x_i / n$$

方差：

$$S^2(n) = \sum_{i=1}^{n} [x_i - \bar{x}(n)]^2 / (n-1)$$

则 δ 的似然估计为

$$\hat{\delta} = \sqrt{S^2(n)} / \bar{x}(n)$$

然后根据 $\hat{\delta}$ 值并参照各类分布的偏差数据 δ 来假设观测数据的分布类型。点统计法不能唯一地确定分布的类型。由于存在许多分布的变异系数的取值范围是重合的，并且 $\hat{\delta}$ 是 δ 的似然估计值，但不一定是无偏的。但点统计法仍可作为分布假设的一种粗糙的指导性方法加以使用。

（2）直方图法

直方图法将观测数据 $x_1, x_2, \cdots, x_n$ 的取值范围分成 k 个断开的相邻区间 $[b_0, b_1), [b_1, b_2), \cdots, [b_{k-1}, b_k)$，每个区间宽度相等，记为 $\Delta b = b_j - b_{j-1}(j = 1, 2, \cdots, k)$。

对任意 j，令 n_j 表示第 j 个区间上观测数据的个数，记 $g_j = n_j / n (j = 1, 2, \cdots, k)$，定义函数：

$$h(x) = \begin{cases} 0, & x < b_0 \\ g_j, & b_{j-1} \leqslant x < b_j \\ 1, & x \geqslant x_k \end{cases}$$

做出 $h(x)$ 的直方图，在将该图与常见的理论分布的密度函数图形进行比较（先忽略位置及比例尺的差别），观察何种分布与 $h(x)$ 的图形类似，则可假设观测数据 $x_1, x_2, \cdots, x_n$ 服从该类型分布，然后再采用点统计法确定其参数。

直方图法是用观测到的样本数据建立随机变量的概率密度函数分布的直方图，然后通过将直方图与理论分布的概率密度函数曲线图形做对比，从图形上直观地判断被观测随机变量是否满足某种理论分布。

在实际使用时，可能需要对观测数据进行适当的调整，即增加一些其值特别大或特别小的过程数据，以便与理论分布进行比较。使用直方图法的困难在于如何确定区间长度 Δb。Δb 太大，将丢失信息；Δb 太小，则观测数据中的噪声滤除得不够（一般观测数据中总是存在一定的噪声）。因此，往往需要选择不同大小的 Δb 分别作出相应的直方图，选择一个看上去是"最好的"或"最光滑"的直方图与理论分布进行比较，以便得到较为可靠的分布假设。

（3）概率图法

直方图法是将观测数据的直方图与理论分布的密度函数进行比较，而概率图法则是将观测数据定义为一个实验分布函数，然后将它与理论分布函数进行比较后再进行假设。设观测数据 $x_1, x_2, \cdots, x_n$ 共有 m 个取值（$m \leqslant n$，因为可能存在取值相同的观测点），分别记为 $x_{(1)}, x_{(2)}, \cdots, x_{(m)}$。

实验分布函数定义为 $\tilde{F}[x(i)] = n_i / n$，$i = 1, 2, \cdots, m$ 式中，n_i 表示小于或等于的观测数据的个数，且 $n_m = n$。为了避免由有限个观测数据得到的实验分布函数值等于 1，对上式可略加修正，可采用下式来定义：

$$\tilde{F}[x(i)] = (n_i - 0.5) / n。$$

由于分布函数的图形特征一般没有密度函数那么明显，基本上都是呈"S"形，概率图法不是采用这种实际比较的方法，而采用所谓分位数"比较法"。定义为：分布函数的分位点设 $0<g<1$，则 $x_g = F^{-1}(g)$ 称为 $F(x)$ 分位点。

如果 $F(x)$ 与 $G(y)$ 均为分布函数，分别取不同的 g 值，相应得到不同的（x_g, y_g），若 $F(x)$ 与 $G(y)$ 是相同的分布函数，则由（x_g, y_g）形成的轨迹是斜率为 $45°$ 的直线。反之，如果两个分布函数 $F(x)$ 与 $G(y)$ 按照相同的一组 g 值，求得各自的分位点为 x_g 和 y_g，在 xOy 平面上确定（x_g, y_g）的轨迹，若该轨迹是一条斜率为 45^0 的直线，则可以确认 $F(x)$ 与 $G(y)$ 的分布是相同的。

为了假设 $\tilde{F}[x(i)] = \dfrac{(n_i - 0.5)}{n} = g_i$ 的分布类型，可取 $\tilde{F}[x(i)]$ 的分位点为 $x(i)$，分别对应 $\tilde{F}[x(i)]$ 的值为 g_i，从常见的理论分布中选择一种，按 g_i 分别求得其分位点 y_i，然后在 xOy 平面上画出（$x(i), y_i$）的轨迹，观察是否是斜率为 $45°$ 的直线，若比较接近，则可假设观察数据的分布分类与所选分布的类型相同。

有时（$x(i), y_i$）的轨迹虽然称直线现状，但斜率不是为 $45°$ 的直线，这说明这两个分布的类型是相同的，只是位置参数和（或）比例参数不同，那么可对 $x(i)$ 进行如下变换：$y_i = \gamma + \beta x(i)$，得到的（$x(i), y_i$）的轨迹必然是斜率为 $45°$ 的直线。这说明只要分位点（$x(i), y_i$）的轨迹接近直线，观测数据的分布与所选的分布的类型是相同的，其位置参数及比例参数可通过前面的方法来确定。

如果（$x(i), y_i$）的轨迹偏离直线很远，说明所选分布不符合要求，应考虑选择其他类型的分布进行比较。概率图法只需要判断分位点轨迹偏离线性度的程度，不会对观测数据造成信息丢失，方法简单，得到广泛应用。

2. 离散分布类型的假设

（1）点统计法

离散情形下的点统计法与连续情形的做法是相同的，即由观测数据 $x_1, x_2, \cdots, x_n$ 计算出均值和方差，并得到偏差系数 δ 的似然估计：

$$\bar{x}(n) = \sum_{i=1}^{n} x_i / n$$

$$S^2(n) = \sum_{i=1}^{n} [x_i - \bar{x}(n)]^2 / (n-1)$$

则 δ 的似然估计为 $\hat{\delta} = \sqrt{S^2(n)} / \bar{x}(n)$。将 $\hat{\delta}$ 值与理论分布的 δ 值进行比较后，就可进行分布类型的假设。将 $\hat{\delta}$ 与理论分布的 δ 值进行比较后，就可以进行分布类型的假设。例如，$\delta < 1$ 时，可假设为二项分布；若 δ 接近 1，则可假设为泊松分布。

（2）线图法

线图法是将观测数据的线图与假设的理论分布的质量函数进行比较，一般找到相似的图形。

设观测数据为 $x_1, x_2, \cdots, x_n$。将其按递增顺序排列，设共有 m 个取值（$m \leqslant n$），分别为 $x_{(1)}, x_{(2)}, \cdots, x_{(m)}$。记 $x_{(i)}$ 的数据个数占整个观测数据个数的比例为 h_i。以 $x_{(i)}$ 为自变量，以 h_i

的值作为函数值，即 $h_i = f(x_{(i)})$ 由函数值 h_i 向相应的自变量 $x_{(i)}$ 做垂线所得到的图形称为线图。

可以看出，线图法不需要将观测数据划分新的区间，因此不会丢失任何信息，较之连续情形的直方图法使用起来更为方便。

3. 实验分布

如果由观测数据难以确定一个理论分布，则只好采用实验分布作为观测数据的模型。原始观测数据一般有两种形式：一种是原始单个数据，另一个是分组数据。

若是原始单个数据 $x_1, x_2, \cdots, x_n$。在定义其实验分布时，先将该 n 个数据按递增顺序排列。由于可能有相同值的数据，经排序号得到 $x_{(1)}, x_{(2)}, \cdots, x_{(m)}$（$m \leqslant n$），该观测数据的实验分布可有下式定义（其中 $j = 1, 2, \cdots, m$）：

$$F(x) = \begin{cases} 0, & x < x(1) \\ \dfrac{i-1}{n-1} + \dfrac{1}{n-1} \dfrac{x - x_j}{x(j+1) - x_j}, & x(j) \leqslant x \leqslant x(j+1) \\ 1, & x > x_n \end{cases}$$

若观测数据是分组数据，即不知道观测数据的数值，而仅知道该 n 个数据分布在 m 个相邻区间 $[a_0, a_1)$，$[a_1, a_2)$，...，$[a_{m-1}, a_m]$ 上及每个区间上数据的个数。记第 j 个区间上的个数为 $n_j (j=1,2,\cdots,m)$，则 $n_1 + n_2 + \cdots + n_m = n$，实验分布函数的表达式为

$$F(x) = \begin{cases} 0, & x < a_0 \\ \displaystyle\sum_{i=1}^{k-1} n_i / n + \dfrac{n_j}{n} * \dfrac{x - a_{j-1}}{a_j - a_{j-1}}, & x(j) \leqslant x \leqslant x(j+1), j = 1, 2, \cdots, m \\ 1, & x \geqslant a_m \end{cases}$$

实验分布的缺点是，随机变量取值只能在 $x(1) \leqslant x(2) \leqslant x(m)$ 或 $a_0 \leqslant x \leqslant a_m$ 范围内。

4.4 分布参数的估计

1. 分布参数的类型

（1）位置参数（记为 γ）

位置参数用于确定分布函数取值范围的横坐标。当 γ 改变时，相应的分布函数仅仅向左或向右移动而不发生其他变化，因而又称为位移参数。例如，均匀分布函数：

$$f(x) = \begin{cases} \dfrac{1}{b-a}, & x \in [a, b] \quad (a < b) \\ 0, & \text{其他} \end{cases}$$

式中，参数 a 定义为位置参数，当 a 改变时（保持 $b-a$ 不变），$f(x)$ 向左或向右移动。

（2）比例参数

比例参数决定分布函数在其取值范围内取值的比例尺。β 的改变只压缩或扩张分布函数，而不会改变其基本形状。例如，指数分布函数：

$$f(x) = \begin{cases} \lambda e^{-\lambda x}, & x > 0 \\ 0, & x \leqslant 0 \end{cases}$$

（3）形状参数（记为α）

形状参数用于确定分布函数的形状，从而改变分布函数的性质。例如，韦伯函数：

$$f(x)=\begin{cases} \dfrac{\alpha}{\beta}x^{\alpha-1}e^{-(x/\beta)\alpha}, & 0 \leqslant x < \infty \\ 0, & \text{其他} \end{cases}$$

当α改变时，其形状也相应发生很大的变化。

对于随机变量X、Y，如果存在一个实数γ，使X与Y具有相同的分布，则称X与Y仅仅是位置上不同的变量。如果对于某个正实数β，使得βX与Y具有相同的分布，则称X与Y仅仅是比例尺不同的随机变量；如果$\gamma+\beta X$与Y具有相同的分布，则称X与Y仅在位置与比例上不同。

2．分布参数的估计

当输入数据变量的分布族确定后，为了完全确定一个具体的分布以便在仿真过程中进行抽样，必须设法确定分布族中参数的值，我们仍然用观测数据来估计这些参数的值。估计问题可以分为参数估计和非参数估计。参数估计总体分布的类型是已知的，但其中包含未知参数，通过样本鼓励这些未知参数。

极大似然估计法统计思想符合人们的认识和经验，同时具有大样本性质、极大似然估计的渐进分布是正态分布等性质。极大似然估计法应用比较广泛。

（1）离散分布

设总体X是离散型随机变量，其概率函数为$p(x;\theta)$，其中参数θ是未知的。设$X_1,X_2,\cdots,X_n$为来自总体X的一个样本。$X_1,X_2,\cdots,X_n$的联合概率密度为

$$P\{X_1=x_1,\ X_2=x_2,\cdots,X_n=x_n\}=\prod_{i=1}^{n}p(x_i;\theta),$$

这一概率随θ值的变化而变化。从直观上来看，既然样本值$x_1,x_2,\cdots,x_n$出现了，它们出现的概率相对来说应比较大，应使$\prod_{i=1}^{n}p(x_i;\theta)$取较大的值。

当θ固定时，上式表示$X_1,X_2,\cdots,X_n$取值为（$x_1,x_2,\cdots,x_n$）的概率；反之，当（$x_1,x_2,\cdots,x_n$）给定时，上式可以看成θ的函数，记为$L(\theta)$；并称

$$L(\theta)=L(x_1,x_2,\cdots,x_n;\ \theta)=\prod_{i=1}^{n}p(x_i;\theta)$$

为似然函数。

$X_1,X_2,\cdots,X_n$是变量。若样本区取的值是$x_1,x_2,\cdots,x_n$，则事件$\{X_1=x_1,\ X_2=x_2,\cdots,X_n=x_n\}$发生的概率为

$$\prod_{i=1}^{n}p(x_i;\theta)$$

换句话说，θ应使样本值$x_1,x_2,\cdots,x_n$的出现具有最大的概率。将上式看作θ的函数，并用$L(\theta)$表示，就有

$$L(\theta)=L(x_1,x_2,\cdots,x_n;\ \theta)=\prod_{i=1}^{n}p(x_i;\theta)$$

称 $L(\theta)$ 为似然函数。似然函数 $L(\theta)$ 的值的大小意味着该样本值出现的可能性的大小，根据实际推断原理，应使 $L(\theta)$ 达到最大值的那个 θ 作为真值 θ 的估计值。

因此，求总体参数 θ 的极大似然估计值的问题就是求极大似然函数 $L(\theta)$ 的最大问题，可通过解 $\dfrac{\mathrm{d}L(\theta)}{\mathrm{d}\theta}=0$ 此方程来解决。

（2）连续分布

设总体 X 是连续离散型随机变量，其概率密度函数为 $f(x;\theta)$，则样本 $(X_1,X_2,\cdots,X_n)$ 的密度函数为

$$\prod_{i=1}^{n} f(x_i;\theta)$$

在 θ 固定时，它是 $(X_1,X_2,\cdots,X_n)$ 在 $(x_1,x_2,\cdots,x_n)$ 处的密度，它的大小反映了 $(X_1,X_2,\cdots,X_n)$ 在 $(x_1,x_2,\cdots,x_n)$ 附近的概率的大小。当样本值 $(x_1,x_2,\cdots,x_n)$ 给定时，它是 θ 的函数，称

$$L(\theta)=\prod_{i=1}^{n} f(x_i;\theta)$$

为似然函数。按极大似然法，应选择 θ 的值使此概率达到最大。

当似然函数关于未知参数可微时，极大似然估计的求解步骤为：

1）由总体分布导出样本的联合概率密度（或联合密度）。

2）针对总体与样本写出似然函数。

3）利用多元函数取得极值的必要条件，解出似然函数的驻点。

4）判断驻点是否为最大值点。

5）求出参数的极大似然估计。

若总体 X 的分布中含有多个未知参数 $\theta_1,\theta_2,\cdots,\theta_k$ 时，似然函数 L 是这些参数的多元函数 $(\theta_1,\theta_2,\cdots,\theta_k)$。通过求解方程组 $\dfrac{\partial(\ln L)}{\partial \theta_i}=0(i=1,2,\cdots,k)$，得 $\hat{\theta}_1,\hat{\theta}_2,\cdots,\hat{\theta}_k$ 分别是参数 $\theta_1,\theta_2,\cdots,\theta_k$ 的极大似然估计值。

若 $\hat{\theta}$ 是 θ 的极大似然估计，$g(\theta)$ 是 θ 的连续函数，则 $g(\theta)$ 的极大似然估计为 $g(\hat{\theta})$。

4.5　拟合优度检验

拟合优度检验是检验来自总体中的一类数据，其分布是否与某种理论分布相一致的统计方法。在实际问题中，总体的分布形式往往是未知的，需对总体所服从的分布类型做初步的判断，并提出假设并检验这个假设是否合适。

1. χ^2 检验

χ^2 检验是一种检验经验分布与总体分布是否吻合的非参数检验方法。它不限于总体是否服从正态分布，并可用于检验总体是否服从一个预先给定的分布。

设 $(X_1,X_2,\cdots,X_n)$ 是来自未知总体 X 的一个样本，但并不知道 X 的分布，现在检验假设：$H_0:X$ 的分布函数为 $F(x)$，$H_1:X$ 的分布函数不是 $F(x)$，这里的 $F(x)$ 是一已知的分布函

数。如果 $F(x)$ 中带有未知参数 $\theta=(\theta_1,\theta_2,\cdots,\theta_k)'$，则记为 $F(x;\theta)$。

一般情况下，若 H_0 为真，则差异不太明显；若 H_0 为假时，则实际频数与理论频数的差异明显。通过构建一个符合 χ^2 分布的统计量，并用此统计量来进行检验假设。

拟合优度检验的思想和处理步骤如下。

1）将 $(-\infty,+\infty)$ 划分成 r 个小区间，$-\infty=a_0<a_1<\cdots<a_{r-1}<a_r=+\infty$ 记为 $I_1=(a_0,a_1]$，$I_2=(a_1,a_2]$，$\cdots$，$I_r=(a_{r-1},a_r)$。

2）计算各区间上的理论频数。如果原假设为真，即总体 X 的分布函数为 $F(x;\theta)$，从而 $(i=1,2,\cdots,n)$ 落入区间的概率为 $p_i(\theta)=F(a_i;\theta)-F(a_{i-1};\theta)$，其中 $i=1$，2，$\cdots$，r。

3）由于样本容量为 n，因此样本中落入区间 I_i 的个数为 $np_i(\theta)$，这里的 $np_i(\theta)$ 称为理论频数。如果 θ 是未知的，可用 θ 的极大似然估计 $\hat{\theta}$ 带入 $p_i(\theta)=F(a_i;\theta)-F(a_{i-1};\theta)$，得到 $p_i(\hat{\theta})$，这里的理论频数为 $np_i(\hat{\theta})$。

4）计算各区间上的实际频数。设 $(X_1,X_2,\cdots,X_n)$ 中落入区间 I_i 的个数为 n_i，称 n_i 为实际频数。

5）构造服从已知的确定分布的统计量：

$$\chi^2=\sum_{i=1}^{r}\frac{\left(n_i-np_i(\hat{\theta})\right)^2}{np_i(\hat{\theta})}$$

由于 $np_i(\hat{\theta})$ 是从分布函数 $F(x;\theta)$ 计算出来的区间 I_i 上的理论频数，而 n_i 是样本中落入 I_i 的实际频数，他们差异的大小度量了样本与分布 $F(x;\theta)$ 的拟合程度。

6）根据样本观测值对实际问题进行检验，得出结论。

统计量 χ^2 的观察值比较小时，说明拟合较好，接受 H_0；反之，说明拟合不好，即 X 的分布函数不是 $F(x)$，从而拒绝 H_0。对于给定的显著性水平 α，查自由度为 $r-k-1$ 的 χ^2 分布表，可得 $C_{1-\alpha}(r-k-1)$，满足：

$$P(\chi^2\geqslant C_{1-\alpha}(r-k-1))=1-\alpha$$

根据样本观测值算出统计量 χ^2 的观测值 c。当 $c\geqslant C_{1-\alpha}(r-k-1)$ 时，拒绝 H_0；否则接受 H_0。

实践证明，若 n 充分大且当 H_0 为真时，统计量 χ^2 总是近似地服从自由度为 $r-k-1$ 的 χ^2 分布，其中 k 为区间个数，r 为需要估计的参数的个数。非参数的 χ^2 检验在使用时要求 n 足够大以及 np_i 也不能太小，在实践中，也要求样本容量 n 至少要大于 50。

2. 科尔莫哥洛夫-斯米尔洛夫检验（K-S 检验）

χ^2 检验的困难在于按 P_j 相等来确定 $[a_{j-1},a_j)$ 时，要对 $\hat{F}(x)$ 进行逆运算。而在某些情况下，求 $\hat{F}(x)$ 的逆运算比较困难，有时甚至 $\hat{F}(x)$ 无封闭形式使得根本无法求 $\hat{F}(x)$ 的逆运算，导致检验无法进行。另外，当 n 较小时，$P_j\geqslant 5/n$ 的值较大，从而得到的区间过大，结果造成观测数据的信息丢失。因此，需要采用其他的检验方法来进行检验。

科尔莫哥洛夫-斯米尔洛夫检验，简称 K-S 检验。K-S 检验也是一种拟合优度检验，它涉及一组样本数据的实际分布与某一指定的理论分布间相符合程度的问题，用来检验所获取的样本数据是否来自具有某一理论分布的总体。

其基本原理是将拟合的分布函数 $\hat{F}(x)$ 与由观测数据的实验分布函数 $\tilde{F}(x)$ 进行比较。设观测数据为 $x_1, x_2, \cdots, x_n$，观测数据的实验分布函数 $\tilde{F}(x)$ 采用如下定义：

$$\tilde{F}(x) = \frac{(x_i \leqslant x)\text{数据的个数}}{n} \quad \text{对所有}(x)$$

这样，$\tilde{F}(x)$ 是右连续的阶跃函数。

K-S 检验规则是：根据 $\hat{F}(x)$ 与 $\tilde{F}(x)$ 的接近程度来决定是否拒绝原假设 H_0。

评价接近程度的指标是采用 $\hat{F}(x)$ 与 $\tilde{F}(x)$ 之间的最大距离 D_n：

$$D_n = \max_x \{|\hat{F}(x) - \tilde{F}(x)|\}$$

K-S 检验的步骤如下。

1）建立假设：对于所有 x，$\tilde{F}(x) = \hat{F}(x)$；对于一些 x，$\tilde{F}(x) \neq \hat{F}(x)$。

2）计算统计量：

$$D_n = \max\{|\tilde{F}(x) - \hat{F}(x)|\}$$

3）查找临界值：根据给定的显著性水平 α，样本数据个数为 n，查表的单临界值 d_α。

4）作出判断：$D_n < d_\alpha$，则在 α 的水平上接受假设 H_0；反之，则拒绝 H_0。

K-S 检验存在的问题在于不同的分布，d_α 的值是不同的；即使是同一分布，不同的 α 下 $d_{\alpha,1-\alpha}$ 也不相同，而且尚无通用的表可查。

χ^2 检验与 K-S 检验之间的比较如表 4-1 所示。

表 4-1 χ^2 检验与 K-S 检验之间的比较

χ^2 检验	应用范围广，原理简单，受区间数量、大小选择的影响，对同一样本区间数选取不当则可能做出错误的判断；小样本事件无法采用 χ^2 检验
K-S 检验	无须划分区间，对样本数量没有要求，但操作比较烦琐，应用范围比较小，只能用于特定分布

4.6 思考题

1. 如何进行数据的收集与处理？
2. 连续分布类型假设和离散分布类型假设常用的预处理法有哪些？
3. 分布参数的类型有哪些？各自的特点是什么？
4. 简述 χ^2 检验与 K-S 检验之间的区别。

第5章　仿真输出数据分析

仿真输出数据在仿真过程中发挥十分重要的作用。通过采取适当的统计技术对仿真数据统计分析，能获得系统状态变量高精度的统计特性，并且能够实现对位置参数的估计。本章对终态和稳态仿真结果分析方法均有介绍，并提出了中断式系统和非中断式系统的概念。

5.1　仿真输出数据概述

仿真输出的目的是用适当的统计技术对仿真过程中产生的数据进行统计分析，从而实现对未知参数的估计。在多数情况下，仿真实验的结果是由计算机计算得出的，而这些数据通常不能直接反映出系统的性能，需要经过分析整理并形成仿真报告。

在现实世界中，物流系统存在很多类型（如某仓库统计每周的存货量，得到一组存货量的统计数据，则这些数据是不独立的）。

根据研究目的和模型的内部逻辑的不同，仿真运行方式可分为终态仿真（暂态仿真）和稳态仿真两大类。终态仿真是指仿真实验在某个持续时间段上运行。在该模型中明确地规定了仿真开始和结束条件的仿真，这些条件是目标系统实际运行模型的反映。稳态仿真则是通过系统的仿真实验，希望得到一些系统性能测度指标在系统达到稳态时的估计值，对于数量的估计建立在长期运行的基础上，即理论运行时间是趋于无穷的。终态仿真的结果对初始状态的依赖性很强，而稳态仿真的实验结果一般与初始状态无关。

对仿真的输出结构进行统计分析的主要目的是获得系统状态变量高精度的统计特性，以便能够对仿真结构正确地利用。

5.2　终态仿真的结果分析

在仿真研究中，除了终态仿真研究之外，还需要研究一次运行时间很长的仿真，研究系统的稳态性能。

1. 重复运行法

对于终态仿真，往往采用中断式系统，即将系统仿真特定的时间 T_E，当 E 时间发生时系统就停止仿真。一般情况下终态仿真采用的是重复运行法，又称为复演法。重复运行法是指选用不同的独立随机数序列，采用相同的参数、初始条件以及用相同的采样次数 n 对系统重复进行仿真运行。利用重复运行仿真方法可以得到独立的仿真结果。

对于某一终态仿真的系统，由于每次运行是相对独立的，因此可以认为每次仿真运行结果 X_i ($i=1,2,\cdots,n$) 不存在统计上的相关性，它们是独立同分布的，因此可直接采用统计分析方法进行仿真结果的分析。由于每次仿真运行的初始条件和参数是相同的，每次仿真运行的结果也必然是相近的，相互之间的偏差不会很大，因此，很自然地可以假设仿真结果

$X_1, X_2, \cdots, X_n$ 是服从正态分布的随机数。

定义统计结果的均值为 $\overline{X}$，则

$$\overline{X} = \frac{1}{n}\sum_{j=1}^{n} X_j$$

样本方差 $S^2(n)$ 为

$$S^2(n) = \sum_{j=1}^{n} [\overline{x}(n) - x_j]^2 / (n-1)$$

方差的估计值为

$$\sigma^2(X_i) = S^2(n)/n = \frac{1}{(n-1)n}\sum_{j=1}^{n}[\overline{x}(n) - x_j]^2$$

$\sqrt{S^2(n)/n}$ 称为点估计的标准差。

设随机变量 X 的期望值的置信区间为 $1-\alpha$，它的置信区间 μ 为

$$\mu = \frac{1}{n}\sum_{j=1}^{n} X_j \pm t_{n-1,\frac{\alpha}{2}}\sqrt{S^2(n)/n}$$

式中，α 为置信水平。

显然，随着仿真次数 n 的增加，即仿真运行的次数越多，则 X_j 越接近于正态分布，标准差的理论值越小，而均值的精确度越高。因此在终态仿真中使用仿真方法运行的重复次数 n 不能选得太小。

2. 序贯程序法

在终态仿真结果分析的重复运行法中对构造的置信区间长度未加控制。置信区间的长度不但与 X_j 的方差有关，且与置信区间的长度与仿真次数的平方根成反比。因此，为了减少置信区间的长度，需要增加仿真的次数 n。

置信区间的半长称为它的绝对精度，用 β 表示。

由上面公式可知，样本 X 的 $100(1-\alpha)\%$ 置信区间的半长为

$$\beta = t_{n-1,\frac{\alpha}{2}}\hat{\sigma}(X^2)$$

式中，$\hat{\sigma}(X^2) = S/\sqrt{n}$；$S$ 为样本的标准差；n 为重复运行次数。

设给定一准确的临界值 ε，即限定置信区间的长度为 $[\hat{X} - \varepsilon, \hat{X} + \varepsilon]$，并给定精度 $1-\alpha$。为了达到此精度要求，需要取足够大的仿真运行次数 n，使之满足：

$$P(|\hat{X} - \overline{X}| < \varepsilon) \geqslant 1-\alpha$$

置信区间半长与点估计的绝对值之比称为置信区间的相对精度 v。

为了得到规定 β 和 v，可先运行 n 次，若得到的 β 或 v 太大，可再增加 n。一种解析确定 n 的做法是：设 X_j 的总方差估计 $S^2(n)$ 随着 n 加大而没有显著变化，则

$$n_\alpha(\beta) = \min\{i \geqslant n : t_{i-1,1-\alpha/2}\sqrt{S^2(n)/i} \leqslant \beta\}$$

或

$$n_\alpha(v) = \min\{i \geqslant n : t_{i-1,1-\alpha/2}\sqrt{S^2(n)/i} / |\overline{X}(n)| \leqslant v\}$$

实际上，利用 n_0 次仿真运行的方差 $S^2(n_0)$ 来替代 n 次仿真运行的方差，会使得计算得出的 n 值偏大。为了消除这种影响，一般采用序贯程序法，其步骤为如图 5-1 所示。

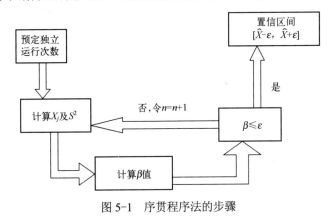

图 5-1　序贯程序法的步骤

5.3　稳态仿真的结果分析

对于稳态仿真通常采用非中断式系统。非中断式系统指连续执行一段时间，甚至可近似认为永远不会中断系统。稳态型仿真的具体方法有批均值法、稳态型序贯法、重新产生法、重复删除法。

对非中断系统来说，为了观察系统长期的特性，在仿真运行过程中，每隔一段时间即可获得一个观测值 Y，从而可以得到一组自相关时间序列的采样值 $Y_1, Y_2, \cdots, Y_n$。其稳态平均值定义为

$$\upsilon = \lim_{n \to \infty} \frac{1}{n} \sum_{i=1}^{n} Y_i$$

式中，υ 值并不受系统起始状态的影响，即不同的起始状态的结果都应收敛于 υ。

1．批均值法

稳态仿真若采用类似重复运行法那样利用全部观测值进行估计，得到的估计值 $\hat{Y}$ 与实际的稳态值 Y 之间会有偏差；这里设 b 为在点估计 $\hat{Y}$ 中的偏移则 $b = \hat{Y} - Y$。而偏移是由于人为的或任意的初始条件造成的，我们希望偏移值 b 相对于 Y 值尽可能地小。重复运行的次数越多，只会影响置信区间范围错误的估计点 $Y+b$ 变短，而不会围绕 Y 变短。

为了降低偏移的影响，可以采用批均值法。批均值法把仿真运行划分为长度（采样次数）相等的 N 段，每一段看作一次独立的仿真运行，得到的样本平均值为 $X_1, X_2, \cdots, X_M$，X 可以近似认为是独立同分布的随机变量；再利用与重复运行法相同的统计方法来构造仿真结果的置信区间，即如果运行的总次数为 M 次，分为 N 批。即将足够多的观测值 $Y_1, Y_2, \cdots, Y_m$ $(i=1,2,\cdots,m)$ 分为 n 批，每一批中有一个观测值，则每批观测数据如下。

第 1 批：$Y_1, Y_2, \cdots, Y_l$

第 2 批：$Y_{l+1}, Y_{l+2}, \cdots, Y_{2l}$

…

第 n 批：$Y_{(n-1)l+1}, Y_{(n-1)l+2}, \cdots, Y_{nl}$

首先对每批数据进行处理，分别得出每批数据的均值：

$$\hat{Y}_j = \frac{1}{l}\sum_{k=1}^{l} Y_{(j-1)l+k}$$

由此可得总样本的均值和方差分别为：

$$\bar{Y} = \frac{1}{n}\sum_{j=1}^{n}\bar{Y}_j = \frac{1}{m}\sum_{i=1}^{m} Y_i$$

$$S_j^2(n) = \frac{1}{n-1}\sum_{j=1}^{n}(\bar{Y}_j - \bar{Y})^2$$

由于假设样本满足独立同分布且是正态分布，则对随机变量 Y 的期望值的区间为 μ：

$$\mu = \bar{Y} \pm t_{n-1,\frac{\alpha}{2}}\sqrt{S_j^2(n)/n}$$

重复运行法和批均值法在原理和方法上类似，但是，它们对同一样本空间做了不同的处理。前者是每次运行都从初始状态开始，后者是每次运行的结束作为下一次运行的开始，因此，各自有不同的特点。重复运行法每次仿真运行都经过初始空载状态，空载状态的影响会导致较大的均值估计偏差，但是每次仿真运行之间独立性较好；批均值法有利于消除初始状态的影响，但需要特别注意消除各批之间的相关性。

2. 稳态序贯法

批均值法对置信区间的精度未加控制，先讨论基于批均值的稳态型序贯法，以满足规定精度置信区间的要求。

设某次稳态运行得到的观测值是 $Y_1, Y_2, \cdots, Y_m$。其批长度为 l，共 n 批，每批观测值的均值为 $\bar{Y}$，总体样本均值为 $\hat{Y}_k (k=1,2,\cdots,n)$。

利用批均值法进行计算时，假定前提为每批观测值的均值是独立的，但实际上 $\hat{Y}_1, \hat{Y}_2, \cdots, \hat{Y}_k$ 是相关的。通过保持批数 n 不变，不断增大长度 l，得到不相关的 $\hat{Y}_k$。但是如果 n 选择过小，$\hat{Y}_k$ 的方差将加大，最终导致置信区间的偏差加大，因此 n 也应该足够大。这样由于选择的 n 和 l 必须足够大，会使得样本总量 $m=n\times l$ 特别大，时间的消耗也是仿真中应该考虑的因素，现这里介绍一种尽可能减少 m 的方法。

设仿真运行观测值的批长度为 l，已经有观测值 n 批，考虑相隔为 i 的两批观测值均值的相关系数：

$$\rho_i(l) = \mathrm{cov}[\bar{Y}_j, \bar{Y}_{j+1}]，j=1,2,\cdots,n-1$$

$\rho_i(l)$ 随 l 的变化规律大致有三种特性。

1）$\rho_{i(l)} = \mathrm{cov}\left[\bar{Y}_j, \bar{Y}_{j+1}\right]$ 为递减函数。

2）$\rho_i(l)$ 的值一次或多次改变方向，然后严格地递减到 0。

3）$\rho_i(l)<0$ 或者随之 l 的变换没有一定的规律。

根据 $\rho_i(l)$ 的以上三种特性，基于批均值法的稳态序贯法原理如下：

1）给定批数因子 n、f 以及仿真长度 m_1（m_1 是 nf 的整数倍），$\rho_i(l)$ 的判断值为 μ，置信区间的相对精度为 γ，置信水平为 α，令 $i=1$。

2）进行长度为 m_i 的仿真运行，获得 m_i 个观测值 $Y_1, Y_2, \cdots, Y_{m_i}$。

3）令 $l=m_i/(nf)$，计算 $\bar{Y}_k$，$k=1,2,\cdots,nf$，计算和 $\rho_i(nf,l)$（可以取 $j=1$）。

4）如果 $\rho_j(nf,l) > \mu$，则说明 m_i 太小，需加大 m_i，可令 $i=i+1$，且 $m_i=2m_{i+1}$，返回第 2）步获取其余 m_{i-1} 个观测值。

5）如果 $\rho_j(nf,l) \leqslant 0$，则表明增加仿真运行长度无助于 $\rho_j(l)$ 的判断，执行第 8）步。

6）如果 $0 < \rho_j(nf,l) \leqslant \mu$，计算 $\overline{Y}_k(2l)$，$k=1,2,\cdots,nf/2$，计算 $\rho_j(nf/2,2l)$，$j=1$，判断 $\rho_i(l)$ 是否具有第二类特性；如果 $\rho_j(nf/2,2l) \geqslant \rho_j(nf,l)$，则说明 $\rho_i(l)$ 确实具有第二类特性，需要进一步加大 m_i，令 $i=i+1$ 且 $m_i=2m_{i+1}$，返回第 2）步获取其余 m_{i-1} 个观测值。

7）如果 $\rho_j(nf/2,2l) < \rho_j(nf,l)$，则说明 $\rho_i(l)$ 已经具有第一类特性，而且达到 $\rho_i(l)$ 的判断值 μ 要求的批长度 l 也已经得到，可以相信 $\rho_j(nf,l)$ 的值满足独立性要求，此时用批均值法计算该 n 批长度为 fl 的置信区间。

8）计算 $\overline{Y}_k(n,fl)$、$\overline{Y}(n,fl)$ 以及置信区间的半长 $\delta = t_{n-1,1-\alpha/2}\sqrt{S^2/n}$，最后得 $\overline{Y} = \delta / \overline{Y}(n,fl)$。

9）如果 $\overline{Y} > \gamma$，说明精度不满足要求，令 $i=i+1$ 且 $m_i=2m_{i+1}$，返回第 2）步获取其余 m_{i-1} 个观测值。

10）如果 $\overline{Y} \leqslant \gamma$，则精度满足要求，可以令估计值 $\upsilon = \overline{Y}(n,fl) \pm \delta$，仿真停止。

与终态仿真结果分析类似，稳态序贯法较好地解决了批长度的确定及仿真运行总长度的确定问题，并能满足规定的置信区间要求。

3. 重新产生法

在批均值法中，将一次长度为 m 的稳态仿真结果分成等长的若干批数据进行处理，批长度的确定对于这种方法是十分重要的，它直接影响到批均值法的效能，但到目前为止，选取批长度的原则尚未完全确定，因此有必要考虑其他有效的方法。

重新产生法的基本思想是：在一次稳态性仿真中，设仿真从某一初始状态开始运行，当运行到系统重新达到该状态时，其以后的过程可以认为是与当前的过程独立的，这就相当于系统在此时重新运行，将这一过程称为重新产生周期。系统初始状态重复出现的时刻点称为系统的重新产生点，该方法就是要找出稳态仿真过程中系统的重新产生点，由每个重新产生点开始的重新产生周期中所获得的统计样本都是独立同步的，可以采用经典统计方法对参数进行评估并构造参数值的置信区间。

重新产生法的缺点在于系统重新产生点的数量要求足够多，并且每个周期应该是独立的。但是在实际系统的仿真运行中可能没有重新产生点或者重新生产周期过长，则要求仿真运行的总长度要足够大。另外，这种方法难以预先确定置信区间的精度，因而无法得到规定精度要求的置信区间。

4. 重复删除法

终态仿真时虽然每次运行是相互独立的，但是系统的初始状态是完全相同的，但初始状态并不能一定代表系统稳定特性的状态。同时，由于每次仿真的长度是有限的，初始装填对仿真结果的影响没有消除，因此得到的结果必然也是系统的有偏估计。

重复删除法的基本思想是：设对某一系统进行 k 次独立仿真，每次长度为 m，运行得到的观测值是 $Y_1,Y_2,\cdots,Y_m$；$Y_{21},Y_{22},\cdots,Y_{2m}$；$Y_{k1},Y_{k2},\cdots,Y_{km}$。系统的稳态性能测度为

$$\upsilon = \lim_{n \to \infty} \frac{1}{n} \sum_{i=1}^{n} Y_i$$

且 v 与系统的初始条件无关。由于初始条件的影响,系统的性能往往会经过一段时间的波动(瞬态过程)以后,才逐渐趋于平稳(稳态过程)。在统计计算系统性能时,应删除每一次运行的前一个观测数据。

令:

$$\bar{Y}_j(m,l) = \sum_{i=l+1}^{m} Y_{ji} / (m-1)$$

$$\bar{Y}_j(k,m,l) = \sum_{i=l+1}^{k} \bar{Y}_j(m,l) / k$$

将 $\bar{Y}_j(m,l)$ 作为每次运行的均值, $\bar{Y}_j(k,m,l)$ 作为系统稳态性能的估计值,其置信区间半长为: $t_{k-1,1-\alpha/2}\sqrt{S^2_{\bar{Y}_j(m,l)}(k) / k}$,其中 $S^2_{\bar{Y}_j(m,l)}(k) = \frac{1}{k-1}\sum_{i=1}^{K}(\bar{Y}_j(m,l) - \bar{Y}_j(k,m,l))^2$ 。

给定初始条件($L(0)=1$)时,系统性能参数在 n 时的瞬态概率分布设为 $F_{n,l}(x)$,即

$$F_{n,l}(x) = P\{Y_n \leqslant x | L(0)=1\}$$

从理论上说,系统性能的稳态概率分布应为

$$F(x) = \lim_{n\to\infty} F_{n,l}(x)$$

但是,从实际应用的观点出发,总存在一个 n^* (n^* 为有限值),使得

$$F_{n,l}(x) \approx F(x),\ n \geqslant n^*$$

当 $F_{n,l}(x)$ 基本上不随 n 的增大而变化时,系统进入平衡状态。根据这一概念,在稳态仿真中仍可做有限次仿真运行,来估计系统性能的置信区间。

多次运行重复删除法,将每次仿真运行分为瞬态阶段($0,T_0$)和数据收集阶段(T_0,T_g)在 T_g 时终止仿真运行,要求 $t=T_0$ 时系统的状态有一定的稳态代表性。在此基础上做多次独立重复运行,即可对结果进行统计分析。

重复删除法虽然有很强的吸引力,它只需要运行 k 次独立的终态仿真,所需样本容量可以大大减少。但是问题在于难于正确选择要去除的观测值数目和确定 l 的值。因为用此方法需要每次运行结束时重新初始化系统,所以系统能较快进入稳态并运行长度有限较适宜采用重复运行删除法。

5.4 系统性能比较分析

很多情况下,仿真用来对两种不同的规划方案进行对比分析。例如,在库存管理中,需分析何种库存策略使得库存水平最低且不至于缺货,也需要对两个不同的系统进行仿真并分析;制造车间中不同的派工方法、交通系统中不同的控制策略等,都需要对两个或两个以上系统进行对比分析。

两系统性能比较的基本思想是:对每一个系统分别独立地运行 n 次,各自得到同一性能的 n 个样本值,然后建立对应样本的置信区间。以 ATM 取款机为例,经过仿真后,方案一的取款人平均等待时间为 θ_1 ;方案二的取款人平均等待时间为 θ_2 。对 $\theta_1 - \theta_2$ 的差异进行分

析，即求得 $\theta_1 - \theta_2$ 的点估计与置信区间。

假设比较两种不同系统 $i=1,2$ 的设计方案的绩效，仿真的重复次数为 N_i。Y_{ni} 为系统 i 的第 n 次仿真所收集到的绩效指标，用来估计系统 i 的绩效 $\theta_i(i=1,2)$。以 $\hat{Y}_i$ 和 S^2 代表系统 i 的样本均值和样本方差。于是 $\theta_1 - \theta_2$ 的点估计值可近似为 $Y_1 - Y_2$，且有

$$\overline{Y}_i = \frac{1}{N_i} \sum_{n=1}^{N_i} Y_{ni}$$

$$S^2 = \frac{1}{N_i - 1} \sum_{n=1}^{N_i} (Y_{ni} - \overline{Y}_{ni})^2$$

在 $100(1-\alpha)$ % 的置信区间下，$\theta_1 - \theta_2$ 的置信区间为

$$Y_1 - Y_2 - t_{\frac{\alpha}{2}}(\upsilon)\sqrt{\frac{S_1^2}{N_1} + \frac{S_2^2}{N_2}} \leqslant \theta_1 - \theta_2 \leqslant Y_1 - Y_2 + t_{\frac{\alpha}{2}}(\upsilon)\sqrt{\frac{S_1^2}{N_1} + \frac{S_2^2}{N_2}}$$

$$\upsilon = \frac{\left(\dfrac{S_1^2}{N_1} + \dfrac{S_2^2}{N_2}\right)^2}{\dfrac{\left(\dfrac{S_1^2}{N_1}\right)^2}{N_1 - 1} + \dfrac{\left(\dfrac{S_1^2}{N_2}\right)^2}{N_2 - 1}}$$

其中 υ 的计算方法为：若 $\theta_1 - \theta_2$ 的置信区间完全落在零点左方，则有充分证据说明 $\theta_1 - \theta_2 < 0$，即有充分信心说明 $\theta_1 < \theta_2$；若 $\theta_1 - \theta_2$ 的置信区间完全落在零点右方，则有充分证据说明 $\theta_1 - \theta_2 > 0$，即有充分信心说明 $\theta_1 > \theta_2$；若 $\theta_1 - \theta_2$ 的置信区间包括零点，则没有充分证据表示两系统之间有明显差异。

实际发生时可能会出现多种方案的仿真结果，需要比较 k 种结果的优劣。多系统选择较优方案的本质是参数优化问题。离散事件系统参数优化是一个非常困难的问题，到目前为止仍然没有得到很好的解决，特别是多参数的优化问题，原因在于离散事件系统的随机性。

5.5 案例分析

在每周的 5 个工作日中，对每天上午 7:00 到上午 7:05 之间到达十字路口西南角的车辆进行观察，一共观察 20 周。表 5-1 中给出了观察结果数据，第一个条目表示有 12 次 5 分钟内没有车辆到达，第二个条目表示有 10 次一辆车到达，等等。

表 5-1　车辆到达情况统计表

每个周期的到达数	频数	每个周期的到达数	频数
0	12	6	7
1	10	7	5
2	19	8	5
3	17	9	3
4	10	10	3
5	8	11	1

根据上述数据，绘制直方图，求出样本均值和样本方差，根据图 5-2 所示的几个分布图，对数据进行分布假设和参数估计。

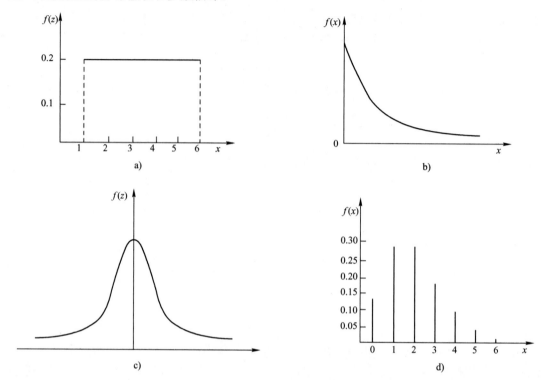

图 5-2　不同分布图

a) 均匀分布　b) 指数分布　c) 正态分布　d) 泊松分布

解答：

根据表 5-1 中的数据，绘制直方图如图 5-3 所示。

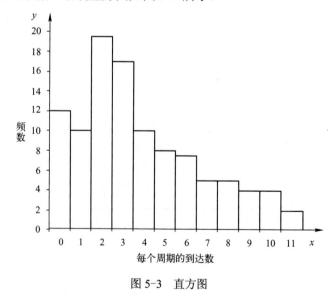

图 5-3　直方图

分析表 5-1 中的数据可以得到 $n=100$，$f_1=12$，$X_1=0$，$f_2=10$，$X_2=1$，$\cdots$，$\sum_{j=1}^{k} f_j X_j = 364$，$\sum_{j=1}^{k} f_j X_j^2 = 2080$。所以有：

$$\overline{X} = 364/100 = 3.64$$

$$S^2 = \frac{2080 - 100 \times 3.64^2}{99} = 7.63$$

$$S = \sqrt{7.63} = 2.76$$

该组数据的样本均值为 3.64，样本方差为 7.63。

结合几个分布图，可知该组数据服从 $\hat{\alpha} = 3.64$ 的泊松分布。

5.6 思考题

1. 仿真输出的目的是什么？
2. 在仿真系统中，如何提高系统的稳态性能？
3. 针对运行时间长的终态仿真系统，常用的研究方法有哪些，各有什么特点？
4. 简述稳态平均值定义。
5. 重复运行法和批均值法的异同点有哪些。
6. 观测值均值的相关系数 $\rho_i(l)$ 随 l 的变化规律大致有几种情况？基于批均值发的稳态序贯法原理是什么？
7. 重复产生法的整体优劣性如何。
8. 系统性能比较的基本思想。

第6章 Flexsim 软件概述

6.1 Flexsim 综述

Flexsim 是 PC Base 开发的教学模拟企业的仿真系统，用于建立各种经营、管理、制造模型，可在微软 Windows 等不同作业平台上运行的全窗口 3D 专业仿真软件。Flexsim 是工程师、管理者和决策人对提出的"关于操作、流程、动态系统的方案"进行试验、评估、视觉化的工具。它具有完全的 C++面向对象（Object-Oriented）性，超强的 3D 虚拟现实（3D 动画），直观的、易懂的用户接口，卓越的柔韧性（可伸缩性）。Flexsim 是世界唯一的在图形的模型环境中应用 C++ IDE 和编译程序的仿真软件。定义模型逻辑时，可直接使用 C++，而且可立刻编译到 Flexsim 中。因为 Flexsim 具有高度的开放性和柔韧性，所以能为几乎所有产业定制特定的模型。Flexsim 的主要特性如下。

1．模型：Flexsim 采用经过高度开发的部件来建模

部件表示商业过程中的活动、行列，即代表着时间、空间等信息。建立模型时，只需要将相应的部件从部件库拖放到模型视图中，各个部件具有位置（x，y，z）、速度（x，y，z）、旋转角度（rx，ry，rz）和动态的活动（时间）等属性。部件可以被制造、被消灭,也可以相互移到另一个部件里，除了具有自身的属性外还可以继承它的部件的属性。部件的参数是简单、快速、有效地建立生产、物流和商务过程模型的主要机能。通过部件的参数设置，我们可以对几乎所有的物理现象进行模型化。例如，机械手、操作人员、队列、叉车、仓库等全都可用 Flexsim 来建立模型，信息情报等"软"的部分也可很容易地使用 Flexsim 功能强大的部件库来建模。

2．层次结构：Flexsim 可以使模型构造更具有层次结构

建立模型的时候，每一部件都使用继承的方法（即采用继承结构），可以节省开发时间。Flexsim 可以让用户充分利用 Microsoft Visual C++的层次体系特性。

3．量身定做

目前在市场上，像 Flexsim 一样能让用户自由自在量身定制的仿真软件非常罕见。软件的所有可视窗体都可以向定制的用户公开。建模人员可以自由地操作部件、视窗、图形用户界面、菜单、选择列表和部件参数，可以在部件里增加自定义的逻辑、改变或删掉既存的编码，也可以从零开始建立一个全新的部件。

值得一提的是，不论是用户设定的还是新创建的部件都可以保存到部件库中，而且可以应用在其他模型中。最重要的是，在 Flexsim 中可以用 C++语言创建和修改部件，同时，利用 C++可以控制部件的行为活动。Flexsim 的界面、按钮条、菜单、图形用户界面等都是由预编译的 C++库来控制的。

4．可移植性

因为 Flexsim 的部件是向建模者公开的，所以部件可以在不同的用户、库和模型之间进行交换。可移植性与量身定制相结合能带来超级的建模速度。定制的部件保存在部件库中，建模时，只要从部件库中拖曳相应部件，就能在新模型中再现这些部件。可移植性与量身定制延长了部件和模型双方的生命周期。

5．仿真

Flexsim 具有一个非常高效的仿真引擎，该引擎可同时运行仿真和模型视图（可视化），并且可以通过关闭模型视图来加速仿真的运行速度。仿真运行时，利用该引擎和 Flexscript 语言准许用户在仿真进行期间，改变模型的部分属性。

Flexsim 能一次进行多套方案的仿真实验。这些方案能自动进行，其结果存放在报告、图表里，这样用户可以非常方便地利用丰富的预定义和自定义的行为指示器，像用途、生产量、研制周期、费用等来分析每一个情节。同时很容易地把结果输出到微软的 Word、Excel 等应用软件中，利用 ODBC（开放式数据库连接）和 DDEC（动态数据交换连接）可以直接对数据库读写数据。

6．可视性

相比图片，Flexsim 的虚拟现实动画以及模型视图能够表达更多的信息。Flexsim 能利用包括最新的虚拟现实图形在内的所有 PC 上可用的图形。如果是扩展名为 3DS、VRML、DXF 和 STL 的 3D 立体图形文件的话，可以直接调到 Flexsim 模型中使用。

Flexsim 属于分散性软件，具有面向对象技术建模、突出 3D 图形显示功能、建模和调试方便等功能特点。Flexsim 仿真环境包括主界面、实体对象库、菜单栏、工具栏及时间控件，利用鼠标操作和键盘交互操作可以实现对仿真的控制。我们在建模时，要有面向对象的思想，熟悉对象的层次结构、节点和树，同时对任务序列以及分配器、分配规则有一定了解。仿真模型的建立包括基本组成成分及建模的基本步骤。仿真模型包括对象、连接方式及仿真方法。要实现仿真模型运行，需要正确的仿真布局，定义物流流程，编辑对象参数和编译运行仿真。本章通过一个多产品单阶段制造系统仿真实例来具体讲如何建立仿真模型。通过仿真结果分析，对仿真模型进行优化。最后，通过理发店系统仿真案例，对手工仿真和计算机仿真进行对比分析，证明了计算机仿真具有可行性。

6.2 Flexsim 的功能特点

模拟软件一般可分成结构型和分散型两大类型，Flexsim 是属于分散型模拟软件。它是由美国的 Flexsim Software Production 公司出品的，是一款商业化离散事件系统仿真软件。Flexsim 采用面向对象技术，并具有三维显示功能。建模快捷方便和显示能力强大是该软件的重要特点。该软件提供了原始数据拟合、输入建模、图形化的模型构建、虚拟现实显示、运行模型进行仿真试验、对结果进行优化、生成 3D 动画影像文件等功能，也提供了与其他工具软件的接口。图 6-1 是 Flexsim 软件及其构成模块的结构图。

Flexsim 仿真软件的特点主要体现在采用面向对象技术，突出 3D 显示效果，建模和调试简单、开放、方便，模型的扩展性强，易于和其他软件配合使用等方面。

1．基于面向对象技术建模

Flexsim 中所有用来建立模型的资源都是对象，包括模型、表格、记录、GUI 等。同时，用户可以根据自己行业和领域特点，扩展对象，构建自己的对象库。面向对象的建模技术使得 Flexsim 的建模过程生产线化，对象可以重复利用，从而减少了建模人员的重复劳动。

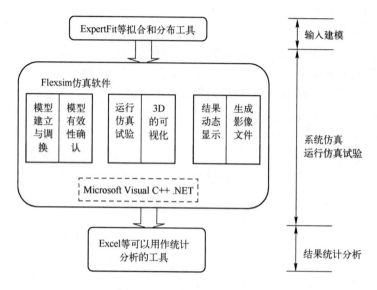

图 6-1　Flexsim 功能结构图

2．突出的 3D 图形显示功能

Flexsim 是基于 OpenGl 开发的，也支持 3ds、wrl、dxf 和 stl 等文件格式，三维效果非常好，用户可以建立逼真的模型，从而可以帮助用户对模型有一个直观的认识，并帮助模型的验证。用户可以在仿真环境下很容易地操控 3D 模型，从不同角度、放大或缩小来观测。

3．建模和调试方便

Flexsim 提供使用者一个简洁的编排方式，透过拖曳的方式轻松地构建出图形化模式、功能齐全。元件库已详细分类为树状结构，通过 2D 图形化的模式建立，能自动产生 3D 实体化及 VR 虚拟实境模式。建模的工作简单快捷，不需要编写程序。

4．建模的扩展性强

Flexsim 支持建立用户定制对象，融合了 C++编程。用户完全可以将其当作一个 C++的开发平台来开发一定的仿真应用程序。C++不但能够直接用来定义模型，而且不会在编译中出现任何问题。这样，就不再需要传统的动态链接库和用户定义变量的复杂链接。

5．开放性好

Flexsim 提供了与外部软件的接口，可以通过 ODBC 与外部数据库相连，通过 Socket 接口与外部硬件设备相连，与 Excel、Visio 等软件配合使用。

Flexsim 仿真系统已被广泛应用在诸如交通路线规划、交通流量控制分析、生产能力仿真与分析、港口、机场、物流中心设计等多个领域。自从系统推出以来，已有上千家企业在使用 Flexsim。物流行业使用 Flexsim 平台的收益主要体现在以下几个方面：①评估装备与流程设计的多种可能性；②提高物流公司与资源的运行效率；③减少库存；④缩短制造物流行业产品上市时间；⑤提高生产线产量；⑥优化资本投资；⑦在一个小的增长阶段内，模型能被建立和测试，大大简化了模型构造，提供了识别逻辑错误的能力，使得模型更可靠；⑧在运行时，模型能在任何时候改变，更改能被立即合并，引导更快速地建立模型。

6.3 Flexsim 2018 新增功能

最新 Flexsim 2018 软件已在全球范围内推出。相对于以前的版本，在新版 Flexsim 软件中新增了如下功能。

1）新增了人员场景模块仿真。人员场景模块是关于人员交互性问题的仿真。例如人们要去哪里、与谁交流、排队等。Flexsim 可以帮助用户可视化分析这些相关人员活动系统。无论是去餐馆还是机场安检，这个新模块都能对它进行建模。人员场景模块加入了全新的 3D 对象和流程活动，它们可以协同工作进行更为准确和真实的建模。3D 对象包含与人交互的位置（如椅子、床）、人员、运输设备（如轮椅）、工具（工作台）等实体。流程活动提供了创建、移动、护送和运送这些人到他们需要去的地方，他们将与谁一起工作以及使用什么设备的逻辑。可以查看用户手册中新的人员场景模块教程，并尝试使用该模块建模。

2）Flexsim 2018 还包含一个全新的 Dashboard 库。这个模板利用 Flexsim 中引入的数据收集器和图表工具，优化了界面使用，简化了模型分析。比如按小时统计吞吐量，这在新 Dashboard 模块中很容易实现，可视化界面也十分美观友好。

3）添加了里程碑收集器统计信息工具和图表模板。

4）添加了一种自定义对象绘制 3D 形状网格的方法。

5）将 message( )方法添加到 Object 类以替换 sendmessage( )和发送延迟消息。

6）向视图表中添加了状态栏更新，更新了柱形图和饼图，提供了更多选项和数据格式。

7）在工艺流程中增加了日期时间源活动，并可以从 Excel 导入/导出等。

8）在最新版本的 FloWorks 模块（18.0.0FlexSim 流体模块）中更新了快速属性面板、对象功能以及用户手册中的三个教程等。

6.4 Flexsim 仿真环境及关键技术

6.4.1 Flexsim 仿真环境

1. Flexsim 主界面

Flexsim 主界面如图 6-2 所示。Flexsim 2018 软件主界面由菜单栏、工具栏、实体工具库、模型视图、快捷属性窗口五部分构成。

菜单栏：此栏的功能作用有很多，第一是对模型文件的操作，如打开或者保存文件，以及恢复和撤销上一步操作；第二是对模式视图的更改，如调整 3D 视图和平面视图；第三是调试模型，分析在不同时间段模型运行的情况。菜单栏具有整体调控的作用，可以快速通过对话框进入各子模块。

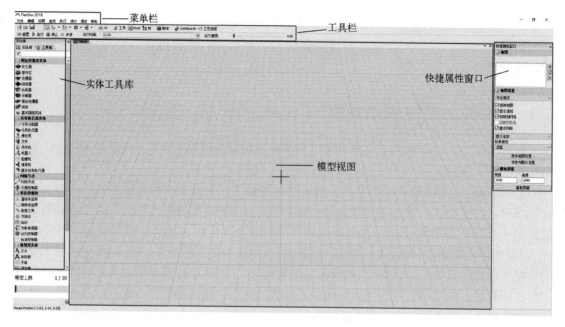

图 6-2 Flexsim 主界面

工具栏：可以通过工具栏的按钮快速选中想要进行的操作，此栏的按钮都是常用操作，有利于在仿真过程中的快速访问。

实体工具库：包括实体库和工具箱。在实体库中可以拖曳各实体对象在模型视图界面，用来建立仿真模型；在工具箱中可查看全局表、时间表、数据可视化、数据统计等。

模型视图：在此视图中进行仿真操作流程，可以调整 2D 和 3D 视图，不同角度的视图使操作流程更加直观。

快捷属性窗口：此窗口可以显示在仿真过程中的各统计图和各实体的属性图，以及对视图进行设置，如是否显示网格、背景颜色等。通过快捷属性窗口可以直观快速地查看仿真过程数据。

2．Flexsim 实体工具库

Flexsim 实体工具库可在对象库栅格面板中找到，这些实体栅格被分为几组，默认状态下显示最常用的实体。Flexsim 实体工具库如图 6-3 所示。

实体共分为九类，其中实体的功能介绍如下。

（1）固定资源类实体

● 发生器：根据零件的生成序列生成零件。

● 暂存区：临时存放零件的地方。

● 处理器：根据零件的类型来加工零件。

● 吸收器：零件加工工序全部完成后吸收工件。

● 合成器：把部件装配到零件上。

● 分解器：由一个源零件复制生产多个具有相同性质零件的副本。

● 复合处理器：加工零件要多个加工工序来完成。

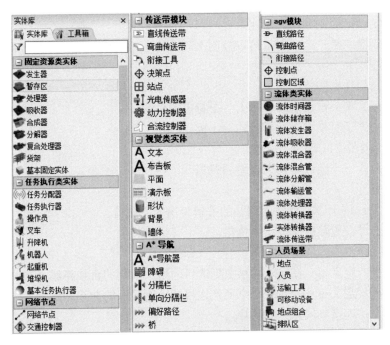

图 6-3　Flexsim 实体工具库

- 货架：储存零件。
- 基本固定实体：定义将临时实体拉入到站点并继续发送实体的逻辑。

（2）任务执行类实体

- 任务分配器：根据调度策略派出工人，无需求时招回工人。
- 操作员：表示一个具体的工人。
- 叉车：当要搬运的物件比较多或者比较大时需要叉车。
- 升降机：上下运输移动零件。
- 机器人：加工零件或者在搬运距离很近的缓冲器里面的工件时使用。
- 起重机：完成输送任务，用来模拟有轨梁导引的起重机，如门式、桥式和悬臂式起重机。
- 堆垛机：专门设计用来与货架一起工作。
- 基本任务执行器：进行碰撞检测和执行偏移行进。

（3）网络节点

- 网络节点：定义运输机和操作员遵循的路径网络。
- 交通控制器：控制一个交通网络上给定区域的交通。

（4）传送带模块

- 直线传送带：建立一条直线传送带。
- 弯曲传送带：建立一条弯曲传送带。
- 衔接工具：可以将两个独立的传送带连接在一起。
- 决策点：是一个多功能对象，可用于将逻辑构建到传送带系统中。
- 站点：是可用于向传送带系统中添加处理点的对象。

- 动力控制器：控制输送系统在给定时间是开还是关。
- 合流控制器：是一个对象，可以控制不同的传送带通道如何合并在一起。

（5）视觉类实体

- 文本：添加文本描述。
- 布告板：文本将被锁定到屏幕上一个特定的位置。
- 演示板：为了对模型进行演示的演示板。
- 形状：模型中的一个"支撑物"。
- 背景：放入一个地板图作为模型的背景。

（6）A*导航

- A*导航器：用于查找点之间路径的搜索算法的导航器。
- 障碍：通过设置障碍修改节点网格。

（7）agv 模块

- 直线路径：定义 agv 在 agv 网络上到达目的地所采取的直线路线。
- 弯曲路径：定义 agv 在 agv 网络上到达目的地所采取的曲线路线。
- 衔接路径：连接不同路径的作用。
- 控制点：是 agv 网络上发生各种决策逻辑的点。
- 控制区域：是在 agv 网络中的一个或多个路径上强制相互排除的对象。

（8）流体类实体

- 流体时间器：该实体在模型的流体系统中管理时间进程。
- 流体储存箱：可当作一个流体材料的"暂存区"。
- 流体发生器：流体材料发生器。
- 流体吸收器：流体材料吸收器。
- 流体混合器：通过连续步骤混合多种流体材料的实体。
- 流体混合管：混合流体材料的实体。
- 流体分解管：分解流体材料的实体。
- 流体输送管：可模拟流体移动延迟的实体。
- 流体处理器：加工流体材料的实体。
- 流体转换器：将临时实体转换为流体材料的实体。
- 实体转换器：将流体材料转换为临时实体的实体。
- 流体传送带：可模拟输送散装材料的实体。

（9）人员场景

- 地点：人要去的地点。
- 运输工具：传输对象是一个专门的任务执行器，旨在处理"获取和释放传输"活动。它由工作人员在模型周围移动，用于运输人员的流动。它还定义了进出它的人的行为。
- 可移动设备：表示由工作人员在模型周围移动的对象（如购物车）。它旨在与采集和释放设备活动合作。
- 排队区：等待线对象有助于模拟排队人员的行为。

3．Flexsim 菜单栏

Flexsim 菜单栏包括八项，以下对各个菜单的主要功能做简要介绍。

（1）"文件"菜单（如图 6-4 所示）

"文件"菜单主要是对模型文件的处理，包括新建、打开、保存模型文件等操作。

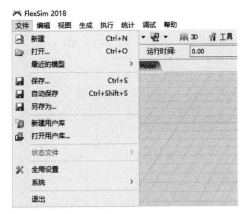

图 6-4 "文件"菜单

- 新建：创建一个新的仿真模型。
- 打开：打开一个 Flexsim 模型文件（扩展名为.fsm）。
- 最近的模型：单击此处可以看到最近创建的仿真模型。
- 保存：保存当前模型文件（扩展名为.fsm）。
- 另存为：将仿真模型保存为扩展名为.fsm 的文件。
- 全局设置：此选项可以打开"全局设置"对话框，通过此对话框进行相应设置，如配置文本亮度等属性，如图 6-5 所示。

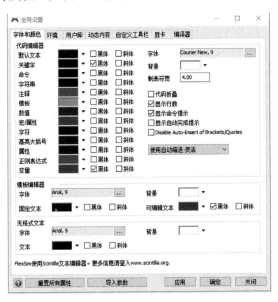

图 6-5 "全局设置"对话框

- 系统：用来手动装载媒体，和断开 DLL 链接。
- 退出：在不进行任何保存的情况下关闭 Flexsim。

（2）"编辑"菜单（如图 6-6 所示）

"编辑"菜单主要是对已完成的模型操作进行修改，并可以对模型进行设置。

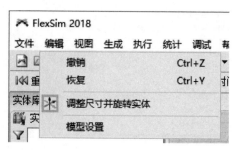

图 6-6 "编辑"菜单

- 撤销：撤销对模型做的最后一次改变。
- 恢复：恢复对模型的上次操作。
- 模型设置：对数值精确度、传送带角度、样条线张力、随机数流量及相关单位进行设置。

（3）"视图"菜单（如图 6-7 所示）

通过此菜单可以直接打开整个操作界面各子模块。可以对模型视图进行设置，包括编辑查找各实体，以及对仿真动画过程进行编辑。

图 6-7 "视图"菜单

- 模型视图（3D）：模型视图以 3D 方式显示模型。
- 模型控制 GUI：此按钮用于打开创建的图形用户界面。

- 首页：返回到首页。
- 打开默认模型位置：界面回到模型视图中心。
- 实体库：单击打开实体库界面，可以使用鼠标拖曳实体进行布局。
- 工具箱：单击打开工具箱界面。
- 视图设置：单击打开视图设置界面。
- 快捷属性：打开快捷属性窗口界面。
- 编辑选中实体：对选择的实体进行编辑操作。
- 查找实体：查找已放置的实体。
- 模型布局：打开模型布局界面，可以添加布局和删减布局。
- 量度/转换：进行量度转换。
- 媒体文件：Flexsim 2018 版本不提供此功能。
- 动画组件：对子部件进行动画设置。
- 当前数据库表格：可以显示当前数据库。

（4）"生成"菜单（如图 6-8 所示）

"生成"菜单主要用于编写脚本代码，并对模型进行编译。

图 6-8 "生成"菜单

- 生成 FlexScript：编写所有 Flexsim 脚本代码。
- 编译模型：对模型进行编译。
- 编译整体会话：对整体会话进行编译。
- 打开 Visual Studio：打开视觉播放器。

（5）"执行"菜单（如图 6-9 所示）

执行仿真流程，对运行过程进行操作，如停止、步进等，也可以调控运行速度，可以了解模型在不同状态下运行的效果。

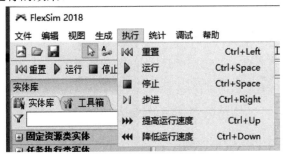

图 6-9 "执行"菜单

- 重置：与单击仿真运行控制面板上的"重置"按钮相同。
- 运行：与单击仿真运行控制面板上的"运行"按钮相同。
- 停止：与单击仿真运行控制面板上的"停止"按钮相同。
- 步进：与单击仿真运行控制面板上的"逐步"按钮相同。
- 提高运行速度：提高模型的仿真运行速度。
- 降低运行速度：降低模型的仿真运行速度。

（6）"统计"菜单（如图 6-10 所示）

"统计"菜单用于进行数据收集和统计。

图 6-10 "统计"菜单

- 实验器：用来进行实验运行，包括多场景运行，在多次模型运行之间改变某些变量，从每个场景中收集输出数据等。
- 重复随机流：进行重复随机实验。
- ExpertFit：进行专家鉴定。

（7）"调试"菜单（如图 6-11 所示）

通过此菜单下各项的功能，对不同对象进行调试分析。

图 6-11 "调试"菜单

- 输出控制台：单击进入输出控制台。
- 系统控制台：单击进入系统控制台。

- 编译器控制台：单击进入编译器控制台。
- 脚本控制台：单击进入脚本控制台。
- 断点：打开断点窗口，关于断点的更多信息，请查看"分布调试"。
- Flexscript 代码分析器：此窗口罗列了模型中定义的所有脚本函数、参照模型。
- 事件列表：暂挂事件（触发器将要发生的事件）的分类列表。
- 事件日志：触发器已经发生的事件分类列表。
- 局部变量：单击进入本地变量操作界面。
- 查看变量：单击进入监测变量界面。
- 调用堆栈：单击进入调用堆栈界面。

（8）"帮助"菜单（如图 6-12 所示）

通过查看用户手册可以帮助用户了解此软件的使用。也可以通过单击此菜单中的项查看当前使用的 Flexsim 版本信息。

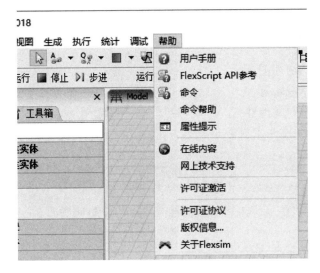

图 6-12 "帮助"菜单

- 用户手册：打开 Flexsim 的用户手册。
- FlexScript API 参考：打开用户手册，查看 FlexScript 中提供的所有对象类型。
- 命令：打开命令集。
- 命令帮助：打开命令查询界面，可以查询想要了解的命令选项。
- 属性提示：此窗口的列表显示所有的 Flexsim 属性和它们的含义。
- 在线内容：单击在浏览器中打开 Flexsim 网页。
- 网上技术支持：单击在浏览器中打开 Flexsim 用户论坛网页。
- 许可证激活：单击打开"许可证激活"对话框。
- 许可证协议：单击打开查看许可证协议。
- 版权信息：打开查看此版本的信息。
- 关于 Flexsim：打开一个有关 Flexsim 的信息，显示当前运行的 Flexsim 版本信息、此 Flexsim 的注册用户信息、显卡信息以及联系信息。

4．Flexsim 工具栏

Flexsim 工具栏如图 6-13 所示。

图 6-13　工具栏

　新建一个新的模型。

　打开一个先前保存的模型（文件扩展名为.fsm）。

　保存当前模型。

　：A 连接，连接同类实体。

　：Q 连接，取消同类实体的连接。

　：选中单个实体使用〈Shift〉键，同时选中多个实体使用〈Ctrl〉键。

　：创建和取消创建实体。

3D　：打开模型的 3D 视图视窗。

工具　：打开工具箱。

Excel：打开 Excel 界面对话框。

树：打开模型的树视图。

脚本：打开脚本编辑器。

5．Flexsim 的仿真时间控件

Flexsim 的仿真时间控件如图 6-14 所示。

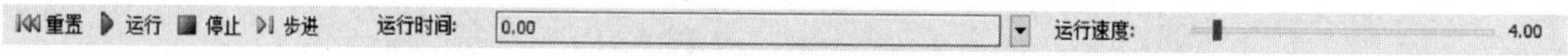

图 6-14　仿真时间控件

重置　：仿真模型整体复位，例如调用各个对象的复位函数，清空缓冲区，数据表格参数还原。

运行　：仿真模型运行。

停止　：仿真模型运行结束，按"运行"后不可以继续运行模型。

步进　：仿真模型步进，它是按事件步进的。

运行时间：仿真模型转换在实际环境中运行的真正时间。

运行速度：仿真运行的速度。

6.4.2　Flexsim 中鼠标操作及键盘交互

1．鼠标操作

（1）移动实体

要在模型中移动实体，则用鼠标左键选中该实体，并拖曳至需要的位置；也可以用鼠标右键单击并拖动鼠标来旋转此实体，还可以使用鼠标滚轮，或同时按住鼠标左右键选中该实体并拖曳鼠标，可沿 z 轴方向上下移动该实体。

（2）移动视窗

要移动模型的视景观察点，可单击视窗的一个空白区，并拖动鼠标。要旋转模型视点时，用鼠标右键单击空白区并拖动鼠标。要放大或缩小视图时，则使用鼠标滚轮或同时按住鼠标左右键并拖动鼠标。

（3）连接端口

按住键盘上不同字母，单击一个实体并拖动至第二个实体。如果在单击和拖动过程中按住〈A〉键，则在第一个实体上生成一个输出端口，同时在第二个实体上生成一个输入口，这两个新的端口将自动连接。如果按住〈S〉键，则将在这两个实体上各生成一个中间端口，并连接这两个新的端口。当按住〈Q〉键或〈W〉键时，输入、输出端口之间或中间端口之间的连接被断开，端口被删除。

2．键盘交互

在正投影或透视视图中工作时，可以使用若干快捷键来建立、定制和获取模型信息。图6-15 显示了键盘布局，图中用灰底显示的键在与 Flexsim 交互中具有特定的含义。

图 6-15　键盘布局

注：必须在正投影或透视视图是激活视窗情况下，快捷键才能正常工作。在按下任意键之前，应首先单击视窗的标题栏使得视窗激活。否则，快捷键只有在试第二次时才会生效。

（1）〈A〉、〈J〉键：情景敏感连接

〈A〉键用来连接某些类型的两个实体。按住〈A〉键单击此实体，按住鼠标左键不放，拖动到另一个实体，在该实体上释放鼠标。通常〈A〉键连接的是一个实体的输出端口和另一实体的输入端口。对于网络节点，〈A〉键将其连接到作为移动物的任务执行器，或连接到作为移动路径关口的固定资源，或者连接到作为移动路径的其他网络节点上。如果用户习惯使用左手，也可以用〈J〉键。如果用〈A〉键连接两个实体时没有看见任何变化，则首先去查看并确认视图设定没有隐藏连接。如果仍没有变化，则可能是那些实体不支持〈A〉键连接。

（2）〈Q〉、〈U〉键：断开情景敏感连接

〈Q〉键用来断开某些类型的两个实体的连接。按住〈Q〉键单击实体，按住鼠标左键不放，拖动到另一个实体，在其上释放鼠标。通常使用〈Q〉来断开一个实体的输出端口到另一个实体的输入端口之间的连接。对于网络节点来说，〈Q〉键断开一个网络节点与作为移动物的任务执行器，或者与作为移动网关的固定资源之间的连接，并设定一条移动路径的单行线连接为"无连接"（红色）。如果习惯使用左手，也可以用〈U〉键。

（3）〈S〉、〈K〉键：中间端口连接

〈S〉键用来连接两个实体的中间端口。中间端口的使用是为了引用目的。按住〈S〉键单击实体，按住鼠标左键不放，拖动到另一个实体，然后释放鼠标。如果习惯使用左手，也

可用〈K〉键。

（4）〈W〉、〈I〉键：断开中间端口连接

〈W〉键用来断开两个实体的中间端口连接。按住〈W〉键单击一个实体，按住鼠标左键不放，拖动到另一个实体，然后释放鼠标。如果习惯使用左手，也可以用〈I〉键。

（5）〈D〉键：情景敏感连接

〈D〉键是第二个用来进行上下文敏感连接的键。网络节点和交通控制器都采用〈D〉键连接。

（6）〈E〉键：断开情景敏感连接

〈E〉键是第二个用来断开上下文敏感连接的键。网络节点采用〈E〉键连接。

（7）〈X〉键：改变实体或实体视图信息

〈X〉键用来根据实体类型改变一个实体或者实体的视图信息。使用方法：按住〈X〉键单击实体。网络节点将让整个网络在不同的显示模式间切换。〈X〉键也在网络路径上创建新的样条节点。货架也将在不同的显示模式间切换。输送机将重新布置下游输送机位置以使输送机末端齐平。

（8）〈B〉键：改变实体或实体视图信息的附加链

〈B〉键是用来根据实体的类型来改变实体或实体视图信息的附加键。使用方法：按住〈B〉键单击实体。网络节点将使整个网络在不同的显示模式之间切换。交通控制器也使用〈B〉键。

（9）〈V〉键：查看输入/输出端口的连接

〈V〉键用来查看一个实体的输入/输出端口连接。按住〈V〉键单击实体，同时按住〈V〉键和鼠标左键。如果先释放鼠标按钮，则相关信息消失；如果先释放〈V〉键，则会持续显示相关信息。

（10）〈C〉键：查看中间端口连接

〈C〉键用来查看一个实体的中间端口连接。按住〈C〉键单击实体，同时按住〈C〉键和鼠标左键。如果先释放鼠标按钮，则相关信息消失；如果先释放〈C〉键，则会持续显示相关信息。

6.5 思考题

1. Flexsim 的主要特性有哪些？
2. Flexsim 仿真软件的特点主要体现在哪些方面？
3. Flexsim2018 新增的功能。
4. Flexsim2018 软件主界面主要有哪几部分构成？
5. 如何运用鼠标连接各端口。
6. Flexsim 软件中常用的快捷键有哪些？

第7章 Flexsim 建模的相关概念

7.1 Flexsim 建模框架

建构模型需要想象力和技巧，这里从方法论的角度总结建模框架。

1）形成问题。在明确目标、约束条件及外界环境的基础上，规定描述模型哪些方面的属性、预测何种后果。

2）选定变量。按前述影响因素的分类筛选出适合的变量。

3）变量关系的确定。定性分析各变量之间的关系及对目标的影响。

4）确定模型的结构及参数辨识。建立各变量之间的定量关系，主要的工作是选择合适的表达形式，数据来源是该步骤的难点，有时由于数据难以取得，不得不回到步骤 2）甚至步骤1）。

5）模型真实性检验。模型构建过程中，可用统计检验的方法和现有统计数字对变量之间的函数关系进行检验。模型建构后，可根据已知的系统行为来检验模型的结果。如用结果解释现实世界尚能令人接受，不致相悖，便要判断它的精确程度和模型的应用范围，如精度比期望的要低，则需弄清其原因，可能是原先的设定错误或者忽略了不该忽略的因素。

经过以上五个步骤，模型便可在实际中应用，但不能与检验过的情况误差太大，应把每次模型应用都当成是对模型的一次检验。

Flexsim 2018 中文版是目前国内最新的仿真软件，关于该软件的资料和使用经验还很少。作者也是在不断地摸索中学习的，所以希望本书能对其他人有一定的借鉴。要完全掌握好 Flexsim，并将其用到我们的工作、学习和研究当中，理解该软件的一些重要概念和思想是很重要的。

7.2 面向对象的思想

相对于目前的一些仿真软件（如 Witness, eM-Plant 等），Flexsim 是采用面向对象思想和技术开发的，其本身更是用 C++语言实现。严格地说该仿真软件包括了两部分：仿真软件和后台支持环境 VC++.NET。由于 C++是一种面向对象的语言，所以使用 Flexsim 软件，从用户用于系统建模，或是做一些二次开发方面看，这些工作都有面向对象思想的理念。可以这样说，没有领会面向对象的思想，就不能完全发挥 Flexsim 软件本身的特点，也就不能用其实现用户的目的。使用 Flexsim 软件的用户需要对 C++语言有一定程度的熟悉。本节主要是解释 Flexsim 中所特有的一些面向对象思想，而不涉及面向对象语言的解释（关于 C++语言的知识请查看相关书籍）。

对象的概念在 Flexsim 软件中无处不在，我们先直观地感受一下。软件界面的左边是一个常用的实体工具库。库中的各种实体就是有特定功能的对象，这些对象是软件本身自带的，使用这些实体对象用户可以完成大多数的仿真工作。可以使用处理器来解释一下对象的概念：我们日常所见的任何具体事物都可看作是对象，这里处理器就是一种设备，它的作用就是对经过它的物件进行一些加工，即改变物件的状态。这里我们可以将其当作现实中的设备，如机床等。

这里我们借用 C++程序设计语言中的对象的概念。对象是类的实例，类是对现实对象的抽象。类中包含了对象的数据（相当于现实对象的状态），以及对象的方法（相当于现实对象用来处理外界所给信息的方法）。对象封装了属性和方法。到 Flexsim 中，对于软件中可用的库对象，它们本身有自己的属性（如颜色、尺寸、位置等），还有处理物件的方法。在使用软件的过程中，完全可以以人们平时的思维方式来思考，而无须过多的抽象化，这也就是面向对象方法的优点。

7.3　Flexsim 的对象层次结构

面向对象方法的一个优点是类与类之间可以有继承关系，对象的继承性为用户提供了更大的柔性来扩展自己的对象，即衍生出新的对象。在 Flexsim 中，可以充分利用继承性来开发自己的对象，而软件本身也给用户提供了这样的机制。Flexsim 本身的库对象是高度抽象化的，具有很强的通用性，几乎涵盖了仿真中可能遇到的所有对象。这些对象之间有一定的继承关系，它们之间存在着逻辑关系。图 7-1 是 Flexsim 中对象的层次结构。

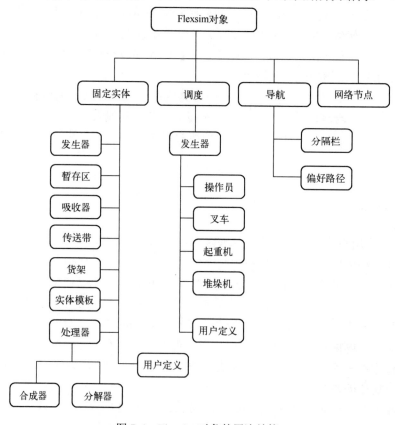

图 7-1　Flexsim 对象的层次结构

通过图 7-1，可以对 Flexsim 中各种对象的逻辑关系一目了然。对象库中的对象分为两种：一种是从固定实体中派生下来的，另一种是任务执行器（调度）中派生下来的。通过分析不难发现，从固定实体中派生来的对象有一个共同的特点，其本身是不会运动的，它们的作用只是产生或消除物件、存储物件、加工物件等等；从任务执行器中派生的对象，其本身是可以运动的，其作用是将物件从一个地点运送到另一个地点。

当现有的库对象不能满足用户的需要时，用户就需要创建自己的对象。Flexsim 为用户提供了这样一种机制——用户可以定制自己的库对象。在对象层次结构图中，我们看到两个用户定义框，这表示用户可以从固定实体和任务执行器中派生出自己的对象。Flexsim 的早期版本中从这两个类中派生新的对象比较复杂，最新的版本中增加了固定实体和任务执行器类，使用户的开发工作更容易。后面的章节中将具体介绍如何来实现一个新对象的定制。

7.4 任务序列

任务序列是 Flexsim 仿真软件中的核心机制。各种复杂仿真的实现很大程度取决于怎样实现任务序列。前面介绍了 Flexsim 中有两种对象：一种是派生至固定实体的静态对象（即对象本身不运动），另一种是派生至任务执行器的动态对象（即对象本身可运动）。如果用户建立的系统模型全部使用了静态对象，那么就不需要任务序列的机制，但是这种情况几乎没有。使用动态对象搬运物件、对象怎样运动、实现什么样的功能等，这就需要任务序列来控制。

任务序列是由任务执行器执行的一组命令序列。这里任务执行器涵盖了所有派生自它的动态对象，如操作员、叉车、起重机、堆垛机、机器人、升降机以及其他可运动的对象。图 7-2 表示一个任务序列，该任务序列由多个任务组成。

图 7-2   任务序列

Flexsim 中为用户提供了功能齐备的任务类型。常用的任务序列有 TASKTYPE_TRAVEL（移动）、TASKTYPE_LOAD（装载）、TASKTYPE_UNLOAD（卸载）等。不同的任务序列有不同的设置参数，用户可以根据需要在使用的时候查询帮助文档。

7.4.1 默认任务序列

固定实体为了将物件移至下一个站点，有一个创建任务序列的默认机制。固定实体对象的参数对话框中有一个通用的"临时实体流"选项卡，选择其中的"使用运输工具"复选框，即可创建默认的任务序列。对于处理器对象，还可以自动创建对时间设置/处理时间/维修操作的任务序列。

当仿真运行时，这些自动创建的任务序列就会传递给与其中心端口相连的动态对象来执行。这里举个简单的例子说明：假设用户选择了暂存区对象参数对话框的"临时实体流"选项卡中的"使用运输工具"复选框，当系统运行时，产生了如图7-3所示的任务序列。

| P1 | P2 | 移动 | 拿起 | 移动 | 放下 |

图7-3　任务序列举例

当操作员收到该任务序列时，顺序地执行任务序列中的每个任务，执行过程如下：操作员先移动到暂存区处，接着拿起物件，然后移动到下一个站点处，最后放下物件。

在仿真运行的任意时刻，一个任务执行器只能执行一个任务序列，而此时固定实体可能创建了许多任务序列，这些未执行的任务序列被放置在缓存队列中等待执行。

7.4.2　协同作业的任务序列

协同作业的情况有很多，比如叉车作业需要一个司机来操控，或者一件物品需要两个人来同时搬运等。在 Flexsim 中叉车、人都是可运动对象，要实现协同作业的任务序列相对于只对一个对象创建任务序列要复杂得多。这里以叉车和司机的协同工作为例来说明怎样实现协同作业的任务序列。

首先，分解任务的执行过程：①人运动到叉车上；②人进入驾驶室（这里是叉车的动作）；③叉车运动到指定地点；④叉车装载货物；⑤叉车运动到卸载点；⑥卸载货物。图7-4是叉车和人的任务序列。

图7-4　协同任务序列举例

可以看出，叉车在人到达之后才执行任务，人进入叉车之后就随着叉车一起完成叉车的任务。人的任务序列中只有一个任务，其他时间不做任何事情。

7.4.3　任务分配器及任务序列的分配规则

现在考虑一种较为复杂的情况：有两个暂存区对象用于存放物件，三个操作员对象用于搬运物件；三个操作员是自由的，没有被分配给固定的暂存区，那么怎样来有效地调用这三个操作员呢？此时就要用到任务分配器对象。

任务分配器用来控制一组叉车或操作员。任务序列从一个静态对象发送到任务分配器，然后任务分配器来调配这些任务序列分配给与其输出端口相连的动态对象。动态对象接收到任务序列后执行相应的命令序列。

任务分配器对象的功能就是将任务序列进行队列存储和发送任务序列。根据用户建模的逻辑，任务序列可以被排队等待或是立即传送个相应的对象。任务分配器的参数设置对话框只有两项，当接收到一个任务序列时，调用"Pass To"函数。顾名思义，该函数将任务序列发送给接收对象；如果该函数返回值是 0，即该任务序列不能被立即分配，则根据排队策略定义的规则将任务序列放入队列中等候。排队策略函数返回任务序列的相关值，然后根据优先级来确定任务序列在队列中的位置。高优先级的任务序列放在队列的前面，低优先级的放在队列的后面。如果优先级相同，则根据队列的先进先出原则来处理。用户可以根据需要，动态地改变任务序列的优先级。

当将队列中的任务序列进行排序时，任务分配器执行队列策略函数，遍历取得已有任务序列的优先级值，与最新的任务序列优先级值比较，根据比较的结果重新进行队列排序。

在 Flexsim 对象层次图中，任务分配器是所有任务执行器的父类，也就是说所有的任务执行器也是任务分配器。这就意味着操作员或叉车也可以担当任务分配器的角色来分配任务序列，或者是自己执行任务序列。

7.5 思考题

1. 如何构建建模框架？
2. 简述 Flexsim 软件的对象的层次结构。
3. 任务序列在 Flexsim 软件中的重要程度如何？
4. 如何实现协同作业的任务序列？
5. 如何运用鼠标连接各端口？
6. 简述任务序列的分配规则。

第8章 Flexsim 仿真模型建立

8.1 Flexsim 仿真模型的基本组成

1. 对象：Flexsim 采用对象对实际过程中的各元素建模

Flexsim 采用对象对实际过程中的各元素建模。Flexsim 采用面对对象的技术，大部分 Flexsim 对象都是固定实体或者任务执行器对象的子对象。子对象拥有其父对象所有的接口和相应的功能。

Flexsim 有丰富的对象库，其中实体也灵活便利，可以满足客户个性需求，且可以自定义保存，方便以后调用。

对象分为离散类对象和连续类对象。

（1）离散类对象

离散类对象包括资源类、执行类、网络类和图示类。

资源类对象一般是离散仿真模型中的主干对象，决定了模型的流程，主要包括发生器、暂存区、处理器、吸收器、合成器、分解器等；执行类对象主要包括任务分配器、任务执行器、操作员、叉车等；网络类对象主要包括网络节点、交通控制器等；图示类对象主要包括布告板等。

（2）连续类对象

连续类对象主要是用于设计具有流体类的系统仿真，但它又不仅仅局限于流体，事实上它能够仿真具有连续属性的事件。

2. 连接：Flexsim 中通过对象之间的连接定义模型的流程

Flexsim 模型中的对象之间是通过端口来连接的。分为三种类型的端口：输入端口、输出端口和中心端口。

3. 方法：对象中的方法定义了模型中各对象所需要完成的作业

方法是用来完成一项任务的一系列规则集，其中好的方法应是可以重复使用的。Flexsim 建模方法主要包括到达方法、触发方法、实体流方法、导航方法、任务执行器移动方法等。

8.2 Flexsim 建模的基本步骤

1. 构建模型布局

将仿真所需要的对象模型从对象库中拖曳到仿真视图窗口中的适当位置，如图 8-1 所示。

2. 定义物流流程

根据连接类型，按下〈A〉键或〈S〉键的同时，用鼠标从一个对象拖曳到另一个对象上以连接二者，如图 8-2 所示。

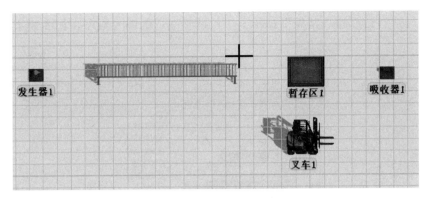

图 8-1 模型布局

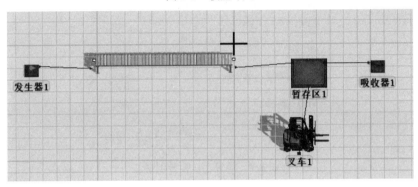

图 8-2 物流流程

连接两个对象（如对象 1 和对象 2）端口所需按键如下。

● 〈A〉键：用来将对象 1 的输出端口连接到对象 2 的输入端口上。

● 〈Q〉键：用来取消对象 1 的输出端口与对象 2 的输入端口之间的连接。

● 〈S〉键：用来连接对象 1 与对象 2 的中心端口。

● 〈W〉键：用来取消对象 1 与对象 2 的中心端口的连接。

各类端口连接的显示位置：输出端口显示在对象的右上角、输入端口显示在对象的左上角、中心端口显示在对象底部中心，如图 8-3 所示。

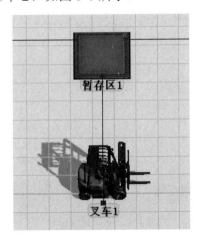

图 8-3 端口连接

在对象属性对话框的"常规"选项卡中可调整端口的编号顺序，如图 8-4 所示。

图 8-4　调整端口编号顺序

3．设置对象参数

双击对象可以打开对象属性对话框，并进行对象参数设置，如图 8-5 所示。

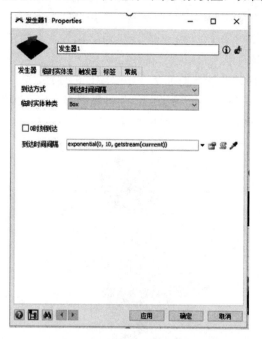

图 8-5　设置对象参数

对象属性对话框中包括"暂存区""临时实体流""触发器""标签""常规"五个选项卡，如图 8-6 所示（以暂存区 1 为例）。

图 8-6　对象属性对话框

4．编译运行仿真

编译运行仿真工具栏如图 8-7 所示。

重置：重置模型。

运行速度：控制动画速度。

运行：运行仿真。

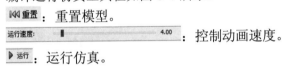

图 8-7　编译运行仿真

8.3　Flexsim 统计与分析

1．概述

Flexsim 建立模型的所有资源是对象（Objects），对象可以是产品、模型、图表、记录、库、图形用户界面（GUI），甚至是应用程序本身。而 Flexsim 的对象都可以向定制的用户公开，建模人员可以自由地操作部件、图形用户界面、菜单、选择列表和部件参数，可以在部件里增加自定义的逻辑、改变或删掉既存的编码。Flexsim 在仿真过程中，能根据仿真进度动态显示报表数据。

Flexsim 在模型运行过程中记录了所有设备的所有状态（如工作、等待、阻塞、故障等）的时间数值，以及设备加工产品的个数，用户可以自由组合和输出由这些数据组成的报表。同时也提供包括设备利用率、单条模型生产线的加工总能力、单个设备的加工能力、设备状态的时长及时间比例、模型瓶颈分析等统计分析功能。

2．如何查看统计图

在 Flexsim 2018 中，可以先选中一个目标对象，在软件右上角会出现快捷属性窗口，其中有一个"统计"选项，如图 8-8 所示。

图 8-8　Flexsim 快捷属性窗口

单击"统计"选项前的"+"号，会出现状态栏，其中包括状态、输入输出量、容量和停留时间等统计项，如图 8-9 所示。

1）单击状态栏后的 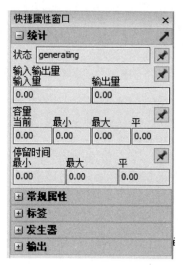 按钮，选择想要的统计图形，就会在 Dashboard（数据收集器和图表工具）中展示出当前选中的实体效率状态，如图 8-10 和图 8-11 所示。

图 8-9　快捷属性窗口中的"统计"选项卡

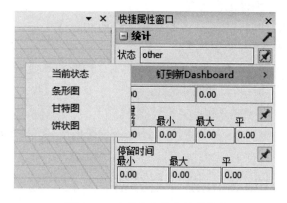

图 8-10　当前选中的实体的状态

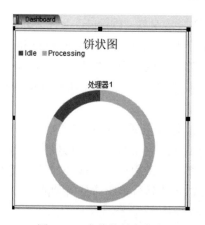

图 8-11　实体的效率状态

在状态饼状图中，Idle 表示实体空闲的情况，Processing 表示实体运行的情况。

2）单击输入输出量后的↘按钮，可以调出输入输出量的统计表，如图 8-12 和图 8-13 所示。

图 8-12　实体输入输出量统计表

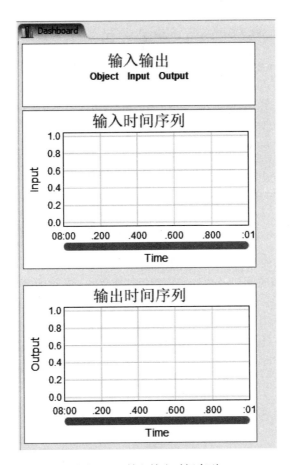

图 8-13　输入输出时间序列

3）单击容量后的↘按钮可以调出容量统计表，如图 8-14 和图 8-15 所示。

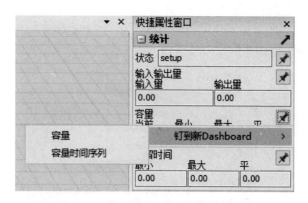

图 8-14　容量统计表

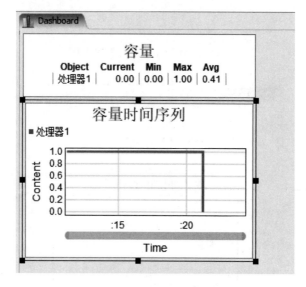

图 8-15　容量时间序列

4）单击停留时间后的 📌 按钮，可以调出停留时间统计表，可以显示出货物在实体中的最小停留时间、最大停留时间以及平均停留时间，如图 8-16 和图 8-17 所示。

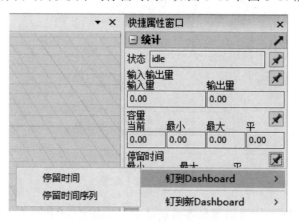

图 8-16　停留时间统计表

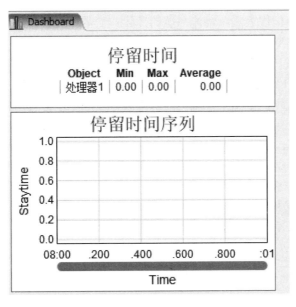

图 8-17　停留时间序列

8.4　仿真项目的优化与完善

1. 物流系统仿真软件出现前后物流系统优化方法

在有物流系统仿真软件之前,物流系统方案的设计和物流系统瓶颈的解决一般需要以下几步:首先是技术人员、一线工人以及专家学者等到物流节点(如自动化立体仓库、物流配送中心)的运营现场调研;其次是根据现场的运营情况分析系统的瓶颈并初步给出系统改进方案,然后让现实的物流节点停止业务,配合实施这个方案;最后如果瓶颈没有解决,需要继续现场调研,寻找系统瓶颈及解决方案,这样周而复始直到解决问题为止。

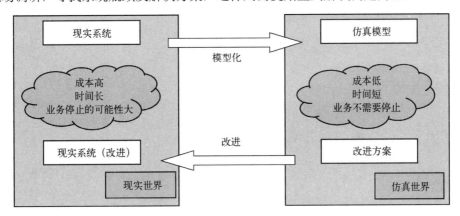

图 8-18　物流系统仿真软件出现前后物流系统优化方法比较

从上述过程可见,在有物流系统仿真软件之前,物流系统的优化成本高,时间长,物流节点业务停止的可能性大。

物流系统仿真软件出现之后，物流系统的优化一般需要以下几步（图 8-18）：首先是物流系统的现场调研，绘制系统结构布局图，分析物流动线，统计物流设备设施数量和各种运行参数等；其次是在仿真软件上根据上一步采集的各种信息建立物流系统仿真模型，输入各种仿真数据（如订单的到达规律，设备的运行速度等），运行模型并分析统计结果；然后根据统计结果分析系统瓶颈，根据系统瓶颈提出解决方案，并在仿真模型中实施解决方案，如果没有解决系统瓶颈，需要周而复始继续寻找较优的解决方案；最后把该较优的解决方案在现实的物流系统中实施，解决现实的物流节点的问题。

从上述过程可见，在有了物流系统仿真软件之后，物流系统的优化成本变低，时间变短，物流节点业务不需要停止。

综上可知，对物流系统进行仿真，可实现在不组装实际系统的前提下，对现有系统进行分析；与直接对现实系统进行实验相比，仿真模型具有许多优点。

2．物流系统仿真解决的问题

1）引进新设备时的事先评价问题以及人员、设备的配置问题，例如有以下内容：

① 引进何种设备？

② 多高性能的设备？

③ 引进设备后的场地规划和人员怎样配置才能合理？

④ 引进设备后瓶颈口能否解消？其他地方是否成为新的瓶颈口？

2）场地布局的评价问题；工厂、仓库的规划设计；工厂、仓库的容量/库存问题，例如有以下内容：

① 需要扩建多大面积的仓库？

② 如何合理地配置新建配送中心的设备和人员？

③ 已经有两套以上的方案，但怎样才能比较这些方案？

3）作业工程计划的改善问题；几乎所有涉及时间、空间和效率的关系问题，例如有以下内容：

① 已有定性的认识，但如何才能进行定量分析？

② 如何在定量分析的基础上进行改进、评估？

③ 作业方式选择的定量标准是什么？

8.5 建模步骤示例

8.5.1 某加工厂的建模仿真案例

下面我们通过一个多产品单阶段制造系统仿真的小例子，来具体说明 Flexsim 仿真建模的基本步骤：

某工厂加工 3 种类型产品，这 3 类产品分别从工厂其他车间到达该车间。这个车间有 3 台机床，每台机床可以加工一种特定的产品类型。一旦产品在相应的机床上完成加工，所有产品都必须送到一个公用的检验台进行质量检测。质量合格的产品就会被送到下一个车间。质量不合格的产品则必须送回相应的机床进行再加工。

● 产品到达：平均每 5s 到达一个产品，到达间隔时间服从指数分布。

- 产品加工：平均加工时间 10s，加工时间服从指数分布。
- 产品检测：固定时间 4s。
- 产品合格率：80%。
- 暂存区容量：10000.00。
- 仿真时间：50000.00s。

（1）构建模型布局

根据题意要求，从实体库里拖曳出 1 个发生器、2 个暂存区、4 个处理器、1 条传送带和 1 个吸收器放到正投影视图中，如图 8-19 所示。

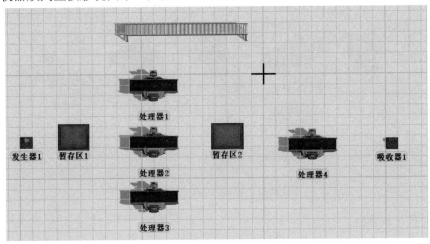

图 8-19　构建模型布局

（2）定义物流流程

根据临时实体的路径连接端口，固定实体之间的连接用〈A〉键，移动实体与固定实体的连接用〈S〉键。本实验都是〈A〉连接，连接过程是：按住〈A〉键，然后用鼠标左键单击发生器并拖曳到暂存区，再释放鼠标左键。拖曳时将看到一条黄线，释放时变为黑线，如图 8-20 所示。

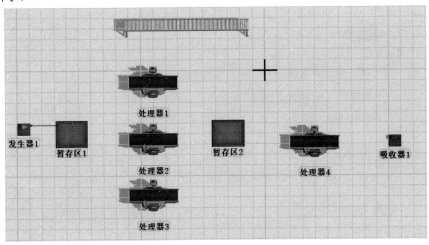

图 8-20　定义发射器与暂存区的流程

连接发生器到对应的暂存区，连接暂存区到每个处理器，连接每个处理器到暂存区，连接暂存区到对应的处理器，连接处理器到传送带和吸收器，连接传送带到暂存区 1，这样就完成了连接过程。完成连接后，所得到的模型布局如图 8-21 所示。

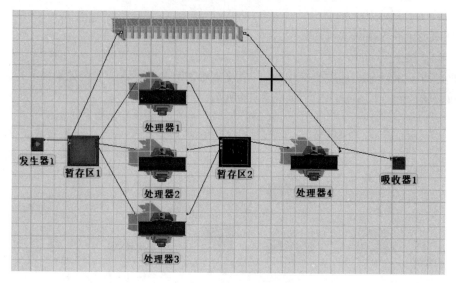

图 8-21　仿真模型的物流流程

（3）设置对象参数

根据对实体行为特性的要求设置不同实体的参数。首先从发生器开始设置，最后到吸收器结束。

1）发生器 1 的参数设置。

这一步主要是修改到达间隔和设置临时实体的类型和颜色。打开"发生器 1"的属性对话框，在"发生器"选项卡中，首先设置到达时间间隔，单击▾按钮，选择统计分布，再选择"exponential(0,5,1)"，之后对参数进行设置，如图 8-22 所示。

图 8-22　发生器 1 的"发生器"选项卡

选择"触发器"选项卡，单击  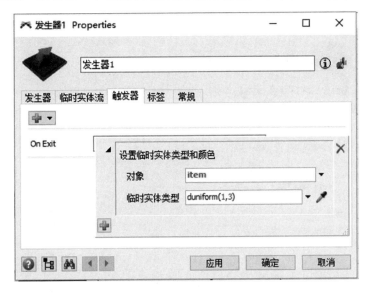 按钮，选择"On Exit"选项，再单击选项框右侧的"+"号，在弹出的"对话框"中设置临时实体类型和颜色，如图 8-23 所示。

图 8-23　发生器 1 的"触发器"选项卡

2）暂存区 1 的参数设置。

打开"暂存区 1"的属性对话框，在"暂存区"选项卡中将"最大容量"改为 10000，如图 8-24 所示。

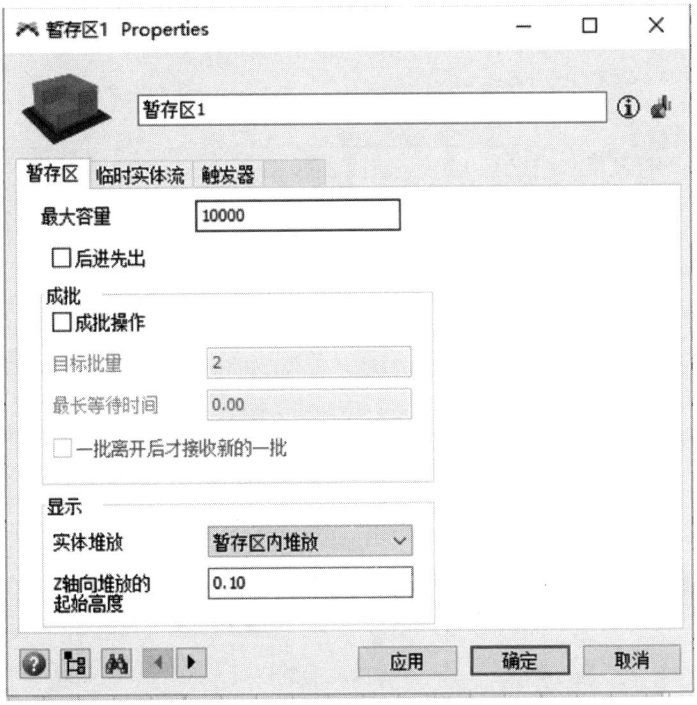

图 8-24　暂存区 1 的"暂存区"选项卡

选择"临时实体流"对话框，单击"发送至端口"后面的▾按钮，根据不同 Case 值选择输出端口，再单击预置 Cases 后的"+"按钮添加 Case 参数，如图 8-25 所示。

图 8-25　暂存区 1 的"临时实体流"选项卡

3）处理器 1～处理器 3 的参数设置。

打开"处理器 1"的属性对话框，在"处理器"选项卡中设置加工时间，单击▾按钮选择统计分布，再选择"exponential(0.0,10.0,1)"，之后对参数进行设置，如图 8-26 所示。对处理器 2 和处理器 3 进行同样设置。

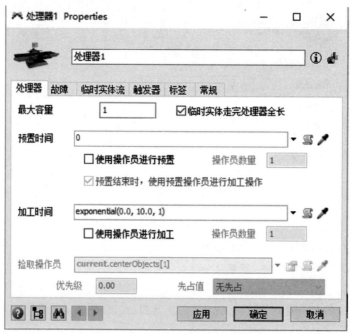

图 8-26　处理器 1 的"处理器"选项卡

4）暂存区 2 的参数设置。

打开"暂存区 2"的属性对话框，在"暂存区"选项卡中将"最大容量"设置为10000，如图 8-27 所示。

图 8-27　暂存区 2 的"暂存区"选项卡

5）处理器 4 的参数设置。

打开"处理器 4"的属性对话框，在"处理器"选项卡中设置加工时间，将"加工时间"直接改为 4，如图 8-28 所示。

图 8-28　处理器 4 的"处理器"选项卡

选择"临时实体流"选项卡，单击"发送至端口"后的▼按钮，再选择"随机端口"，在选项组中选择按百分比设置，单击"+"按钮添加一栏，按照 80:20 的比例设置，如图 8-29 所示。

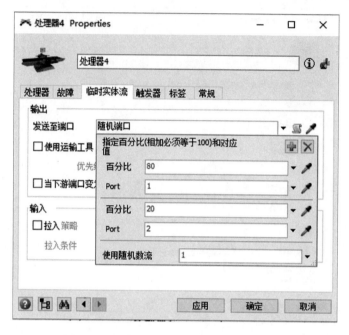

图 8-29　处理器 4 的"临时实体流"选项卡

选择"触发器"选项卡，单击 ⊞▼ 按钮，单击"On Exit"后的"+"按钮，在弹出的对话框中设置临时实体颜色，如图 8-30 所示。

图 8-30　处理器 4 的"触发器"选项卡

6）设置仿真时间。

点击运行时间后的倒三角型图标⊡，在出现的列表中点击勾选停止时间，然后在下方对话框内输入计划停止的时间，如图8-31所示。

图8-31　仿真时间设置

（4）运行仿真

为了在运行模型前设置系统和模型参数的初始状态，应先单击主视窗顶部的 ⧏⧏重置 按钮，然后单击 ▶ 运行 按钮使模型运行。

从图8-32中可以看到，临时实体进入暂存区，移动到处理器，然后进入下一个暂存区，再移动到处理器，最后合格产品进入吸收器，不合格产品通过传送带返回暂存区。

其立体图如图8-33所示。

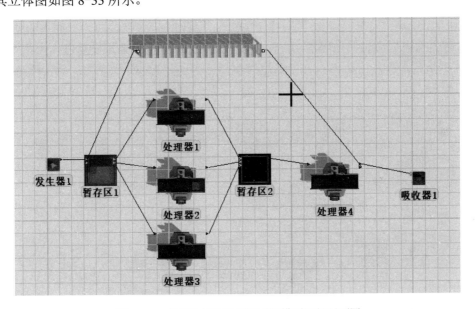

图8-32　多产品单阶段制造系统模型运行平面图

（5）观察仿真结果并优化

处理器4的统计表如图8-34所示。

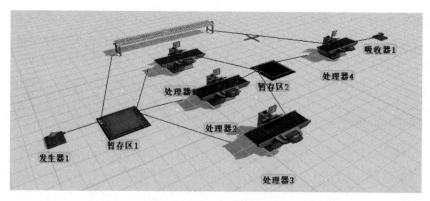

图 8-33　多产品单阶段制造系统模型运行立体图

图 8-34　处理器 4 的统计表

　　由上述结果可以看出，处理器 4（产品检验设备）处于高负荷运转状态，一刻不停地在运转，利用率非常高。由此，我们可以想到增加一个同样设置的处理器，分担产品检验作业，如图 8-35 所示。

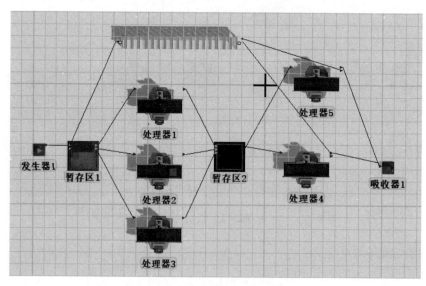

图 8-35　多产品单阶段制造系统优化

优化后的两个处理器的利用率如图 8-36 和图 8-37 所示。

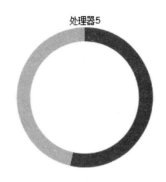

图 8-36 优化后的处理器 4 的统计表　　　　图 8-37 优化后的处理器 5 的统计表

8.5.2 手工仿真与计算机仿真对比——某理发店系统仿真模型

问题：通过采用两种仿真方法比较顾客的平均等待时间、服务员空闲的概率及平均服务时间。

1. 理发店系统仿真模型简介

（1）模型的基本介绍

● 仿真方法：手工仿真和计算机仿真。

● 仿真初始条件：系统中没有顾客，即排队的队列中没有顾客等待、服务台无服务对象。

● 仿真开始：以第一个顾客到达时刻为仿真的起始点。

● 模型：实体——顾客、服务员；状态——系统中的顾客数、服务员忙闲；事件——到达事件、离开事件（完成服务）；活动——服务。

（2）确定输入数据的特征

1）假定：到达事件中，顾客到达间隔时间为 1，8min 的均匀分布到达，如表 8-1 所示。

表 8-1 到达间隔时间分布

到达间隔时间/min	概率	累计概率	随机数区间
1	0.125	0.125	001~125
2	0.125	0.250	126~250
3	0.125	0.375	251~375
4	0.125	0.500	376~500
5	0.125	0.625	501~625
6	0.125	0.750	626~750
7	0.125	0.875	751~875
8	0.125	1.000	876~1000

2）到达事件的产生（即到达间隔时间的确定）如表 8-2 所示。

表 8-2 到达间隔时间的确定

顾客	随机数字	到达间隔时间/min	顾客	随机数字	到达间隔时间/min
1	—	—	6	309	3
2	913	8	7	922	8
3	727	6	8	753	7
4	015	1	9	235	2
5	948	8	10	302	3

3）服务事件中，服务时间的分布如表 8-3 所示。

表 8-3 服务时间分布

服务时间/min	概率	累计概率	随机数区间
1	0.10	0.10	01~10
2	0.20	0.30	11~30
3	0.30	0.60	31~60
4	0.25	0.85	61~85
5	0.10	0.95	86~95
6	0.05	1.00	96~100

4）服务事件的产生（即服务时间的确定）如表 8-4 所示。

表 8-4 服务时间的确定

顾客	随机数字	服务时间/min	顾客	随机数字	服务时间/min
1	84	4	6	79	4
2	10	1	7	91	5
3	7	4	8	67	4
4	53	3	9	89	5
5	17	2	10	38	3

2．理发店系统手工仿真

在本书的第 2.3 节，已经有关于理发店系统手工仿真案例的详细叙述，此处不再赘述。此处采用计算机对理发店系统进行仿真，将二者加以对比。

3．理发店系统计算机仿真

（1）建立模型

根据模型要求，建立如图 8-38 所示的仿真布局图。

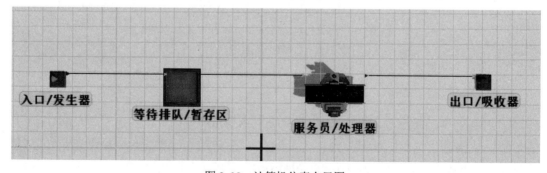

图 8-38 计算机仿真布局图

（2）设置参数

根据表 8-1～表 8-4 中的数据，该模型参数设置如下：

1）发生器 1 的参数设置。

打开"发生器 1"的属性对话框，在"发生器"选项卡中将"到达方式"改为"到达时间表"，"临时实体种类"改为"Person"，"Arrivals"值设置为 10，对 ArrivalTime 分别进行设置。入口/发生器的参数设置即客户到达方式的设置，如图 8-39 所示。

图 8-39　客户到达方式的设置

2）服务员/处理器的参数设置。打开"服务员/处理器"的属性对话框，在"处理器"选项卡中，单击"加工时间"后的▾按钮，选择根据不同 Case 设置时间，再单击预置 Cases 后的"+"按钮添加 Case 参数。服务员/处理器的参数设置即服务时间的设置如图 8-40 所示。

图 8-40　服务时间的设置

（3）运行仿真

模型运行的仿真运行结果如图 8-41 所示，仿真自动停止，停止时刻为 53 分钟。

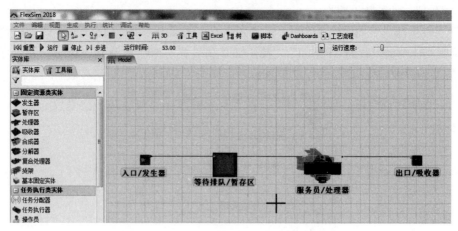

图 8-41　仿真运行结果图

4．统计数据

（1）顾客的平均等待时间

顾客的平均等待时间为 0.9min，如图 8-42 所示。

图 8-42　顾客的等待时间

（2）服务员空闲的概率

服务员空闲的概率为 0.34，如图 8-43 所示。

图 8-43　服务员空闲的概率统计图

（3）平均服务时间

平均服务时间如图 8-44 所示。

图 8-44　服务员的服务时间

5．两种仿真方法结果对比

通过前文分析结果可以得到两种仿真方法结果对比，如表 8-5 所示。

表 8-5　两种仿真方法结果对比

	顾客的平均等待时间/min	服务员空闲的概率	平均服务时间/min
手工仿真	0.9	0.34	3.5
计算机仿真	0.9	0.34	3.5

通过比较可知，手工仿真与计算机仿真结果一致，计算机仿真具有可行性。

8.6　思考题

1．总结 Flexsim 仿真软件的特点。

2．简述 Flexsim 使用的快捷键有哪些以及相应作用。

3．简述 Flexsim 仿真建模的基本步骤。

4．针对第 8.5.1 节多产品单阶段制造系统仿真案例，回答以下问题：

（1）如何让返修产品颜色与原来不同？

（2）系统瓶颈在哪里？

（3）暂存区容量是否重要？

第9章 Flexsim 软件在物流系统仿真中的应用

本章引入了生产系统仿真、分拣系统仿真、多产品单阶段制造系统仿真、条件中断与产品装盘仿真、配货系统仿真、离散流水线仿真优化、自动仓储中心建模和现代物流配送中心仿真共 8 个仿真案例。通过对问题的描述和模型参数的介绍建立模型、运行模型、对仿真结果进行分析，最后根据需要对模型进行优化，以达到合理配置资源、提高系统效率的目的。这几个案例对 Flexsim 的基本建模知识都有比较详细的讲解，在进一步巩固 Flexsim 建模知识的同时，完成对物流系统各环节仿真知识的学习。

9.1 生产系统仿真案例

9.1.1 问题描述与模型参数

1．问题描述

按照规划设计，A 企业生产车间要加工相同的 8 个零件，经过 8 道工序，分别为 A、B、C、D、E、F、G、H。每道工序加工的时间分别为 12min、5min、15min、7min、9min、11min、22min、5min。

按照顺序移动方式，8 个相同的零件在 A 道工序加工完成后，再整批转移到 B 道工序加工，以此类推，直到加工到 H 道工序为止。具体的工序图如图 9-1。

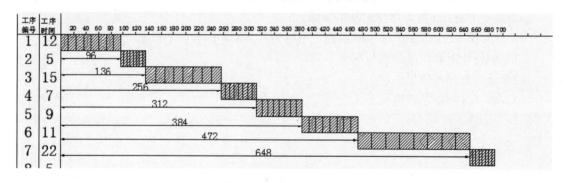

图 9-1　顺序移动工序图

由工序图可得，总加工时间为 688min，设备的总等待时间为 0min，设备的总闲置时间为 2304min，（即 96+136+256+312+384+472+648）。

按照平行移动方式，第 1 个零件在 A 道工序完成以后，立即转移到 B 道工序继续加工；同时第 2 个零件开始在 A 道工序加工。以此类推，直到第 8 个零件完成最后一道工序。具体的工序图如图 9-2 所示。

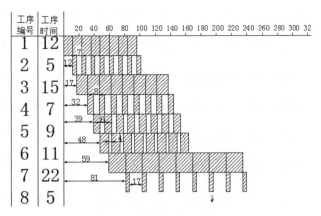

图 9-2　平行移动工序图

由工序图可得，总加工时间为 240min，设备的总等待时间为 294min（即 7×7+8×7+6×7+4×7+17×7），设备的总闲置时间为 288min（即 12+17+32+39+48+59+81）。

按照平行顺序移动方式，该方式把顺序移动方式和平行移动方式综合运用，即在整批零件尚未全部完成前道工序的加工时，就先将其中部分已经完成的零件转入到下道工序加工。往下道工序转移的提前时间，以能维持下道工序对该零件的连续加工为准。具体的工序图如图 9-3 所示。

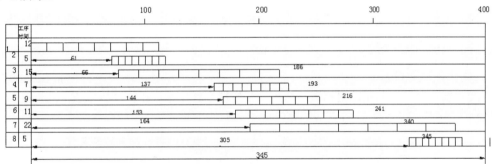

图 9-3　平行顺序移动工序图

由工序图可得，总加工时间为 345min，总设备的等待时间为 0min，总设备的闲置时间为 1030min（即 61+66+137+144+153+164+305）。

利用 Flexsim 软件对这种移动方式进行仿真，布置图如图 9-4。

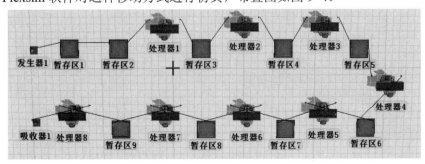

图 9-4　生产线整体概念图

2. 参数设定

三种组织方法的参数设定有所不同，其中共同部分如下。

零件：按到达序列的方式到达，数量为 8；零件颜色为默认颜色灰色（可随意设置颜色）。

暂存区 1：目标批量为 8，进入触发 content(current)=8（当前容量=8），然后执行 closeinput（关闭输入端口）。

处理器的加工时间依次设为 12min、5min、15min、7min、9min、11min、22min、5min。

顺序移动方式：暂存区的目标批量全部为 8，物品按垂直堆放。

平行移动方式：暂存区不设置批量，就可以基本上满足平行移动方式。

平行顺序移动方式：若上道工序加工时间比下道工序加工时间短，则满足平行移动方式的原则，即暂存区的设置方法与平行移动方式相同，通过观察各道工序加工时间可知，暂存区 2、4、6、7、8 的设置同平行移动方式一致；若上道工序加工时间比下道工序加工时间长，先按照平行移动方式去设计，再把有等待时间的工序中所有的等待时间都加到本道工序的闲置时间里面，把这个总时间设置成一个触发时间，这道工序必须到了这个触发时间才能开始工作，这样就能保证上道工序的最后一个零件刚加工完，这道工序正好开始加工最后一个零件。此时暂存区就需要分不同情况设置，暂存区 3 设批量为 4，最长等待时间为 49min；暂存区 5 设批量为 4，最长等待时间为 56min；暂存区 9 设批量为 4，最长等待时间为 41min。

9.1.2 Flexsim 仿真建模

1. 生产区参数设置

打开"发生器 1"的属性对话框，选项"发生器"选项卡，在"到达方式"的下拉列表中选择"到达序列"，在"到达序列"表中将到达的实体数量设置为 8，如图 9-5 所示。

图 9-5　发生器 1 的"发生器"选项卡

2．暂存区参数设置

暂存区 1 的参数设置比较特殊，它主要是约束发生器产生临时实体的数量。打开"暂存区 1"的属性对话框，在"暂存区"选项卡中勾选"成批操作"，目标批量设置为 8，如图 9-6 所示；在"触发器"选项卡中新添"On Entry"选项，在其下拉列表中设置当达成"content (current)=8"（当前容量=8）时执行 closeinput（关闭输入端口），如图 9-7 所示。

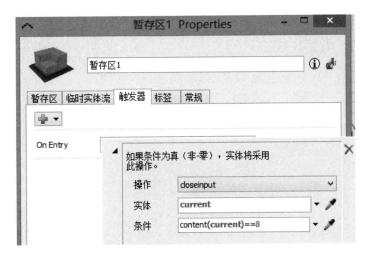

图 9-6　暂存区 1 的"暂存区"选项卡

图 9-7　暂存区 1 的"触发器"选项卡

根据三种不同的组织方式，设置其余的暂存区。

（1）顺序移动方式

暂存区 2、3、4、5、6、7、8、9 的参数设置相同。以暂存区 2 为例进行参数设置，打开"暂存区 2"的属性对话框，在"暂存区"选项卡中将"目标批量"设置为 8，"实体堆放"方式选择"垂直堆放"，如图 9-8 所示。。

图 9-8　顺序移动方式下的暂存区 2 参数设置

（2）平行移动方式

暂存区 2、3、4、5、6、7、8、9 的参数设置相同，暂存区不需设置批量，就可以基本上满足平行移动方式。同样以暂存区 2 为例，其参数设置如图 9-9 所示。

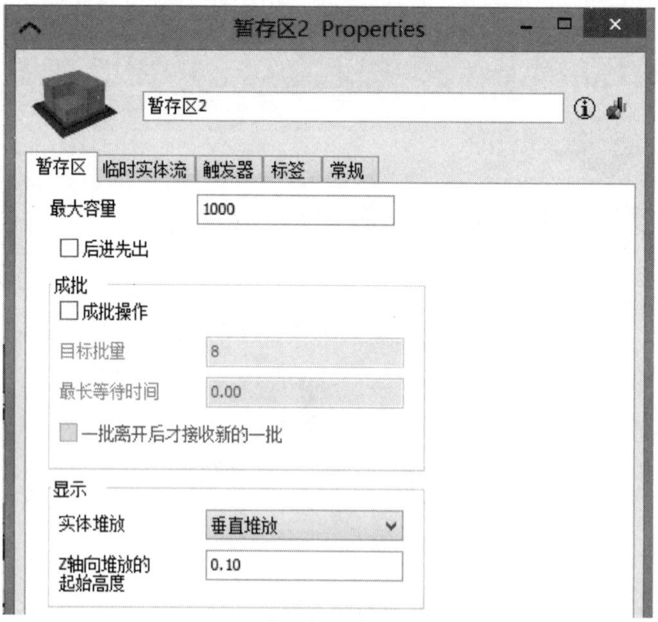

图 9-9　平行移动方式下的暂存区 2 参数设置

（3）平行顺序移动方式

在平行顺序移动方式下，暂存区的设置大不相同，下面依次介绍。

1）暂存区 2、4、6、7、8 的设置。暂存区不需设置批量，就可以基本上满足条件要求。同样以暂存区 2 为例，打开"暂存区 2"的属性对话框，在"暂存区"选项卡中选择"实体堆放"方式为"垂直堆放"，如图 9-10 所示。

图 9-10　平行顺序移动方式下的暂存区 2 参数设置

对暂存区 4、6、7、8 进行与暂存区 2 相同的参数设置。

2）暂存区 3 的设置。打开"暂存区 3"的属性对话框，在"暂存区"选项卡中勾选"成批操作"，设置"目标批量"为 4，"最长等待时间"为 49s；选择"实体堆放"方式为"垂直堆放"，如图 9-11 所示。

图 9-11　平行顺序移动方式下的暂存区 3 参数设置

3）暂存区 5 的参数设置。在其属性对话框的"暂存区"选项卡中，设置"最长等待时间"为 56s，如图 9-12 所示。

图 9-12　平行顺序移动方式下的暂存区 5 参数设置

4）暂存区 9 的参数设置。在其属性对话框的"暂存区"选项卡中，设置"最长等待时间"为 41s，如图 9-13 所示。

图 9-13　平行顺序移动方式下的暂存区 9 参数设置

3．处理器的设置

在三种组织方式中，对处理器的设置也是相同的。把处理器的加工时间依次设为 12min、5min、15min、7min、9min、11min、22min、5min。下面以处理器 1 进行说明。双击处理器 1 对象，打开"处理器 1"的属性对话框，进行对象参数设置，如图 9-14 所示。

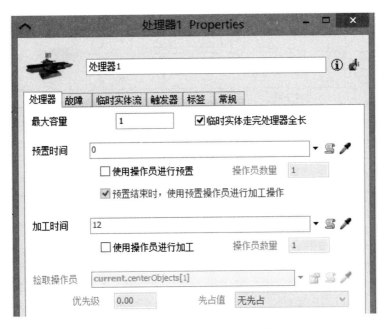

图 9-14 处理器 1 的"处理器"选项卡

其余处理器的参数设置同上,将时间依次修改为 5min、15min、7min、9min、11min、22min、5min 即可。

9.1.3 仿真结果分析

1. 仿真数据统计

(1) 顺序移动方式

运行后,查看它们的工作强度和标准信息,将所有实体的运行结果全部整理出来汇总成表,可得标准报告表,如表 9-1 所示。

表 9-1 顺序移动方式——标准报告表

Flexsim 综合报告									
仿真时钟: 688.000min									
	当前				吞吐量		停留时间/min		
	当前	最小值	平均值	最大值	输入	输出	最小值	平均值	最大值
发生器 1	0	0	8	7	0	8	0	0	0
暂存区 1	0	0	0	8	8	8	0	0	0
暂存区 2	0	0	4	8	8	8	0	42	84
处理器 1	0	0	1	1	8	8	12	12	12
暂存区 3	0	0	3.634	8	8	8	35	59	84
处理器 2	0	0	0.294	1	8	8	5	5	5
暂存区 4	0	0	2.324	8	8	8	35	70	105
处理器 3	0	0	0.469	1	8	8	15	15	15
暂存区 5	0	0	2.020	8	8	8	49	77	105

Flexsim 综合报告

仿真时钟：688.000min

	当前				吞吐量		停留时间/min		
	当前	最小值	平均值	最大值	输入	输出	最小值	平均值	最大值
处理器 4	0	0	0.179	1	8	8	7	7	7
暂存区 6	0	0	1.195	8	8	8	49	56	63
处理器 5	0	0	0.188	1	8	8	9	9	9
暂存区 7	0	0	1.215	8	8	8	63	70	77
处理器 6	0	0	0.186	1	8	8	11	11	11
暂存区 8	0	0	1.476	8	8	8	77	115	154
处理器 7	0	0	0.272	1	8	8	22	22	22
暂存区 9	0	0	1.107	8	8	8	35	94	154
处理器 8	0	0	0.058	1	8	8	5	5	5
吸收器 1	1	1	0	1	8	0	0	0	0

通过表 9-1，可以得出零件在加工时的总等待时间为 583min（即 42+59+70+77+56+70+115+94）。

等待时间指零件处于等待而非加工状态的时间，在计算时，通常取均值进行描述，所以将零件在暂存区停留的时间均值进行加和就可以得到零件在加工时的总等待时间。

将所有实体的工作强度整理出来，可得到所有实体的状态报告表，如表 9-2 所示。

表 9-2　顺序移动方式——状态报告表

	闲置	工作	空载	收集	释放
发生器 1	0.00%	0.00%	0.00%	0.00%	0.00%
暂存区 1	0.00%	0.00%	100.00%	0.00%	0.00%
暂存区 2	0.00%	0.00%	0.00%	100.00%	0.00%
处理器 1	0.00%	100.00%	0.00%	0.00%	0.00%
暂存区 3	0.00%	0.00%	9.16%	90.84%	0.00%
处理器 2	70.59%	29.41%	0.00%	0.00%	0.00%
暂存区 4	0.00%	0.00%	41.91%	58.09%	0.00%
处理器 3	53.13%	46.87%	0.00%	0.00%	0.00%
暂存区 5	0.00%	0.00%	49.51%	50.49%	0.00%
处理器 4	82.05%	17.95%	0.00%	0.00%	0.00%
暂存区 6	0.00%	0.00%	70.13%	29.87%	0.00%
处理器 5	81.25%	18.75%	0.00%	0.00%	0.00%
暂存区 7	0.00%	0.00%	69.63%	30.37%	0.00%
处理器 6	81.36%	18.64%	0.00%	0.00%	0.00%
暂存区 8	0.00%	0.00%	63.10%	36.90%	0.00%
处理器 7	72.84%	27.16%	0.00%	0.00%	0.00%
暂存区 9	0.00%	0.00%	72.33%	27.67%	0.00%
处理器 8	94.19%	5.81%	0.00%	0.00%	0.00%
吸收器 1	0.00%	0.00%	0.00%	0.00%	0.00%

表9-2只给出了部分表格，其余的部分都为0（下同）。

从这两个表可以看出顺序移动方式所带来的优缺点。缺点：①设备生产周期较长；②在制品数量较大。优点：①工件加工按顺序，有规律可循，同时机床的布置和连接较为简单；②加工过程中运输次数少。

（2）平行移动方式

运行结束后，得到的相应的仿真结果，将所有实体的运行结果全部整理出来汇总成表，可得标准报告表，如表9-3所示。

表9-3　标准报告表

Flexsim 综合报告

仿真时钟: 240.000min

	当前				吞吐量		停留时间/min		
	当前	最小值	平均值	最大值	输入	输出	最小值	平均值	最大值
发生器1	0	0	8	7	0	8	0	0	0
暂存区1	0	0	0	8	8	8	0	0	0
暂存区2	0	0	4	7	8	8	0	42	84
处理器1	0	0	1	1	8	8	12	12	12
暂存区3	0	0	0	1	8	8	0	0	0
处理器2	0	0	0.396	1	8	8	5	5	5
暂存区4	0	0	0.689	2	8	8	0	10.5	21
处理器3	0	0	0.876	1	8	8	15	15	15
暂存区5	0	0	0	1	8	8	0	0	0
处理器4	0	0	0.389	1	8	8	7	7	7
暂存区6	0	0	0	1	8	8	0	0	0
处理器5	0	0	0.471	1	8	8	9	9	9
暂存区7	0	0	0	1	8	8	0	0	0
处理器6	0	0	0.537	1	8	8	11	11	11
暂存区8	0	0	0.920	3	8	8	0	24.5	49
处理器7	0	0	0.749	1	8	8	22	22	22
暂存区9	0	0	0	1	8	8	0	0	0
处理器8	0	0	0.167	1	8	8	5	5	5
吸收器1	1	1	0	1	8	0	0	0	0

通过表9-3，可以得出零件在加工时的总等待时间为77min（即42+0+10.5+0+0+0+24.5+0）。

将所有实体的工作强度整理出来，可得到所有实体的状态报告表。如表9-4所示。

表 9-4　状态报告表

	闲置	工作	空载	收集	释放
发生器 1	0.00%	0.00%	0.00%	0.00%	0.00%
暂存区 1	0.00%	0.00%	100.00%	0.00%	0.00%
暂存区 2	0.00%	0.00%	0.00%	0.00%	100.00%
处理器 1	0.00%	100.00%	0.00%	0.00%	0.00%
暂存区 3	0.00%	0.00%	100.00%	0.00%	0.00%
处理器 2	60.40%	39.60%	0.00%	0.00%	0.00%
暂存区 4	0.00%	0.00%	38.52%	0.00%	61.48%
处理器 3	12.41%	87.59%	0.00%	0.00%	0.00%
暂存区 5	0.00%	0.00%	100.00%	0.00%	0.00%
处理器 4	61.11%	38.89%	0.00%	0.00%	0.00%
暂存区 6	0.00%	0.00%	100.00%	0.00%	0.00%
处理器 5	52.94%	47.06%	0.00%	0.00%	0.00%
暂存区 7	0.00%	0.00%	100.00%	0.00%	0.00%
处理器 6	46.34%	53.66%	0.00%	0.00%	0.00%
暂存区 8	0.00%	0.00%	38.97%	0.00%	61.03%
处理器 7	25.11%	74.89%	0.00%	0.00%	0.00%
暂存区 9	0.00%	0.00%	100.00%	0.00%	0.00%
处理器 8	83.33%	16.67%	0.00%	0.00%	0.00%
吸收器 1	0.00%	0.00%	0.00%	0.00%	0.00%

从这两个表可以看出平行移动方式所带来的优缺点。缺点：①容易出现设备等待或零件等待的情况；②加工过程中搬运次数较多。优点：①加工的在制品减到最少；②缩短了加工周期。

（3）平行顺序移动方式

运行结束后，得到的相应的仿真结果，将所有实体的运行结果全部整理出来汇总成表，可得标准报告表，如表 9-5 所示。

表 9-5　标准报告表

Flexsim 综合报告									
仿真时钟: 345.000min									
	当前				吞吐量		停留时间/min		
	当前	最小值	平均值	最大值	输入	输出	最小值	平均值	最大值
发生器 1	0	0	8	7	0	8	0	0	0
暂存区 1	0	0	0	8	8	8	0	0	0
暂存区 2	0	0	4	7	8	8	0	42	84
处理器 1	0	0	1	1	8	8	12	12	12
暂存区 3	0	0	1.838	4	8	8	15	25	36
处理器 2	0	0	0.345	1	8	8	5	5	5
暂存区 4	0	0	1.063	3	8	8	0	21	42

Flexsim 综合报告

仿真时钟: 345.000min

	当前				吞吐量		停留时间/min		
	当前	最小值	平均值	最大值	输入	输出	最小值	平均值	最大值
处理器 3	0	0	0.694	1	8	8	15	15	15
暂存区 5	0	0	1.361	4	8	8	21	33	45
处理器 4	0	0	0.279	1	8	8	7	7	7
暂存区 6	0	0	0.116	1	8	8	0	3	6
处理器 5	0	0	0.333	1	8	8	9	9	9
暂存区 7	0	0	0.108	1	8	8	0	3	6
处理器 6	0	0	0.378	1	8	8	11	11	11
暂存区 8	0	0	0.830	3	8	8	0	30.5	61
处理器 7	0	0	0.557	1	8	8	22	22	22
暂存区 9	0	0	0.765	2	8	8	24	32.5	41
处理器 8	0	0	0.116	1	8	8	5	5	5
吸收器 1	1	1	0	1	8	0	0	0	0

通过表 9-5，可以得出零件在加工时的总等待时间为 190min（即 42+25+21+33+3+3+30.5+32.5）分钟。

将所有实体的工作强度整理出来，可得到所有实体的状态报告表，如表 9-6 所示。

表 9-6　状态报告表

	闲置	工作	空	收集	释放
发生器 1	0.00%	0.00%	0.00%	0.00%	0.00%
暂存区 1	0.00%	0.00%	100.00%	0.00%	0.00%
暂存区 2	0.00%	0.00%	0.00%	0.00%	100.00%
处理器 1	0.00%	100.00%	0.00%	0.00%	0.00%
暂存区 3	0.00%	0.00%	10.81%	89.19%	0.00%
处理器 2	65.52%	34.48%	0.00%	0.00%	0.00%
暂存区 4	0.00%	0.00%	38.61%	0.00%	61.39%
处理器 3	30.64%	69.36%	0.00%	0.00%	0.00%
暂存区 5	0.00%	0.00%	35.05%	64.95%	0.00%
处理器 4	72.14%	27.86%	0.00%	0.00%	0.00%
暂存区 6	0.00%	0.00%	88.41%	0.00%	11.59%
处理器 5	66.67%	33.33%	0.00%	0.00%	0.00%
暂存区 7	0.00%	0.00%	89.19%	0.00%	10.81%
处理器 6	62.23%	37.77%	0.00%	0.00%	0.00%
暂存区 8	0.00%	0.00%	51.36%	0.00%	48.64%
处理器 7	44.30%	55.70%	0.00%	0.00%	0.00%
暂存区 9	0.00%	0.00%	47.65%	52.35%	0.00%
处理器 8	88.41%	11.59%	0.00%	0.00%	0.00%
吸收器 1	0.00%	0.00%	0.00%	0.00%	0.00%

从这两个表可以看出平行顺序移动方式所带来的优缺点。缺点：①每个工件都有不同的加工路线，生产组织安排比较复杂；②总设备闲置时间相对较长。优点：①周期相对较少；②搬运次数少。

2. 各方案的分析与选择

（1）三种组织方式的对比分析

通过仿真运行结果统计，可以把三种方法的仿真结果进行对比，主要从加工时间、设备等待时间和设备闲置时间三个指标来进行比较，建立表格，如表9-7所示。

表9-7　组织方式的比较

	顺序移动	平行移动	平行顺序移动
加工时间/min	688	240	345
设备等待/min	0	294	0
设备闲置/min	2304	288	1030

通过比较，可以看出顺序移动的加工时间最长，设备闲置时间也最长，说明该方法没能充分利用设备资源，因而加工时间最长；平行移动的加工时间虽然最短，但设备有等待时间，这说明在加工过程中设备有空运作现象，使公司消耗了不必要的资源，在生产系统也是应该避免的；平行顺序移动的加工时间处于两者中间，略高于平行移动的时间，设备闲置时间也处于两者之间，但比顺序移动要少一半的时间，并且设备等待时间为0，在生产过程中避免了设备的空运转。综合考虑，三种方法中，平行顺序移动是三者中最优的方案。

下面对三种组织方法的每一个实体进行比较，比较它们空闲、工作和拥堵时的状态，汇总成表，如表9-8所示。

表9-8　组织方式的详细比较

	顺序移动			平行移动			平行顺序移动		
	空闲	工作	拥堵	空闲	工作	拥堵	空闲	工作	拥堵
发生器1	0.00%	0.00%	0.00%	0.00%	0.00%	0.00%	0.00%	0.00%	0.00%
暂存区1	0.00%	0.00%	0.00%	0.00%	0.00%	0.00%	0.00%	0.00%	0.00%
暂存区2	0.00%	0.00%	0.00%	0.00%	0.00%	0.00%	0.00%	0.00%	0.00%
处理器1	0.00%	100.%	0.00%	0.00%	100%	0.00%	0.00%	100%	0.00%
暂存区3	0.00%	0.00%	0.00%	0.00%	0.00%	0.00%	0.00%	0.00%	0.00%
处理器2	70.59%	29.41%	0.00%	60.40%	39.60%	0.00%	65.52%	34.48%	0.00%
暂存区4	0.00%	0.00%	0.00%	0.00%	0.00%	0.00%	0.00%	0.00%	0.00%
处理器3	53.13%	46.88%	0.00%	12.41%	87.59%	0.00%	30.64%	69.36%	0.00%
暂存区5	0.00%	0.00%	0.00%	0.00%	0.00%	0.00%	0.00%	0.00%	0.00%
处理器4	82.05%	17.95%	0.00%	61.11%	38.89%	0.00%	72.14%	27.86%	0.00%
暂存区6	0.00%	0.00%	0.00%	0.00%	0.00%	0.00%	0.00%	0.00%	0.00%
处理器5	81.25%	18.75%	0.00%	52.94%	47.06%	0.00%	66.67%	33.33%	0.00%
暂存区7	0.00%	0.00%	0.00%	0.00%	0.00%	0.00%	0.00%	0.00%	0.00%
处理器6	81.36%	18.64%	0.00%	46.34%	53.66%	0.00%	62.23%	37.77%	0.00%

	顺序移动			平行移动			平行顺序移动		
	空闲	工作	拥堵	空闲	工作	拥堵	空闲	工作	拥堵
暂存区 8	0.00%	0.00%	0.00%	0.00%	0.00%	0.00%	0.00%	0.00%	0.00%
处理器 7	72.84%	27.16%	0.00%	25.11%	74.89%	0.00%	44.30%	55.70%	0.00%
暂存区 9	0.00%	0.00%	0.00%	0.00%	0.00%	0.00%	0.00%	0.00%	0.00%
处理器 8	94.19%	5.81%	0.00%	83.33%	16.67%	0.00%	88.41%	11.59%	0.00%
吸收器 1	0.00%	0.00%	0.00%	0.00%	0.00%	0.00%	0.00%	0.00%	0.00%

通过表 9-8，可知顺序移动的设备空闲时间最长，平行移动的工作时间最长，平行顺序移动的工作时间与平行移动的工作时间相差不大。

通过上面的对比，根据行程最短、时间最省、占用和耗费最少、效率最高等指标，综合考虑，平行顺序移动是最优的组织生产方法。

9.2 分拣系统仿真案例

9.2.1 问题描述与模型参数

1．分拣作业流程描述

分拣作业是 A 配送中心内部流程的最后一个环节。在该环节中，库管员开票后，登记业务系统记录业务账数，并检查可销库存数量，防止开出票不能配货的问题发生。配货前，库管员检查是否有未处理的状态调整单，先处理状态调整单，再检查拣货区商品数量是否能够满足此次配货，如果不足，生成补货单，将拣货区商品数量增加到大于或等于配货数量，并通知上游部门执行补货作业；配货员按照销售票上所开商品数量进行配货。

分拣环节是将客户订单中的不同数量、种类的货物从配送中心的货架取出集中在一起的过程，分拣的目的在于正确且迅速地集合顾客所订购的商品。在拣选方式上，A 企业还是采用比较原始的不分区、按单拣选，即根据订单到来的顺序安排空闲的工作人员对订单进行分拣。具体的分拣作业流程如图 9-15 所示。

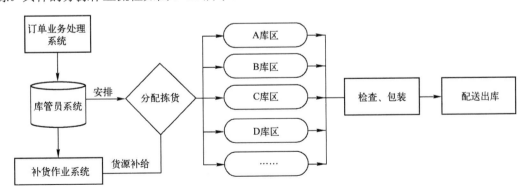

图 9-15 A 配送中心分拣作业流程图

2．参数设置

为细化对企业的调查，我们就配送环节中最重要的环节——分拣环节做仿真研究，现对仓库某仓库配送作业进行模拟，经部门主管介绍，该仓库占地面积 1000m²，仓库分为 5 个区，分别是补货入口、存货区（货架为该企业主要存货工具）、库管员办公区、分拣包装区和出货码头。配送对象以箱为单位，研究为避免冗长复杂，故简化补货，入库检查等内容。

配送的 A、B、C 这 3 种货品基本资料如表 9-9～表 9-11 所示。

表 9-9　3 种产品的相关数据

产品	初始库存	补货条件	补货速度	储运单位	颜色
A	200	100	exponential(0,1,1)	箱	红
B	200	100	3	箱	黄
C	200	100	exponential(0,2,1)	箱	蓝

表 9-10　订单组合

产品	订单 1	订单 2	订单 3	订单 4	订单 5
A	4	10	8	0	16
B	2	16	8	20	0
C	12	0	8	0	4

表 9-11　其他相关数据

名称	属性	数据
分拣人员	数量	3 人
	分拣能力	1 箱/人
订单	到达间隔	exponential(0,1,1)
	各类分布	duniform(1,5)

配送中心内部主要使用工具是地牛、叉车和手持终端。地牛主要的作用是用于货物在配送中心内部的运输；叉车的主要作用是高架货物的上架和取货，同时也会少量做一些货物运输工作；手持终端在货物的入库到出库都起着发出指导信息的作用。

9.2.2　Flexsim 仿真建模

1．实体设置

根据该仓库的实际分拣系统布局，通过 Flexsim 建立模型（如图 9-16 所示）。3 个货架分别表示 A、B、C 这 3 种电子产品的存储区，3 个发生器分别表示货物的补充，合成器 1 及发生器 4 表示订单的派发与分拣作业的过程，5 个暂存区分别表示 5 种订单的出库暂存，如图 9-17 所示。具体参数如下。

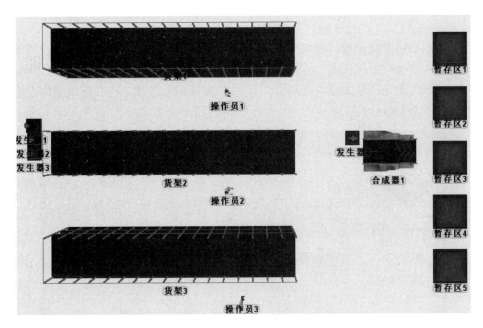

图 9-16　仓库分拣区布局

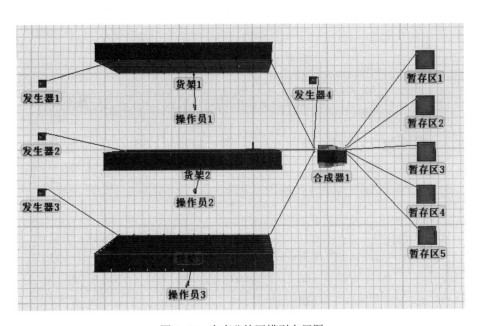

图 9-17　仓库分拣区模型布局图

货物到达：A 货物到达时间间隔，统计分布 exponential（0,1,1）；B 货物到达时间间隔，返回一个时间常量 3；C 货物到达时间间隔，统计分布 exponential（0,2,1）。

货架 1、货架 2、货架 3 容量：200。

订单到达：发生器 4 统计分布 exponential（0,1,1）。

暂存区 1、暂存区 2、暂存区 3、暂存区 4、暂存区 5 容量：2000。

货物合成：合成时间为 10s。

（1）对产生 A、B、C 这 3 种产品的发生器进行参数设置

1）发生器 1 的参数设置。双击发生器 1，打开"发生器 1"的属性对话框，选择"发生器"选项卡，在"到达时间间隔"下拉列表中选择统计分布，设置为"exponential（0,1,1）"，如图 9-18 所示。选择"触发器"选项卡，添加"On Exit"选项，在其选项组中设置临时实体颜色为蓝色，如图 9-19 所示。

图 9-18　到达时间间隔设置

图 9-19　产品颜色设置

2）发生器 2 的设置。双击发生器 2，打开"发生器 2"的属性对话框，选择"发生器"选项卡，设置"到达时间间隔"为 3，如图 9-20 所示。选择"触发器"选项卡，添加"On Exit"选项，在其选项组中设置临时实体颜色为紫色，如图 9-21 所示。

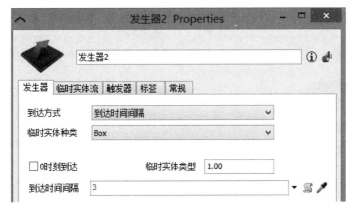

图 9-20　到达时间间隔设置

图 9-21　产品颜色设置

3）发生器 3 的设置。双击发生器 3，打开"发生器 3"的属性对话框，选择"发生器"选项卡，在"到达时间间隔"下拉列表中选择统计分布，设置为"exponential（0,2,1）"，如图 9-22 所示。选择"触发器"选项卡，添加"On Exit"选项，在其选项组中设置临时实体颜色为黑色，如图 9-23 所示。

图 9-22　到达时间间隔设置

图 9-23　产品颜色设置

（2）对货架进行参数设置

货架以箱为存储单位。因为货物需求量不在本案例讨论范围内，故简化了入库的操作。货架1、货架2、货架3的参数设置相同，所以以货架1为例，具体设置如下：

打开"货架 1"的属性对话框，在"触发器"选项卡中添加"On Entry"选项，设置"条件"为"content(current)>=200"（数量大于 200），"操作"为 closeinput（停止入库），如图 9-24 所示；添加"On Exit"选项，设置"条件"为"content(current)<200"（数量小于200），"操作"为"openinput"（开始入库），如图 9-25 所示。在"临时实体流"选项卡中勾选"使用运输工具"选项，如图 9-26 所示。

图 9-24　货架入库量设置（1）

图 9-25　货架入库量设置（2）

图 9-26　使用运输工具设置

对货架 2、货架 3 进行同样的设置。

（3）抽象订单的实体化

订单的下达是来自于客户，在仿真中我们令订单发生器产生托盘（pallet），使得抽象的订单实体化。实现方法是：打开"发生器 4"（即订单发生器）的属性对话框，选择"发生器"选项卡，设置"临时实体种类"为"Pallet"，并根据不同订单设置不同托盘的类型和颜色，具体操作是在"触发器"选项卡的"On Exit"选项组中选择"Set Item Type"和"Set Color"，具体设置如图 9-27 和图 9-28 所示。

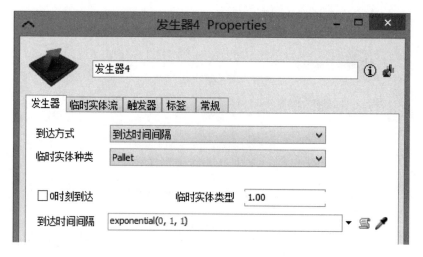

图 9-27　产生实体类型和实体到达时间间隔设置

图 9-28　实体类型和颜色设置

（4）合成器的参数设置

合成器有 3 种合成模式，这里选择"打包"，如图 9-29 所示。货物合成时间为 10s。当满足订单后，合成器包装货物，然后输出至出货暂存区。在"加工时间"选项卡中，设置"加工时间"为 10s，如图 9-30 所示。

图 9-29　合成器合成模式设置

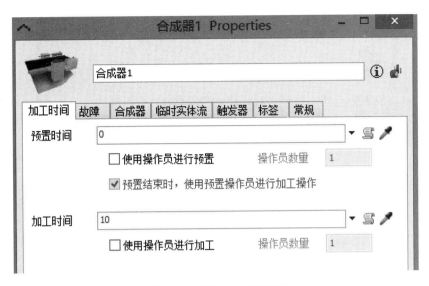

图 9-30　货物加工时间设置

对合成器输出端口进行参数设置，使得订单与出货暂存区对应，设置如图 9-31 所示。

图 9-31　合成器输出端口参数设置

订单实体化后，托盘即作为驱动合成器（分拣流程）的因素。根据合成器的工作原理，我们规定各个合成器的输入端口 1 为订单发生器的输出端口，这样就完成了"一份订单配货"的分拣逻辑。可以在合成器 1 的"常规"选项卡中，设置"端口"为"输入端口"，检查合成器1的输入端口顺序，如图9-32所示。

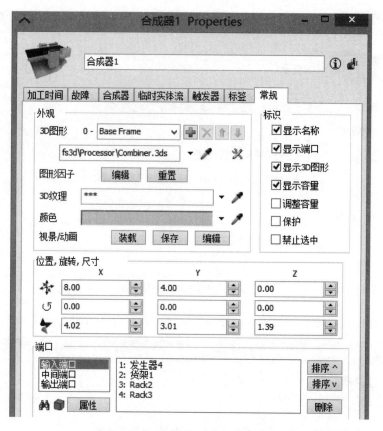

图 9-32　合成器输入端口顺序检查

（5）全局表的设置

分拣策略的实现需要使用全局表，全局表可以存储数字型或字符串型数据。模型中任何一个实体都可以用 gettablenum()、gettablestr()、settablenum()、settablestr()、reftable()命令来访问这些数据，而且一个模型可以有多个全局表。下面从菜单栏上的工具箱下拉菜单中，右击全局表选择 Add 全局表，添加新全局表，并按照订单内容添加数据。因为有 3 种品种的货物，所以行数为 3；案例中提到配送中心有 5 种订单需配送，所以列数是 5，如图 9-33 所示。

	Col 1	Col 2	Col 3	Col 4	Col 5
Row 1	4	10	8	0	16
Row 2	2	16	8	20	0
Row 3	12	0	8	0	4

图 9-33　全局表的设置

全局表设置完成后，需要在合成器的属性对话框的"触发器"选项卡中，设置"On Entry"为"Update Combiner Component List"，即更新合成器组件列表，并把更新的数据来源设置成全局表，如图 9-34 所示。

图9-34　合成器自动更新组成列表设置

（6）暂存区参数设置

设置暂存区的"最大容量"为2000，如图9-35所示。

图9-35　暂存区最大容量设置

设置完成后，先单击"重置"按钮，然后单击"运行"按钮，运行模型。

9.2.3　仿真结果分析

1．分区按单

分区按单拣选，即货物从3个货架按订单顺序输出至合成器。在货架属性对话框的"临时实体流"选项卡中修改输出属性为"第一个可用，打开所有端口"。这个策略的意义是：各货架的工作人员按订单的需求，从第一个订单到来的时刻对其拣货，直至拣选满足每个人员所负责货架的货物为止，然后继续拣选第二个货架以此类推（假设订单的到达顺序按订单序号，如果订单到达随机，则采用按单并行）。

2．分区并行

分区并行只需添加合成器的数量，合成器的设置相同。这个策略的意义是：在多份订单到达的情况下，工人按所有订单的需求统计各负责分区的货物需求进行分拣。

3．不分区按单

不分区按单拣选的设置，需要用到员工分配器，在 Flexsim 中分配器的作用是：员工依赖于临时实体本身而不是货架，从而使员工以"一组"的形式工作。具体实现方法是：创建分配器到各个货架间的中间连接，创建分配器到各个员工的普通连接。在使用分配器的基础上，重复分区按单的分拣策略，即可得到在不分区情况下的拣选方法。

4．不分区并行

同不分区按单拣选一样，不分区并行拣选也是用分配器对员工进行控制。

至此，完成 4 种分拣策略的仿真模型，编译并分别运行 4 种分拣策略对应的模型 8h（28800s）后，输出仿真统计数据。

分区按单方案仿真结果见表 9-12 和表 9-13。

表 9-12　订单处理数据（分区按单）

方案1：分区按单			总订单量：62	
实体	输出量	空闲时间	处理时间	收集时间
合成器 1	1409	0%	2.20%	97.80%
总计（除订单）	1347			

表 9-13　工人处理数据（分区按单）

方案1：分区按单						
实体	搬运量	空闲时间	空载时间	负载时间	偏移空载时间	偏移负载时间
工人 1	462	47.80%	16.60%	23.50%	10.10%	2.0%
工人 2	593	39.70%	18.90%	27.00%	11.90%	2.50%
工人 3	292	64.90%	11.60%	15.90%	6.40%	1.30%

分区并行方案仿真结果见表 9-14 和表 9-15。

表 9-14　订单处理数据（分区并行）

方案2：分区并行			总订单量：90	
实体	输出量	空闲时间	处理时间	收集时间
合成器 1	1044	0%	1.60%	98.40%
合成器 2	994	0%	1.60%	98.40%
总计（除订单）	1948			

表 9-15 工人处理数据（分区并行）

方案2：分区并行						
实体	搬运量	空闲时间	空载时间	负载时间	偏移空载时间	偏移负载时间
工人1	613	32.4%	21.60%	30.40%	13.0%	2.60%
工人2	899	10.60%	27.50%	40.0%	18.10%	3.80%
工人3	436	51.8%	15.40%	21.70%	9.20%	1.90%

不分区按单方案仿真结果见表 9-16 和表 9-17。

表 9-16 订单处理数据（不分区按单）

方案3：不分区按单			总订单量：117	
实体	输出量	空闲时间	处理时间	收集时间
合成器1	2621	0%	4.10%	95.90%
总计（除订单）	2504			

表 9-17 工人处理数据（不分区按单）

方案3：不分区按单						
实体	搬运量	空闲时间	空载时间	负载时间	偏移空载时间	偏移负载时间
工人1	831	8.50%	29.80%	41.20%	16.90%	3.60%
工人2	825	8.60%	29.60%	41.20%	17.10%	3.50%
工人3	848	8.70%	29.50%	41.00%	17.10%	3.60%

不分区并行方案仿真结果见表 9-18 和表 9-19。

表 9-18 订单处理数据（不分区并行）

方案4：不分区并行			总订单量：131	
实体	输出量	空闲时间	处理时间	收集时间
合成器1	1506	0%	2.30%	97.70%
合成器2	1518	0%	2.30%	97.70%
总计（除订单）	2893			

表 9-19 工人处理数据（不分区并行）

方案4：不分区并行						
实体	搬运量	空闲时间	空载时间	负载时间	偏移空载时间	偏移负载时间
工人1	955	0%	31.30%	44.80%	19.80%	4.10%
工人2	958	0%	31.40%	44.80%	19.70%	4.10%
工人3	980	0%	31.30%	44.60%	19.90%	4.20%

根据上述仿真统计数据，对 4 种分拣策略的效率与人员作业效率进行分析，分析结果见表 9-20。

表 9-20　整理后的数据

项目		分区按单	分区并行	不分区按单	不分区并行
分拣量	箱数	1347	1948	2504	2893
	订单数	62	90	117	131
人员工作情况	平均搬运量	449	649	835	964
	平均空闲率%	50.80	31.60	8.60	0
	平均空载率%	15.70	21.50	29.63	31.33
	平均负载率%	22.13	30.70	41.13	44.73

由表 9-20 可知，在不分区策略下，并行分拣方案分拣量高于按单分拣方案的分拣量；在分区策略下，并行分拣方案分拣量同样高于按单分拣方案的分拣量。由此可知，在其他条件相同时，订单并行处理方案具有优势。在按订单连续作业策略下，不分区分拣方案的分拣量高于分区分拣方案的分拣量；而在按订单并行作业策略下，不分区分拣方案的分拣量同样高于分区分拣方案的分拣量。由此可知，在其他条件相同时，不分区分拣方案具有明显优势。

9.3　多产品单阶段制造系统仿真案例

9.3.1　问题描述与模型参数

某工厂加工 3 种类型产品，这 3 类产品分别从工厂其他车间到达该车间。这个车间有 3 台机床，每台机床可以加工一种特定的产品类型。一旦产品在相应的机床上完成加工，所有产品都必须送到一个公用的检验台进行质量检测。质量合格的产品就会被送到下一个车间，质量不合格的产品则必须送回相应的机床进行再加工。

- 产品到达：平均每 5s 到达一个产品，到达间隔时间服从指数分布。
- 产品加工：平均加工时间 10s，加工时间服从指数分布。
- 产品检测：固定时间 4s。
- 产品合格率：80%。
- 暂存区容量：10000.00。
- 仿真时间：50000.00s。

9.3.2　Flexsim 仿真建模

1．构建模型布局

根据题意要求，从实体库里拖出 1 个发生器、2 个暂存区、4 个处理器、1 条传送带和 1 个吸收器放到正投影视图中，如图 9-36 所示。

2．定义物流流程

根据临时实体的路径连接端口，固定实体之间的连接用〈A〉键，移动实体与固定实体的连接用〈S〉键。本案例都是〈A〉键连接，连接过程是：按住〈A〉键，然后用鼠标左键单击发生器并拖曳到处理器，再释放鼠标。拖曳时将看到一条黄线，释放时变为黑线，如图 9-37 所示。

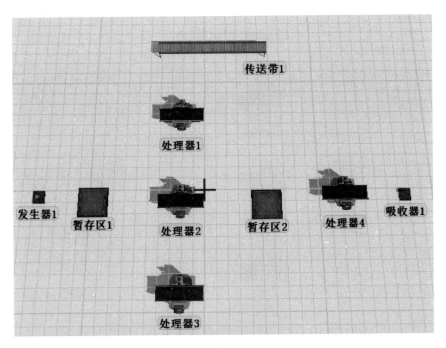

图 9-36　构建模型布局

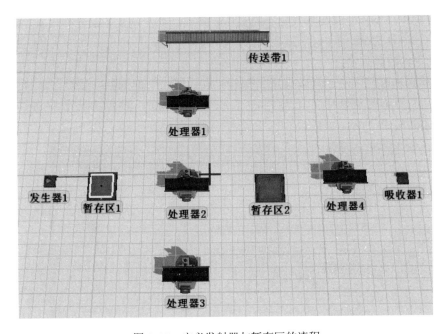

图 9-37　定义发射器与暂存区的流程

　　连接发生器到对应的暂存区，连接暂存区到每个处理器，连接每个处理器到暂存区，连接暂存区到对应的处理器，连接处理器到传送带和吸收器，连接传送带到暂存区 1，这样就完成了连接过程。完成连接后，所得到的模型布局如图 9-38 所示。

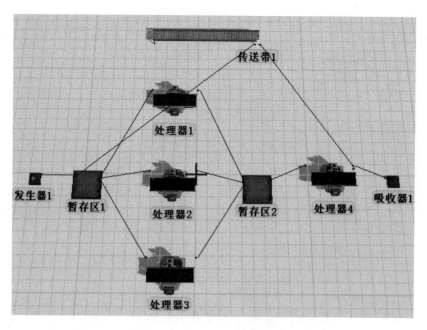

图 9-38　仿真模型的物流流程

3．编辑对象参数

根据对实体行为特性的要求改变不同实体的参数。首先从发生器开始设置，最后到吸收器结束。

（1）发生器的参数设置

1）产品到达时间间隔的参数设置。打开"发生器 1"的属性对话框，选择"发生器"选项卡，在"到达时间间隔"下拉列表中选择统计分布，设置为指数分布"exponential（0,5,1）"，如图 9-39 所示。

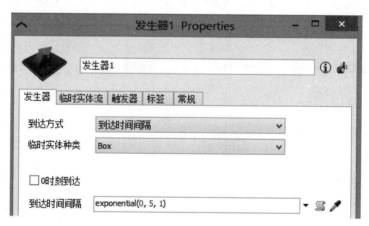

图 9-39　发生器 1 的"发生器"选项卡

2）产品类型和颜色的设置。选择发生器 1 的"触发器"选项卡，在"On Exit"（离开出发）下拉列表中选择临时实体的类型和颜色，将临时实体类型设置为均匀分布"duniform（1,3）"，如图 9-40 所示。

图 9-40　发生器 1 的"触发器"选项卡

（2）暂存区 1 的参数设置

1）暂存区 1 的容量设置。打开"暂存区 1"的属性对话框，选择"暂存区"选项卡，将"最大容量"设置为 10000，如图 9-41 所示。

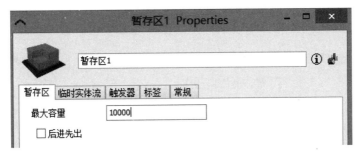

图 9-41　暂存区 1 的"暂存区"选项卡

2）暂存区 1 的输出端口设置。选择暂存区 1 的"临时实体流"选项卡，在"发送至端口"下拉列表中根据不同 Case 值选择输出端口，按图 9-42 所示进行设置。

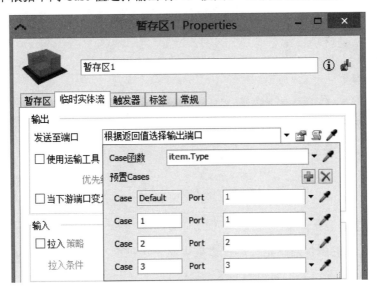

图 9-42　暂存区 1 的"临时实体流"选项卡

（3）前三个处理器的参数设置

打开处理器 1 的属性对话框，选择"处理器"选项卡，在"加工时间"下拉列表中选择统计分布，设置为指数分布"exponential（0,10,1）"，如图 9-43 所示。对处理器 2 和处理器 3 进行同样设置。

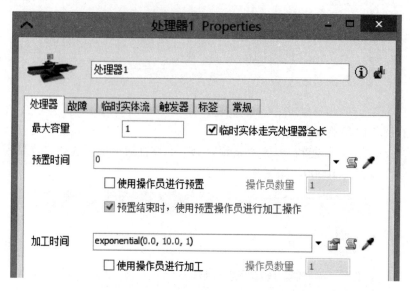

图 9-43　处理器 1 的"处理器"选项卡参数的设置

（4）暂存区 2 的最大容量参数设置

打开暂存区 2 的属性对话框，选择"暂存区"选项卡，将"最大容量"设置为 10000，如图 9-44 所示。

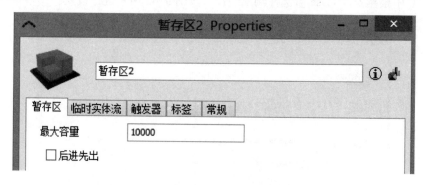

图 9-44　暂存区 2 的"暂存区"选项卡

（5）处理器 4 的参数设置

打开处理器 4 的属性对话框，选择"处理器"选项卡，将"加工时间"设置为 4，如图 9-45 所示。

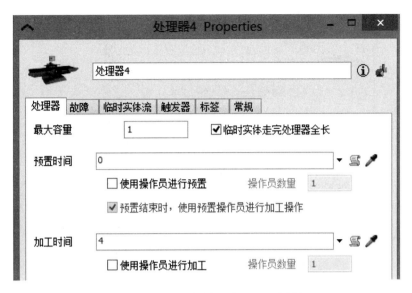

图 9-45　处理器 4 的"处理器"选项卡

处理器 4 要将 80%的质量合格的产品直接送入吸收器,让 20%的质量不合格的产品通过传送带进入暂存区 1,进行再加工。打开处理器 4 的属性对话框,选择"临时实体流"选项卡,在"发送至端口"下拉列表中选择"按百分比",进行如图 9-46 所示的设置。

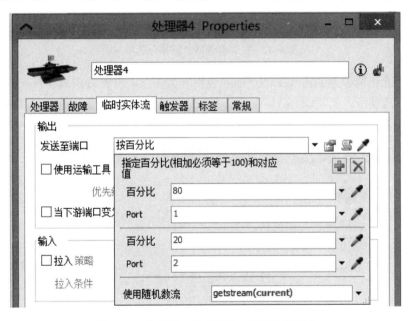

图 9-46　处理器 4 的"临时实体流"选项卡

在这种情况下,处理器 4 先与吸收器 1 相连,再与传送带 1 相连,所以设置 80%的产品到端口 1,20%的产品到端口 2,如图 9-47 所示。若处理器 4 先与传送带 1 相连,再与吸收器 1 相连,则需要设置 80%的产品到端口 2,20%的产品到端口 1。

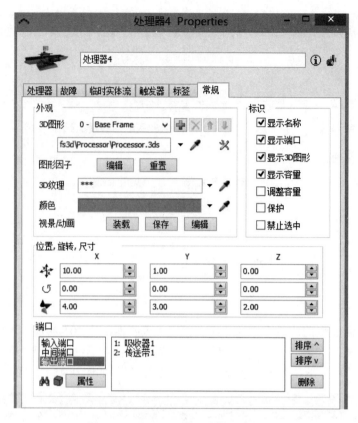

图 9-47　处理器 4 的"常规"选项卡

　　将 20%不合格需要返回再加工的产品颜色设置为黑色。打开处理器 4 的属性对话框，选择"触发器"选项卡，在"On Exit"（离开触发）下拉列表中设置颜色，将 Default 设置为"Color.black"，即黑色，如图 9-48 所示。

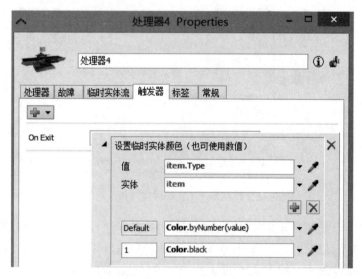

图 9-48　处理器 4 的"触发器"选项卡

（6）设置仿真时间

单击主视窗顶部的"运行时间"选项，在"停止时间"选项组中设置时间为"50000"。如图 9-49 所示。

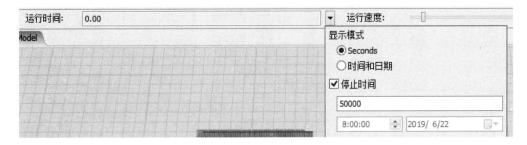

图 9-49 仿真时间设置

4．运行仿真

为了在运行模型前设置系统和模型参数的初始状态，总是要先单击主视窗顶部的"重置"按钮，然后单击"运行"按钮使模型运行。

从图 9-50 可以看到临时实体进入暂存区，移动到处理器，然后进入下一个暂存区，再移动到处理器，然后合格产品进入吸收器，不合格产品通过传送带返回暂存区。

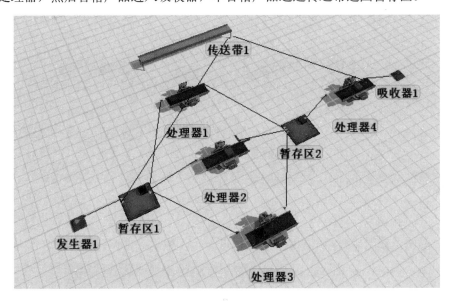

图 9-50 多产品单阶段制造系统模型运行立体图

9.3.3 仿真结果分析与优化

1．仿真结果分析

由图 9-51 所示结果可以看出，处理器 4（产品检验设备）处于高负荷运转状态，一刻不停运转，利用率接近 100%。

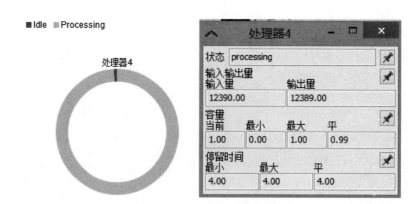

图 9-51　处理器 4 运行结果图

2. 仿真模型优化

增加一个同样设置的处理器，分担产品检验作业，如图 9-52 所示。

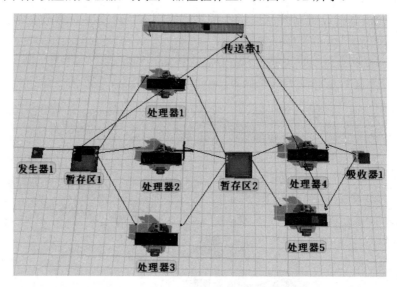

图 9-52　多产品单阶段制造系统优化

优化后的两个处理器的利用率如图 9-53 和图 9-54 所示。

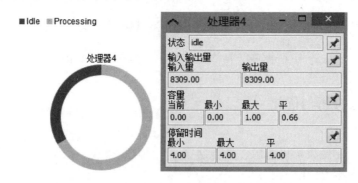

图 9-53　优化后的处理器 4 运行结果图

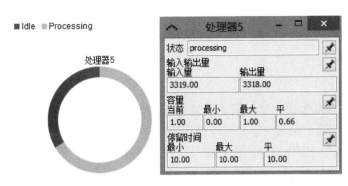

图 9-54　优化后的处理器 5 运行结果图

9.4　条件中断与产品装盘仿真优化案例

9.4.1　问题描述与模型参数

1）临时实体以随机方式到达 3 个队列。

2）这些临时实体类型按均匀分布被分配为 1、2、3 共 3 个类型。临时实体间隔时间为 1s。

3）所有 3 个队列均可以接收 3 种类型的临时实体。

4）一个运输机从 3 个队列搬运临时实体到另外 3 个队列处，这 3 个队列每个只接收一种临时实体。

5）一台运输机可以同时搬运 5 个临时实体。

6）运输机只能同时搬运多个相同的临时实体类型。

7）临时实体从这些队列到处理器进行处理，处理时间为 10s，处理器出来的产品由合成器根据客户订单装盘。

客户订单如表 9-21 所示。

表 9-21　客户订单

	顾客 1	顾客 2	顾客 3
产品 1	6	6	6
产品 2	6	6	6
产品 3	6	6	6

客户到达时间表如表 9-22 所示。

表 9-22　客户到达时间表

	到达时间	产品名称	产品类型	数量
顾客 1	0	A	1	5
顾客 2	500	B	2	5
顾客 3	1000	C	3	30

8）装盘后的产品被堆垛机运到货架上，货架层数为 5 层，层高为 2。

9）货架货物按照客户到达的前后顺序依次从第 1 排第 1 列开始安放。

9.4.2 建模步骤

1．模型布局

根据题意要求，从实体库里拖出 2 个发生器、7 个暂存区、3 个处理器、1 个合成器、2 排货架、1 个堆垛机和 1 辆叉车放到正投影视图中，并按模型要求布局好。

据临时实体的路径连接端口，固定实体之间的连接用〈A〉键，移动实体与固定实体的连接用〈S〉键。本实验都是〈A〉键连接，连接过程是：按住〈A〉键，然后用鼠标左键单击发生器并拖曳到处理器，再释放鼠标。拖曳时将看到一条黄线，释放时变为黑线，如图 9-55 所示。

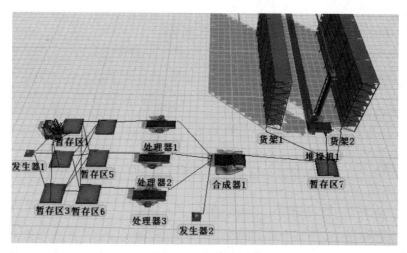

图 9-55　模型布局图

2．参数设置

（1）发生器 1 的参数设置

1）临时实体以随机方式到达 3 个队列的参数设置。打开"发生器 1"的属性对话框，选择"临时实体流"选项卡，在"发送至端口"下拉列表中选择"随机端口"，如图 9-56 所示。

图 9-56　发生器 1 的"临时实体流"选项卡

2）产品类型和颜色的设置。打开"发生器 1"的属性对话框，选择"触发器"选项卡，在"On Exit"（离开出发）下拉列表中设置临时实体类型和颜色，将"临时实体类型"设置为均匀分布"duniform（1,3）"，如图9-57所示。

图9-57 发生器1的"触发器"选项卡

3）临时实体到达时间间隔的设置。打开"发生器 1"的属性对话框，选择"发生器"选项卡，在"到达时间间隔"文本框中直接输入1，如图9-58所示。

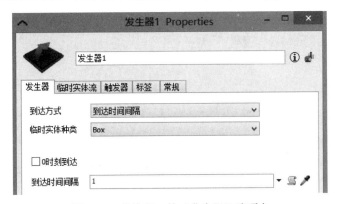

图9-58 发生器1的"发生器"选项卡

（2）暂存区1的参数设置

打开"暂存区 1"的属性对话框，选择"临时实体流"选项卡，选择"使用运输工具"，如图9-59所示。对暂存区2和暂存区3进行相同的设置。

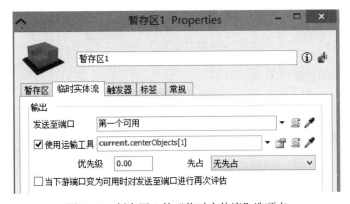

图9-59 暂存区1的"临时实体流"选项卡

（3）暂存区 4 的参数设置

这 3 个队列每个只接收一种临时实体的产品，其参数设置如下：打开"暂存区 4"的属性对话框，选择"临时实体流"选项卡，在"输入"选项组中选中"拉入策略"复选框，其下拉列表中选择"任何端口"，在"拉入条件"下拉列表中选择"特定临时实体类型"，类型输入为 1，如图 9-60 所示。对暂存区 5 和暂存区 6 进行类似设置，将类型分别设置为 2 和 3。

图 9-60　暂存区 4 的"临时实体流"选项卡

（4）叉车的参数设置

一台叉车可以同时搬运 5 个临时实体，运输机只能同时搬运多个相同的临时实体类型，其参数设置如下：打开"叉车 1"的属性对话框，选择"叉车"选项卡，将"容量"设置为 5，将"中断触发"设置为"相同的临时实体类型"，如图 9-61 所示。

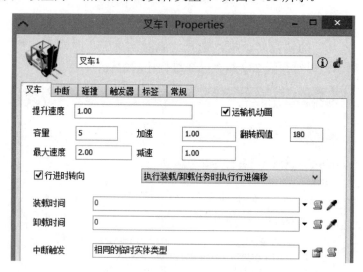

图 9-61　叉车 1 的"叉车"选项卡

（5）处理器的参数设置

打开"处理器 1"的属性对话框，选择"处理器"选项卡，将"加工时间"设置为 10，如图 9-62 所示。其他两个处理器进行相同参数设置。

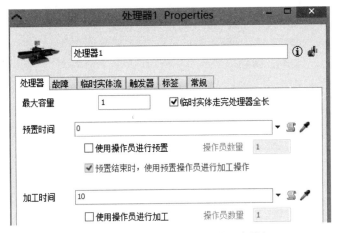

图 9-62　处理器 1 的"处理器"选项卡

（6）装盘的参数设置

打开"合成器 1"的属性对话框，选择"合成器"选项卡，在"合成模式"下拉列表中选择"打包"，在"组成清单"中将 3 个端口的 Target Quantity（目标数量）都设置为 6，如图 9-63 所示。

图 9-63　合成器 1 的"合成器"选项卡

（7）发生器 2 的参数设置

当货物从处理器出来到达合成器时，合成器上存在通过发生器根据顾客的到达时间发出的托盘数，并且在合成器上根据顾客订单进行装盘作业。

根据客户到达时间，发生器 2 的参数设置如下：打开"发生器 2"的属性对话框，选择"发生器"选项卡，在"临时实体种类"下拉列表中选择"Pallet"（托盘），在"到达方式"下拉列表中选择"到达时间表"，将"Arrivals"（到达次数）设置为 3 并单击应用，然后根据问题描述中的客户到达时间表输入信息，如图 9-64 所示。

图 9-64 客户到达设置

（8）检查端口顺序

在实际产品装盘过程中，要先把托盘运送过去，然后在托盘上进行码垛，所以在输入端口应该把发生器 2 放在最前面，具体设置如下：打开"合成器 1"的属性对话框，选择"常规"选项卡，在"端口"选项组中选择"输入端口"，可以看到合成器输入端口的连接情况，检查端口是否连接正确，如图 9-65 所示。

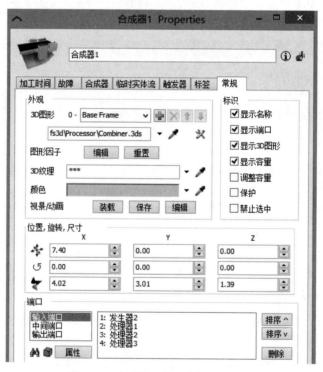

图 9-65 合成器 1 的"常规"选项卡

（9）暂存区 7 的参数设置

打开"暂存区 7"的属性对话框，选择"临时实体流"选项卡，勾选"使用运输工具", 结果如图 9-66 所示。

图 9-66 暂存区 7 的"临时实体流"选项卡

（10）货架 1 及产品放置顺序的参数设置

1）货架 1 的参数设置。打开"货架 1"的属性对话框, 选择"尺寸表格"选项卡, 将"层数"设置为 5, "层高"设置为 2, 如图 9-67 所示。对货架 2 进行相同的设置。

图 9-67 货架 1 的"尺寸表格"选项卡

2）产品放置顺序的参数设置。打开"货架 1"的属性对话框, 选择"货架"选项卡, 在"放置到列"下拉列表中选择"第一个可用列", 在"放置到层"下拉列表中选择"第一个可用层", 如图 9-68 所示, 对货架 2 进行相同的设置。

图 9-68 货架 1 的"货架"选项卡

3．运行

为了在运行模型前设置系统和模型参数的初始状态，总是要先单击主视窗底部的重置键。单击"运行"按钮使模型运行起来。

9.4.3 仿真结果分析与优化

1．仿真结果分析

暂存区 1 的运行结果分析如图 9-69 所示。由图可知，暂存区 1 堆满了货物。

图 9-69　暂存区 1 运行结果分析图

处理器 1 的运行结果分析如图 9-70 所示，处理器 1 基本没有处于空闲状态，一直处于高负荷运转状态。

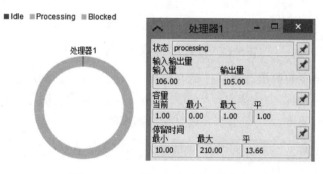

图 9-70　处理器 1 运行结果分析图

叉车 1 的运行结果分析如图 9-71 所示。

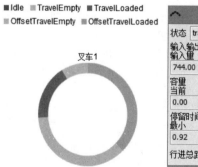

图 9-71　叉车 1 运行结果分析图

2．仿真模型优化

由上述结果可以看出，暂存区（产品暂存设备）、处理器和运输机（叉车）都处于高负荷运转状态，一刻不停地在运转，利用率接近 100%。由此，我们可以想到让临时实体间隔时间增大一点，如图 9-72 所示；然后增加一台运输机（即叉车 2），如图 9-73 所示。

图 9-72　临时实体间隔时间设置

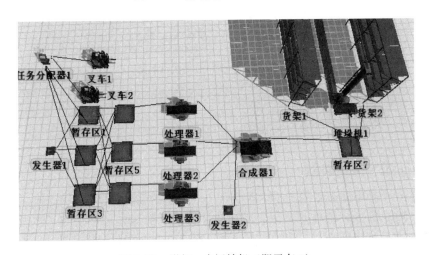

图 9-73　增加一台运输机（即叉车 2）

优化完之后的结果分析如图 9-74～图 9-76 所示。

图 9-74　暂存区 1 运行结果分析图

图 9-75　叉车 1 运行结果分析图

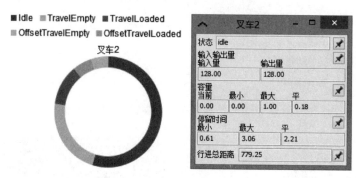

图 9-76　叉车 2 运行结果分析图

9.5　配货系统仿真案例

9.5.1　问题描述与模型参数

生产线生产 5 种不同类型的产品，即 5 种不同类型的临时实体。临时实体将按照正态分布时间到达（均值为 20，标准差为 2）。临时实体的类型在类型 1～5 共 5 个类型之间均匀分布。之后 5 种产品被送到检测车间的暂存区 1，然后由 3 个操作员组成的小组协助搬运产品到检测装置上，并先预置产品（预置时使用操作员），预置时间为 6s，预置结束后进入检测过程，检测时间为 16s。检测完成后通过各自的传送带将产品运输出去（传送带速度为 2m/s），在传送带末端按照客户订单进行装盘。业务员带来 5 个客户的订单以及客户到达时间表如表 9-23 和表 9-24 所示。货物被装盘，装盘后的产品先放入暂存区 2（容量为 25），然后产品被运输机（速度为 2m/s）放到仓储中心的货架上（货架为 8 层 8 列）。

表 9-23　客户订单表

	顾客 1	顾客 2	顾客 3	顾客 4	顾客 5
订单 1	4	4	4	4	4
订单 2	4	5	6	5	3
订单 3	5	4	3	4	5
订单 4	6	4	5	4	5
订单 5	5	6	4	5	4

表 9-24　客户到达时间表

	到达时间	产品名称	产品类型	数量
顾客 1	0	A	1	2
顾客 2	1500	B	2	1
顾客 3	1800	C	3	3
顾客 4	2550	D	4	2
顾客 5	3600	E	5	3

9.5.2 Flexsim 仿真建模

1. 模型的总体布局

模型的总体布局如图 9-77 所示。

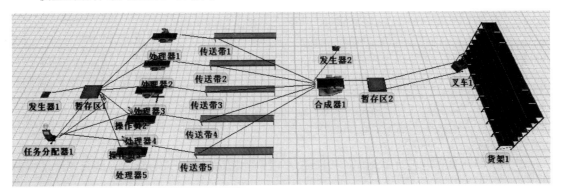

图 9-77　模型总体布局

2. 实体参数设置

（1）发生器 1 的设置

首先设置产品的类型和颜色，如图 9-78 所示。

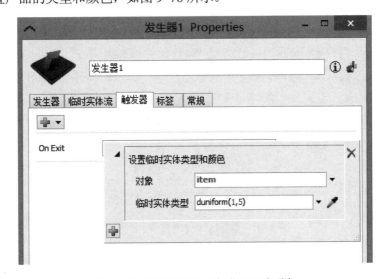

图 9-78　发生器 1 的"触发器"选项卡

产品到达的过程中服从正态分布（均值为 20，标准差为 2），具体设置如图 9-79 所示。

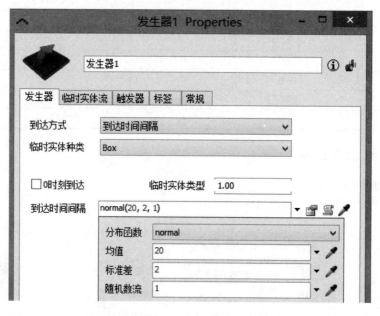

图 9-79　发生器 1 的"发生器"选项卡

（2）暂存区 1 的设置

5 种产品从暂存区由 3 个操作员组成的小组协助搬运产品，并且送到检测装置上，其中使用操作员的参数设置如图 9-80 所示。

图 9-80　暂存区 1 使用操作员的设置

5 种货物在运输的过程中，不同货物进入不同的处理器，然后进行货物的预置和处理，其中不同的货物进入不同的处理器参数设置如图 9-81 所示。

图 9-81　暂存区 1 的分货设置

（3）处理器的设置

货物由操作员从暂存区搬运到处理器，并先预置产品，之后对产品进行处理。5 个处理器参数设置相同，以处理器 1 为例进行阐述。处理器参数设置如图 9-82 所示。

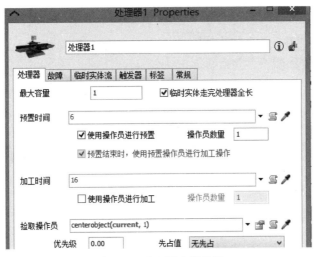

图 9-82　处理器参数设置

（4）传送带的设置

当货物从处理器出来，到达传送带时传送带速度为 2m/s。5 个传送带参数设置相同，以传送带 1 为例进行阐述。传送带参数设置如图 9-83 所示。

（5）发生器 2 的设置

当货物从传送带出来到达合成器时，合成器上存在通过发生器根据顾客的到达时间发出的托盘，并且在合成器上根据顾客订单进行装盘作业。其中需要对发生器发出的托盘进行参数设置，如图 9-84 所示。

图 9-83 传送带参数设置

图 9-84 产生托盘参数设置

顾客到达方式选择按"到达时间表",参数设置如图 9-85 所示。

图 9-85 顾客到达时间参数设置

（6）全局表的设置

合成器根据客户订单对货物进行装盘，其中全局表的设置步骤如图9-86和图9-87所示。

图9-86　添加全局表设置

	Col 1	Col 2	Col 3	Col 4	Col 5
Row 1	4	4	4	4	4
Row 2	4	5	6	5	3
Row 3	5	4	3	4	5
Row 4	6	4	5	4	5
Row 5	5	6	4	5	4

图9-87　客户订单表设置

（7）合成器的设置

合成器按照客户订单进行装盘，合成模式为"打包"，进入方式是更新合成器组合列表，其参数设置如图9-88所示。

图9-88　合成器合成模式参数设置

合成器进入方式参数设置如图 9-89 和图 9-90 所示。

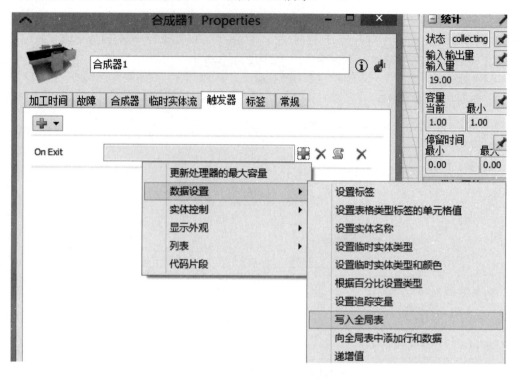

图 9-89　合成器进入方式参数设置

图 9-90　合成器按客户订单进行装盘设置

（8）暂存区 2 的设置

装盘后的产品放入暂存区 2，并用叉车放到货架上，暂存区 2 的参数设置如图 9-91 和图 9-92 所示。

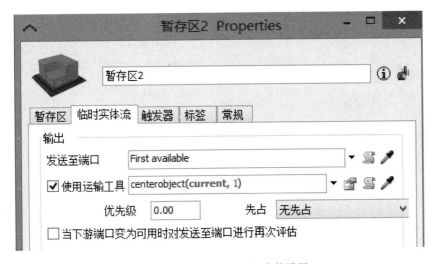

图 9-91　暂存区 2 的容量设置

图 9-92　暂存区 2 调用叉车的设置

（9）货架的设置

仓储中心的货架为 8 层 8 列，其参数设置如图 9-93 所示。

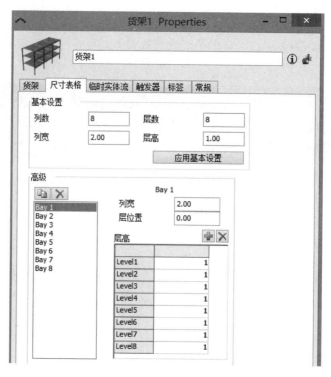

图 9-93　货架参数设置

3．总的运行模型图

总的运行模型图如图 9-94 所示。

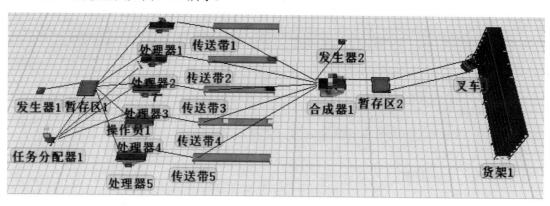

图 9-94　总的运行模型图

9.5.3　仿真结果分析与优化

1．仿真结果分析

（1）操作员的运行结果分析

操作员 1、操作员 2、操作员 3 的运行结果分析如图 9-95～图 9-97 所示。由图可知，操作员 1 的利用率在 50% 左右，操作员 2 的利用率不到 10%，而操作员 3 几乎不工作，从而造成人力成本的浪费。此处需要减少操作员的个数，提高搬运效率，节约人力成本。

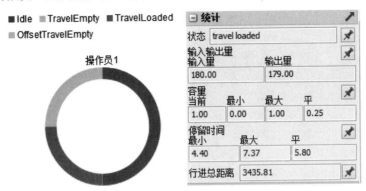

图 9-95　操作员 1 的运行结果分析图

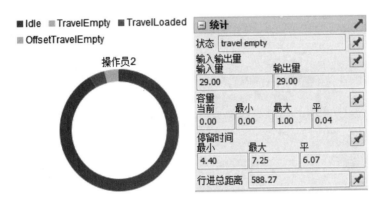

图 9-96　操作员 2 的运行结果分析图

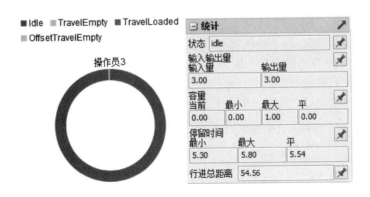

图 9-97　操作员 3 的运行结果分析图

（2）货架的运行结果分析

对总体运行结果进行分析，其中根据表 9-24 客户到达时间表中每个客户对货物的需求量可知，货架上一共有 11 盘货物。分析如下：根据客户的订单及客户的到达时间表产品 2，可知，顾客 1 所需要数量为 2，即 2 个托盘。这两个托盘均按照 4 个产品 1，4 个产品 2，5 个产品 3，6 个产品 4 以及 5 个产品 5 进行装货。顾客 2 到顾客 5 以同样的方式进行分析。

因此在运行终止时，货架上托盘的数量为 11 个。货架运行结果如图 9-98 所示。

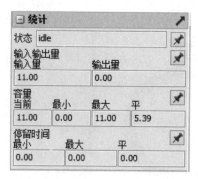

图 9-98　货架运行结果

模型的最终运行结果如图 9-99 所示。

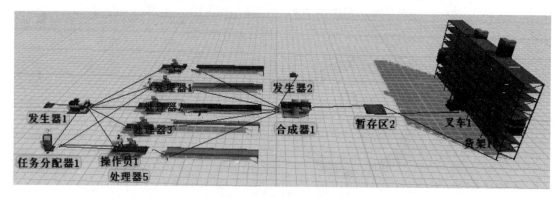

图 9-99　模型运行结果图

2. 仿真模型优化

由上述结果分析可知，操作员的数量较多，造成搬货效率降低，人力资源的浪费，成本增加。为此通过减少操作员的个数，对模型进行优化。操作员的数量由 3 个减少到 1 个，优化后操作员的运行结果分析如图 9-100 所示。由图可知，当操作员数量变为 1 个后，搬货效率不仅没有降低，反而提高了。

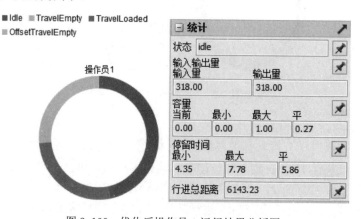

图 9-100　优化后操作员 1 运行结果分析图

9.6 离散流水线仿真优化案例

9.6.1 问题描述与模型参数

根据下述系统描述和系统参数，应用 Flexsim 仿真软件建立仿真模型并运行，查看仿真结果，分析各种设备的利用情况，发现加工系统中的生产能力不平衡问题，然后改变加工系统的加工能力配置（改变机器数量或者更换不同生产能力的机器），查看结果的变化情况，确定系统设备的最优配置。

系统描述与系统参数如下：

1）一个流水加工生产线，不考虑其流程间的空间运输。

2）两种工件 A，B 分别以正态分布（10，2）min 和均匀分布（10，20）min 的时间间隔进入系统，首先进入队列 Q1。

3）两种工件均由同一个操作工人进行检验，每件检验用时 2min。

4）不合格的工件废弃，离开系统；合格的工件送往后续加工工序，合格率为 95%。

5）工件 A 送往机器 M1 加工，如需等待，则在 Q2 队列中等待；工件 B 送往机器 M2 加工，如需等待，则在 Q3 队列中等待。

6）A 在机器 M1 上的加工时间为均匀分布（1，5）min；B 在机器 M2 上的加工时间为正态分布（8，1）min。

7）一个 A 和一个 B 在机器 M3 上装配成产品，用时为正态分布（5，1）min，装配完成后离开系统。

8）如装配机器忙，则 A 在队列 Q4 中等待，B 在队列 Q5 中等待。

9）连续仿真一个月的系统运行情况。

9.6.2 Flexsim 仿真建模

根据系统描述，通过对系统的分析，建立正确的模型。在标准实体栏中选择正确的实体，将其拖拽到正确的位置即可。

这里可设置两个发生器，分别表示工件 A、B，5 个暂存区用来存放等待的工件，1 条传送带用来把工件分别运往正确的暂存区，处理器一共有 3 台，一台用来检验工件是否合格，另外两台用来加工工件，还有 1 台合成器用来装配产品。

实体建立完成后，下一步是根据临时实体的路径连接端口。模型布局如图 9-101 所示。

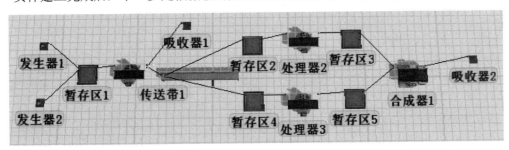

图 9-101 模型布局图

参数设置是对模型中的各实体参数按照系统描述所示进行设置。双击标准实体,即弹出其属性对话框,在窗口中根据系统描述选择正确选项后单击"确定"按钮即可。

(1)发生器 1 的参数设置

打开"发生器 1"的属性对话框,选择"发生器"选项卡,选择"临时实体种类"为"Pallet",在"到达时间间隔"下拉列表中选择统计分布"normal(10.0,2.0,1)",如图 9-102 所示。

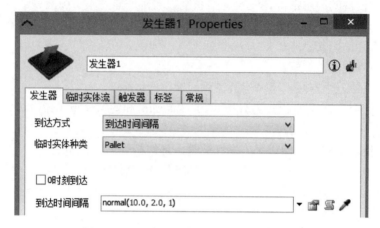

图 9-102　发生器 1 产品到达时间间隔设置

选择"触发器"选项卡,在"On Exit"下拉选项组中设置临时实体的类型,将"类型"设置为 1,如图 9-103 所示。

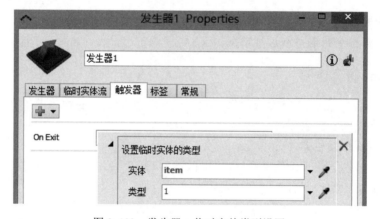

图 9-103　发生器 1 临时实体类型设置

(2)发生器 2 的参数设置

打开"发生器 2"的属性对话框,选择"发生器"选项卡,将"临时实体种类"选择为"Tote",在"到达时间间隔"下拉列表中选择统计分布"uniform(10,20,1)",如图 9-104 所示。

选择"触发器"选项卡在"On Exit"下拉选项组中设置临时实体的类型,将"类型"设置为 2,如图 9-105 所示。

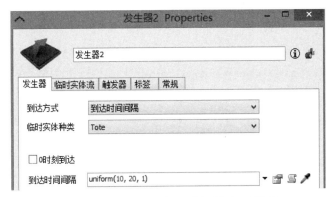

图 9-104　发生器 2 产品到达时间间隔设置

图 9-105　发生器 2 临时实体类型设置

（3）处理器 1 的参数设置

打开"处理器 1"的属性对话框，选择"处理器"选项卡，设置"加工时间"为 2，表示检验所花的时间为 2min，如图 9-106 所示。

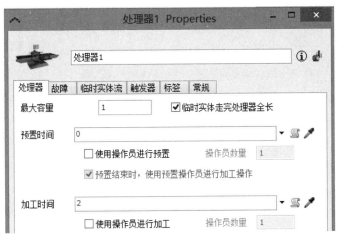

图 9-106　处理器 1 处理时间设置

选择"临时实体流"选项卡，在"发送至端口"下拉菜单中选择"按百分比"，这里设置处理器 1 工件检验合格率 95%，如图 9-107 所示。

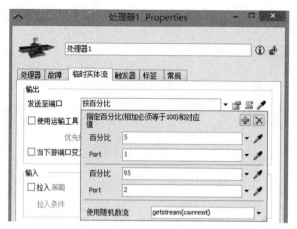

图 9-107 处理器 1 分货百分比设置

比例的设置与处理器的输出端口的顺序有关，合格率为 95%即要求通过传送带的货物比例为 95%，所以在此设置中，处理器输出端口 1 与吸收器相连，输出端口 2 与传送带相连。

选择"常规"选项卡，在"端口"列表中选择"输出端口"，可以查看处理器 1 的输出端口的顺序，如图 9-108 所示。

图 9-108 处理器输出端口顺序检查

（4）传送带的参数设置

对传送带的进行参数设置，将工件 A、B 区分，分别运往不同的处理器对工件进行加工处理，参数设置如图 9-109 所示。

图 9-109 传送带分拣货设置

（5）处理器 2 的参数设置

对处理器 2 进行参数设置，工件 A 的加工时间满足均匀分布（1，5）min。打开"处理器2"的属性对话框，选择"处理器"选项卡，在"加工时间"下拉列表中选择统计分布"uniform（1，5，1）"，如图 9-110 所示。

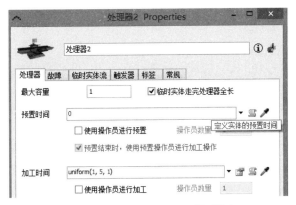

图 9-110　处理器 2 处理时间设置

（6）处理器 3 的参数设置

对处理器 3 进行参数设置，工件 B 加工时间满足正态分布，均值为 8，标准差为 1。打开"处理器 3"的属性对话框，选择"处理器"选项卡，在"加工时间"下拉列表中选择统计分布"normal（8，1，1）"，如图 9-111 所示。

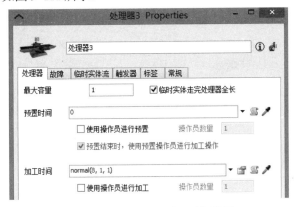

图 9-111　处理器 3 处理时间设置

（7）合成器的参数设置

对合成器进行参数设置，需时为正态分布（5，1）min。打开"合成器 1"的属性对话框，选择"加工时间"选项卡，在"加工时间"下拉列表中选择统计分布"normal（5，1，1）"，如图 9-112 所示。

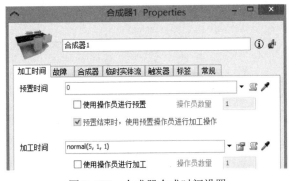

图 9-112　合成器合成时间设置

9.6.3 仿真结果分析

所建模型无法实现连续仿真一个月的任务要求，为了实现这一目标，必须对模型进行优化改进，以使系统顺利，持续运行下去。

考虑到工件 B 的速度相对于工件 A 慢了很多，并且设备的闲置时间太多，不能有效利用，于是，对系统以下的参数进行了调整：

1）将暂存区 2、4 的最大容量改为 25。

2）将发生器 1 的到达时间间隔改为正态分布（16，1）min，发生器的到达时间间隔改为均匀分布（12，20）min。

3）将处理器 2 的处理时间改为均匀分布（8，11）min，处理器 3 的处理时间改为正态分布（12，2）。

经过优化后，最长的运行时间可达到 970000 多分钟，各设备闲置率都降到了 25%～49%之间。各设备的运行结果如图 9-113～图 9-115 所示。

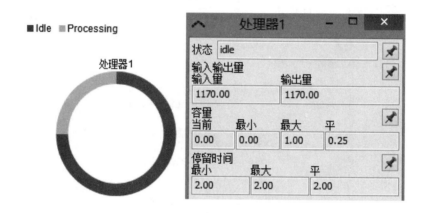

图 9-113　处理器 1 运行结果分析图

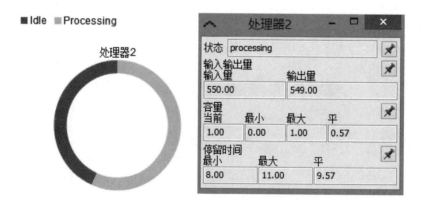

图 9-114　处理器 2 运行结果分析图

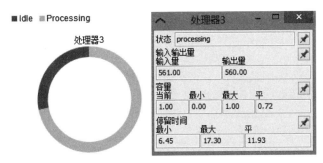

图 9-115　处理器 3 运行结果分析图

9.7　自动化仓储中心建模仿真案例

9.7.1　问题描述与模型参数

1．问题描述

某物流中心采用单元货架式自动化立体仓库，主要由入库分拣区、入库处理区、货物存储区、出库处理区、出库分拣区五大部分组成。年工作日为 250 天，日工作小时为 8h。

自动化立体仓库平面如图 9-116 所示。

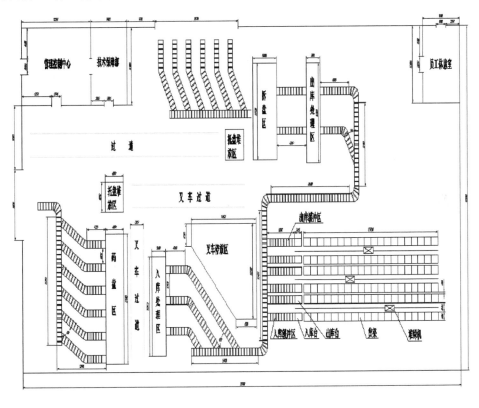

图 9-116　自动化立体仓库平面

入库作业流程如图 9-117 所示。

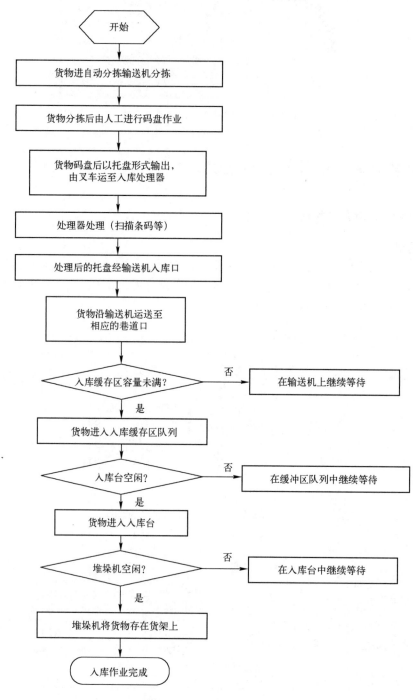

图 9-117 入库作业流程

出库作业流程如图 9-118 所示。

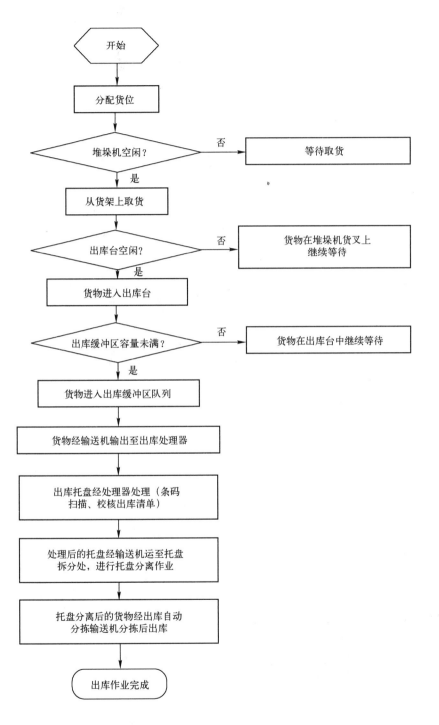

图 9-118　出库作业流程

2．模型参数

1）入库分拣区：货物到达时间间隔服从指数分布，位置参数为 0，尺度参数为 45，随机数流为 1，6 种产品均匀分布；每段传送带的速度为 2m/s，最大容量 20 托盘；每个操作员负责 2 个传送带。

2）入库处理区：处理区主要用来对码盘后的货物进行记录，校核清单。在发生器中将托盘生成间隔设置为 2 秒；人工将货物放至托盘后，整理打包，作业时间为 10s，然后由 2 个叉车负责搬运到处理器上，处理器预置时间 8s，处理时间 15s。处理器预置时使用操作员。

3）货物存储区：货物经过传送带分类，从入库传送带进入入库暂存区，然后分类装入货架，其中类型 1，2 存储于第 1 组货架，类型 3，4 存储于第 2 组货架，类型 5，6 存储于第 3 组货架。传送带速度为 1m/s，出入库缓冲区传送带长度 6m，最大容量 6。每排货架的最大容量为 300，货物从第 1 行第 1 列开始放置，货架上货物最小停留时间服从泊松分布（均值为 7000，随机数流为 1）。要求入库、出库均使用堆垛机。

4）出库处理区：出库处理区有 2 台处理器、2 台分解器、2 个操作员和 2 个机械手对出库货物进行处理。出库托盘先经过处理器，处理器预置时间 8s，处理时间 15s，预置时使用操作员。后经过分解器，货物与托盘分离，托盘由吸收器吸收，货物由输送机送出库。

5）出库分拣区：将货物分类拣选后，不同类型货物经由不同输送带输送至吸收器。

问题：

● 对入库处理区的叉车、操作员的仿真结果进行分析，考虑能否进行优化。

● 要求该立体库额定入库量 800 盘/天，出库量每天 750 盘，每天工作 8h（28800s），试找到一个合理的方案，符合立体库出入库要求，设备利用率合理。

9.7.2　Flexsim 仿真建模

设计完成的整体布局图如图 9-119 所示。

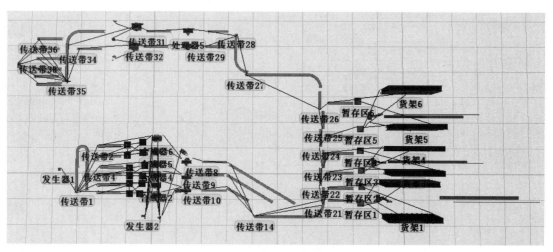

图 9-119　整体布局图

1．入库分拣区模型

（1）入库分拣区整体布局

入库分拣区布局如图 9-120 所示。

（2）入库输送连接方式

入库输送连接方式如图 9-121 所示。

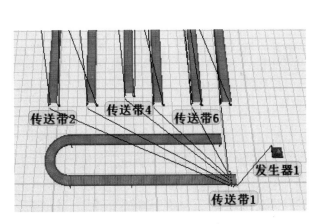

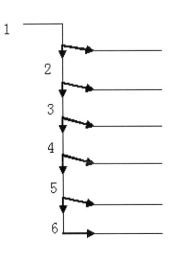

图 9-120　入库分拣区布局图　　　　　　图 9-121　入库输送连接方式图

（3）参数设置

1）生成器参数设置。打开"发生器 1"的属性对话框，选择"发生器"选项卡，在"到达时间间隔"下拉列表中选择统计分布"exponential（0，45，1）"，如图 9-122 所示。

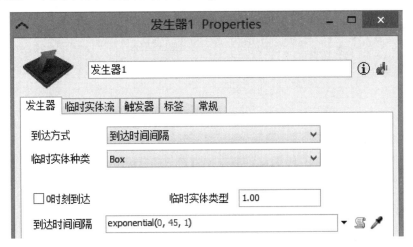

图 9-122　货物到达时间间隔参数设置

选择"触发器"选项卡，在"On Exit"下拉选项中设置临时实体类型和颜色，根据系统设置将"临时实体类型"设置为"duniform（1，6）"，如图 9-123 所示。

图 9-123　货物类型与颜色设置

2）传送带参数设置。

① 传送带输出端口设置。传送带 1 输出端口中各预置 Cases 设置是不同的。打开"传送带 1"的属性对话框，选择"临时实体流"选项卡，在"发送至端口"下拉选项中，根据不同 Case 选择输出端口，设置参数如图 9-124 所示。

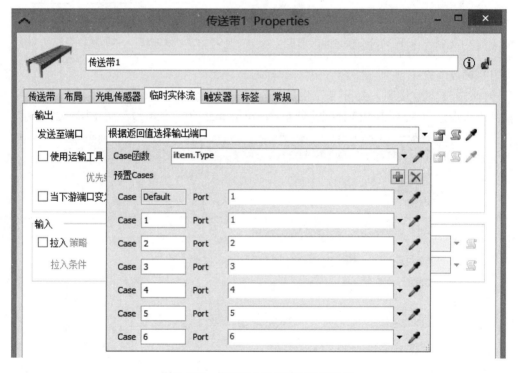

图 9-124　传送带 1 输出端口参数设置

② 传送带速度与最大容量设置。对传送带 2—传送带 7 进行设置，以传送带 2 为例，打开"传送带 2"的属性对话框，选择"传送带"选项卡，设置"速度"为 2，"最大容量"为 20，如图 9-125 所示。

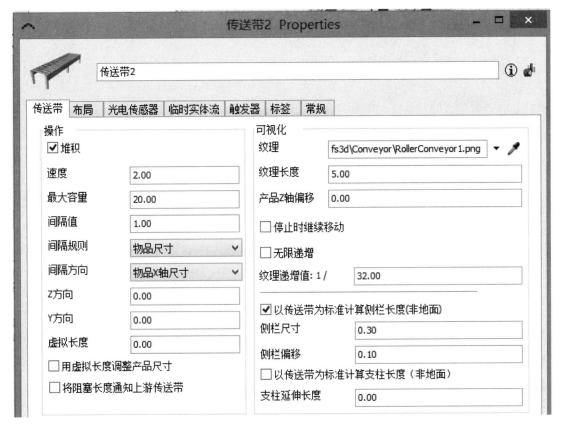

图 9-125　传送带速度与最大容量设置

对传送带 3～传送带 7 进行相同的设置。

③ 传送带使用操作员参数设置。传送带 2～传送带 7 使用操作员搬货，以传送带 2 为例，打开"传送带 2"的属性对话框，选择"临时实体流"选项卡，选中"使用运输工具"复选框，如图 9-126 所示。

图 9-126　传送带使用操作员参数设置

对传送带 3～传送带 7 进行相同的设置。

2．入库处理区

（1）入库处理区整体布局

入库处理区整体布局如图 9-127 所示。

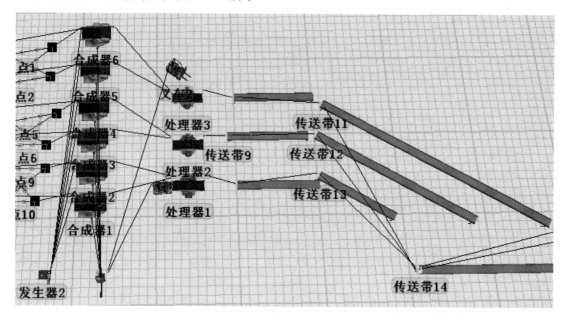

图 9-127　入库处理区整体布局

（2）参数设置

1）发生器参数设置打开"发生器 2"的属性对话框，选择"发生器"选项卡，在"临时实体种类"下拉菜单中选择"Pallet"，将"到达时间间隔"设置为统计分布"exponential（0，10，0）"，如图 9-128 所示。

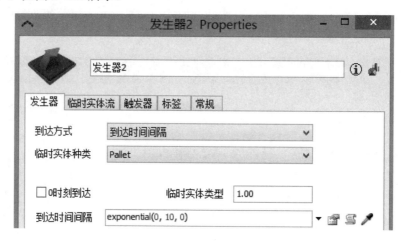

图 9-128　托盘发生器参数设置

2）合成器参数设置。打开"合成器 6"的属性对话框，选择"合成器"选项卡，将"组成清单"中的"Target Quantity"参数设置为 4，如图 9-129 所示。

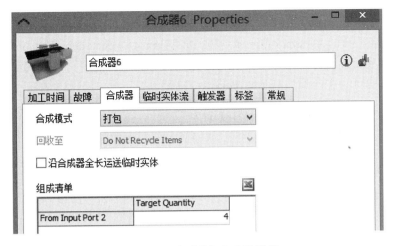

图 9-129　合成器打包参数设置

选择"临时实体流"选项卡，选中"使用运输工具"复选框，如图 9-130 所示。

图 9-130　合成器使用运输工具设置

选择"触发器"选项卡，在"On Exit"下拉选项中设置临时实体类型，将"类型"设置为"duniform（1，1）"，如图 9-131 所示。

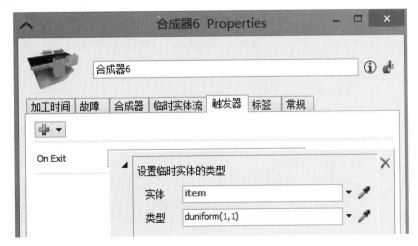

图 9-131　合成器临时实体类型设置

其他 5 个合成器设置相同，除了将图 9-131 中 duniform（1，1）分别设置为 duniform（2，2），duniform（3，3），duniform（4，4），duniform（5，5），duniform（6，6）。

3）处理器参数设置。打开"处理器 1"的属性对话框，选择"处理器"选项卡，设置"预置时间"为 8，"加工时间"为 15，如图 9-132 所示。

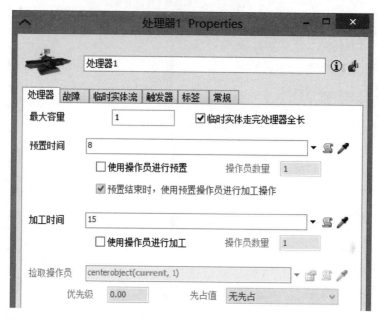

图 9-132　处理器时间参数设置

另外两个处理器的设置同上。

3．货物存储区

（1）货物存储区整体布局

货物存储区整体布局如图 9-133 所示。

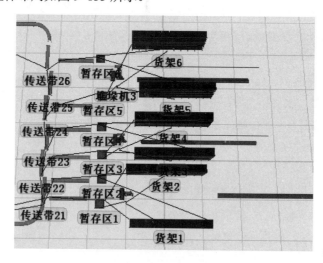

图 9-133　货物存储区布局图

（2）存储输送连接方式

存储输送的连接方式如图 9-134 所示。

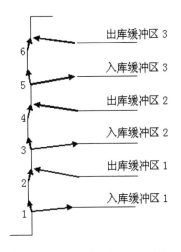

图 9-134　存储输送连接方式图

（3）参数设置

1）传送带 1，3，5（即传送带 14、传送带 22、传送带 24）设置。以传送带 14 为例，打开"传送带 14"的属性对话框，选择"临时实体流"选项卡，在"发送至端口"下拉选项中选择"根据返回值选择输出端口"。传送带 14、传送带 22 和传送带 24 的参数设置分别如图 9-135～图 9-137 所示。

图 9-135　传送带 14 输出端口参数设置

图 9-136 传送带 22 输出端口参数设置

图 9-137 传送带 24 输出端口参数设置

需要说明的是，要注意传送带输出端口的连接顺序。以下设置是将传送带先与右边连接暂存区的传送带相连，再与继续往上边运输的传送带相连。

传送带 14 设置第 1 种和第 2 种产品输出到端口 1，其他产品输出到端口 2。

传送带 22 设置第 3 种和第 4 种产品输出到端口 1，其他产品输出到端口 2。

传送带 24 设置第 5 种和第 6 种产品输出到端口 1，其他产品输出到端口 2。

2）入库暂存区设置。以暂存区 1 为例，打开"暂存区 1"的属性对话框，选择"临时实体流"选项卡，在"发送至端口"下拉选项中选择"根据返回值选择输出端口"。入库暂存区（即暂存区 1、暂存区 3、暂存区 5）参数设置分别如图 9-138～图 9-140 所示。

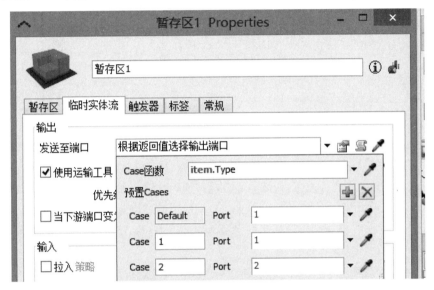

图 9-138　暂存区 1 输出端口参数设置

图 9-139　暂存区 3 输出端口参数设置

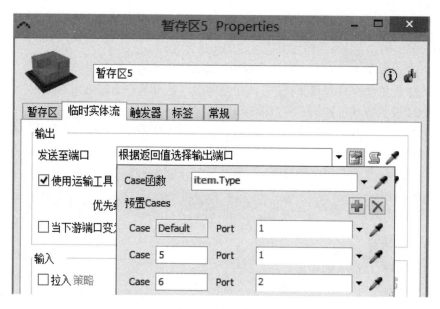

图 9-140　暂存区 5 输出端口参数设置

暂存区 1 设置第 1 种产品输出到端口 1，第 2 种产品输出到端口 2。

暂存区 3 设置第 3 种产品输出到端口 1，第 4 种产品输出到端口 2。

暂存区 5 设置第 5 种产品输出到端口 1，第 6 种产品输出到端口 2。

这 3 个入库暂存区需要使用堆垛机将货物搬运到货架上，所以对暂存区还需选中 "使用运输工具" 复选框，如图 9-141 所示。

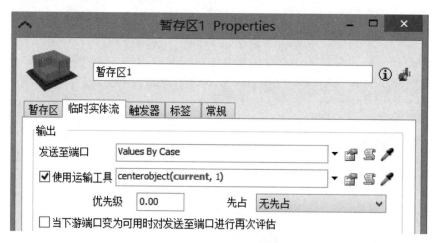

图 9-141　暂存区使用运输工具参数设置

另两个入库暂存区（暂存区 3、暂存区 5）的设置同上。

3）货架参数设置。打开 "货架 1" 的属性对话框，选择 "货架" 选项卡，将 "最小停留时间" 设置为 "poisson（7000，1）"，将 "放置到列" 设置为 "第一个可用列"，将 "放置到层" 设置为 "第一个可用层"，如图 9-142 所示。

图 9-142　货架相关参数设置

选择"临时实体流"选项卡,选中"使用运输工具"复选框,如图 9-143 所示。

图 9-143　货架使用运输工具参数设置

其他货架设置同上。

4. 出库处理区

(1) 出库处理区整体布局

出库处理区整体布局如图 9-144 所示。

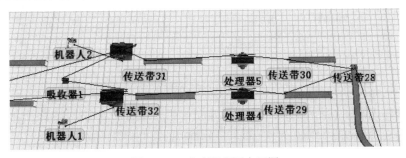

图 9-144　出库处理区布局图

（2）参数设置

以分解器 2 为例，分解器使用了机械手，设置如图 9-145 所示。

图 9-145　分解器 2 使用运输工具参数设置

托盘分解器将货物和托盘分离，吸收器将托盘吸收，而货物通过传送带运输出去。具体设置如下：

选择"临时实体流"选项卡，在"发送至端口"下拉选项中选择"默认分解器选项"，即容器端口输出到端口 1，内置实体端口输出到端口 2，如图 9-146 所示。

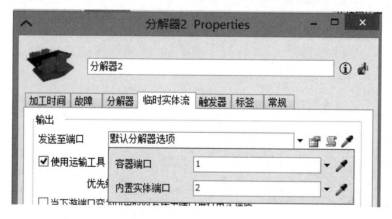

图 9-146　分解器 2 输出端口设置

分解器的输出端口有两个：一个为容器端口，另一个为内置实体端口。因此，需要保证容器端口首先连着吸收器，而内置实体端口连着传送带，如图 9-147 所示。

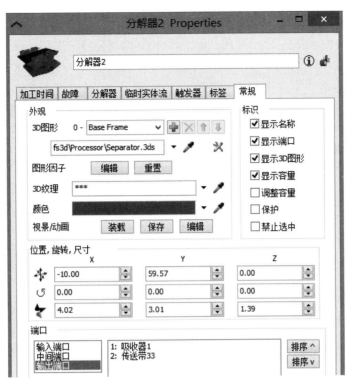

图 9-147　分解器输出端口检查

另一个分解器设置同上。

5．出库分拣区

（1）出库分拣区整体布局

出库分拣区整体布局如图 9-148 所示。

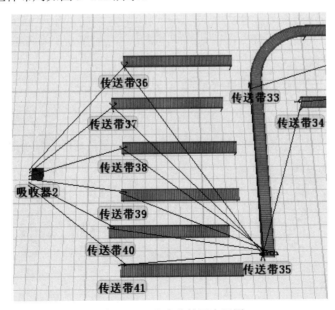

图 9-148　出库分拣区布局图

（2）参数设置

输出端传送带为传送带 35，打开"传送带 35"的属性对话框，选择"临时实体流"选项卡，将"发送至端口"设置为"根据返回值选择输出端口"，每种产品进入不同端口，设置如图 9-149 所示。

图 9-149　出库区传送带参数设置

6. 编译，重置，运行模型

单击主视窗左上角的"重置"按钮 ◀◀重置，重置模型可以保证所有系统变量都是初始值，并将模型中所流动的实体清除。

单击主视窗左上角的"运行"按钮 ▶ 运行，模型运行如图 9-150 所示。

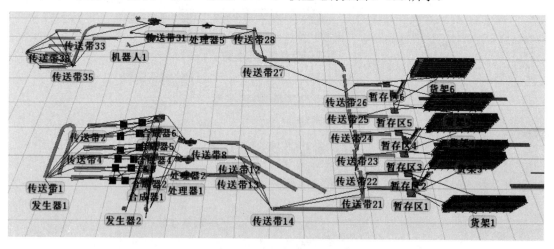

图 9-150　模型运行图

9.7.3 仿真结果分析与优化

1．运行时间设置

单击主视窗顶部"运行时间"下拉菜单中的"停止时间"选项，设置"停止时间"为28800，如图 9-151 所示。

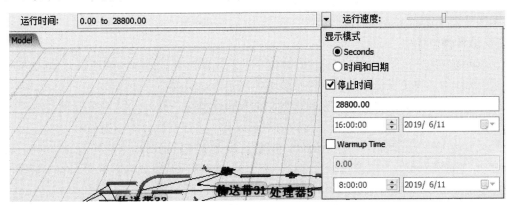

图 9-151　仿真模型运行停止时间设置

2．仿真结果分析

（1）入库处理区叉车和操作员仿真结果分析

通过叉车和操作员的属性统计分页，可以清楚地看出叉车的最小等待时间、最大等待时间、平均等待时间、空闲时间百分比、空载运输时间百分比、装载运输时间百分比、操作员的空闲率和利用率等仿真结果。以下为仿真结束后，叉车和操作员的仿真输出数据。

根据表 9-25 所示，可以看出叉车的空闲率极高，利用率极低，叉车 2 基本没用到，所以说使用 2 辆叉车是不合适的，资源没有得到合理利用。这里需要进行优化，减少叉车数量，提高叉车利用率。

表 9-25　叉车的仿真输出数据

	叉车 1	叉车 2
最小等待时间	4.74	4.73
最大等待时间	5.73	5.65
平均等待时间	5.23	5.25
空闲时间百分比	94.15%	99.78%
空载运输时间百分比	2.82%	0.11%
装载运输时间百分比	2.41%	0.09%

根据表 9-26 所示，可以明显地看到 3 位操作员的效率都很低，说明雇佣 3 个操作员是有冗余的，需要通过减少操作人员数量，来提高操作员效率，以达到优化的效果。

表 9-26　操作员的仿真输出数据

	操作员 1	操作员 2	操作员 3
空闲率	99.08%	98.95%	98.92%
利用率	0.92%	1.04%	1.08%

（2）出库量、入库量仿真结果分析

根据仿真结果统计得出入库量为 144 盘，出库量为 109 盘，与入库量 800 盘/天，出库量 750 盘/天的要求相差很多。通过分析，入库量少可能是因为发生器发出的货物量少，所以导致入库量也少；而出库量少则是货物在货架上停留时间较长造成的。因此，我们的优化思路是增加发生器的出货量，减少货物在货架上的停留时间。

3．仿真模型优化

1）应减少叉车和操作员的数量。2 辆叉车的利用率很低，所以考虑使用 1 辆叉车的情况；3 个操作员，每个操作员的效率都极低，所以也考虑只用 1 个操作员。

2）应增加发生器的出货量。发生器到达时间间隔服从（0，45，1）的指数分布，可以减小指数分布的尺度参数，增加发生器的出货量。我们将原指数分布改为（0，35，1）。

3）应减少货物在货架上的停留时间。货物在货架上的停留时间服从均值为 7000、随机数流为 1 的泊松分布，可以通过减少泊松分布的均值参数，减少货物在货架上的停留时间。我们将原泊松分布改为（6000，1）。

修改完各参数之后，重新运行模型，看仿真结果，分析模型是否得到优化。运行结果如下：

1）叉车的空闲时间百分比为 87.9%，空载时间百分比为 7.6%，装载时间百分比为 4.6%。可以看出，叉车的利用率为 12.1%，相比之前有很大提高，但是 12.1%的利用率还是比较低的，这就说明用一辆叉车来搬运货物是足够的。

2）操作员的空闲率为 83.9%，空载率为 5.8%，利用率为 10.3%。可以看出操作员的效率相比之前也有提高，但是也还是比较低的，说明一个操作员足够完成处理台的任务，而且雇佣一个操作员，成本也降低了。

3）根据仿真结果统计，入库量为 198 盘，出库量为 159 盘，相比之前有所增加，但是与要求相比还是差很多。我们的优化思路是正确的，还需要反复修改发生器的发货的时间间隔（指数分布的尺度参数）和运行。

4．最终优化方案

通过反复修改发货时间间隔和运行，发生器的到达时间间隔服从（0，8.9，1）的指数分布，货架上货物的停留时间服从（1500，1）的泊松分布。入库处理区使用 1 辆叉车和 1 个操作员即可，效率比较高，成本比较低。从仿真输出数据可以看出，叉车的利用率为 50.9%，操作员的利用率为 41.8%，与最初相比都有了很大的提高，优化是有效的，设备和人力成本大大降低。

根据仿真结果统计，货物入库量为 801 盘，出库量为 752 盘，满足要求，优化也是有效的（出入库总量相差最好不要超过 50 盘，否则会加大库存成本）。

9.8　现代物流配送中心仿真案例

9.8.1　问题描述与模型参数

1．配送中心设计方案与作业流程

物流配送中心仿真的主要目的是：①判断系统中设备的配置是否合理；②检验系统

运行过程是否畅通及货物通过能力；③评价和改进配送中心系统的设备配置。该配送中心的系统流程分为以下 5 个主要环节：入库处理区、存储区、流通加工区、拣货区和发货区。

配送中心根据空间属性和设备的物理位置建立仓库的 Flexsim 三维模型。货物的到达和离开分别使用发生器和吸收器模拟；自动分拣机用传送带来模拟，各段传送带之间通过一定的逻辑连接，并在参数中设置使用操作员；码盘作业使用合成器模拟；对出入库托盘的处理使用处理器模拟，模拟一段时间的延迟；出入库台用暂存区模拟；拆分托盘用分解器模拟，并使用操作员；其他的运输工具、操作员等均使用 Flexsim 实体资源中相应的模型来模拟。各模型建立后按照前述的参数进行设置。

货物到达收货区以后，经过卸货、拆装、标示、验收等工作流程后入库。流通加工区从货物存储区或者拣货区取出货物以后，对货物进行贴价签、更换包装等二次加工后，将从货物存储区取出的货物送回货物存储区重新入库，从拣货区取出的货物送到发货区直接出库。作业控制区发出发货命令后，配送中心把相应货物送到发货区，等待装货。发货区的货物一部分来自货物存储区，另一部分来自拣货区。

配送中心仿真模型如图 9-152 所示，配送中心作业流程图如图 9-153 所示。

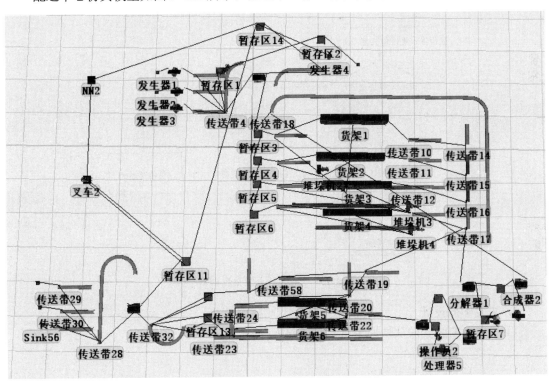

图 9-152　配送中心仿真模型

2. 包装以及托盘方案尺寸

3 种产品在进入传送带主干线时进行托盘装盘。库房托盘采用标准托盘 800mm×1000mm。每类产品每盘装载 4 件。

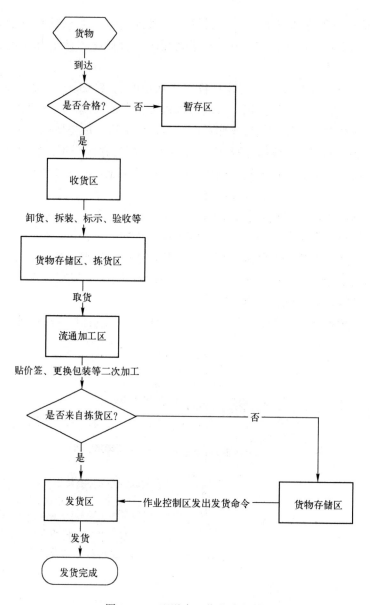

图 9-153　配送中心作业流程图

3．主要参数设计

1）收货：货物到服从泊松分布，数学期望为 55。

2）不良货物率为 10%。

3）生成托盘，数量为 340。

4）合成器装盘，每个托盘装货量为 4 件。

5）流通加工区从货物存储区和拣货区取货操作员服从定长分布，均值分别为 34、46。

6）到达流通加工区的时候用分解器去托盘。

7）储存区货架设置成 10 行 10 列，货物的放置从第 1 排第 1 列开始放置，停留时间服从泊松分布，均值为 7200，随机数流为 1；拣货区货架设置成 10 行 5 列，停留时间服从泊松分布，均值为 3600，随机数流为 1。

4．建模仿真研究的问题

仿真周期设为 10h，使用复演法做多次独立的仿真试验，然后通过观察、统计、分析实时状态图和导出的仿真实验数据，得到最终的仿真结果，解决以下问题：

1）对堆垛机、运输小车、货架的仿真结果进行分析。

2）找出配送中心瓶颈，解决瓶颈，从而提高整个配送中心的效率。

3）分析 340 个托盘是合适，如果不合适如何进行优化。

9.8.2　Flexsim 仿真建模

1．入库处理区的 Flexsim 模型

入库处理区主要负责收货、检验、整理等工作，实现库外物资的转运，装载单元采用 AGV 运输小车或叉车，收货检查时，如果发现有不良品，货物不能入库，将货物送入暂存区。入库处理区由 4 个发生器、1 个吸收器、3 个处理器、5 个传送带、3 个暂存区、1 个合成器和 1 辆叉车组成。如图 9-154 和图 9-155 所示。

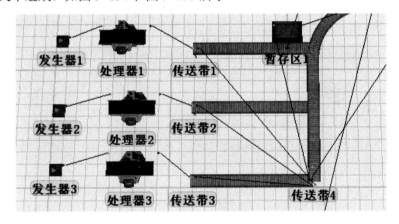

图 9-154　入库处理区布局图（1）

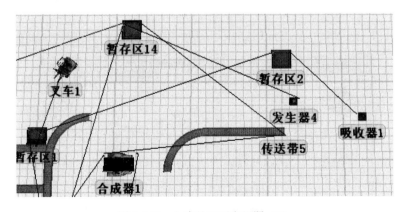

图 9-155　入库处理区布局图（2）

入库处理区实体参数设置如表 9-27 所示。

表 9-27 入库处理区实体参数设置

实体名称	对象说明	参数设置
发生器 1～3	产品发生器	发生器 1、2、3 代表 3 种货物的到达，可设置货物的类型和颜色。货物都按照泊松分布到达，均值为 55，随机数流为 1
发生器 4	托盘发生器	系统一开始运行就立即产生 340 个托盘，托盘产生的初始颜色为绿色
处理器 1～3	入库加工台	参数保持默认设置
传送带 1～3、传送带 4	输送机	参数保持默认设置
传送带 5	输送机	货物的不良率为 10%
暂存区 1、暂存区 2	产品暂存区	暂存区 1 设置使用运输工具，其余参数保持默认设置
暂存区 14	托盘存放区	最大容量设置为 350
合成器 1	组盘合成器	合成器的托盘装货量为 4 件
叉车 1	托盘叉车	参数保持默认设置
吸收器 1	不合格物品区	参数保持默认设置

（1）发生器 1 到达时间参数设置

打开"发生器 1"的属性对话框，选择"发生器"选项卡，将"到达时间间隔"设置为"possion（55，1）"，如图 9-156 所示。

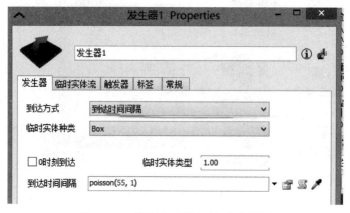

图 9-156 发生器 1 到达时间参数设置

选择"触发器"选项卡，在"On Exit"下拉选项中设置"颜色"为黄色，如图 9-157 所示。

图 9-157 货物颜色设置

然后在"On Creation"下拉选项中设置"类型"为"duniform（1，1）"，如图9-158所示。

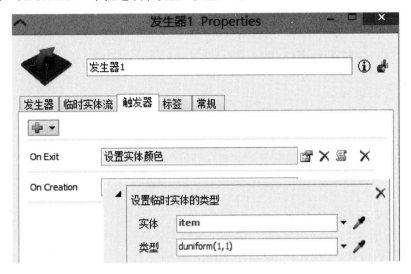

图9-158　货物类型设置

发生器2、发生器3的设置与发生器1的设置类似，将颜色分别设置为蓝色、绿色加以区分；将类型分别设置为duniform（2，2）、duniform（3，3）。

（2）发生器4的参数设置

打开"发生器4"的属性对话框，选择"发生器"选项卡，设置"到达方式"为"到达序列"，"临时实体种类"为"Pallet"（托盘）。在下方的到达序列表中设置"Arrivals"为1，"ItemType"（实体类型）为1，"Quantity"（数量）为340，如图9-159所示。

图9-159　发生器4参数设置

选择"触发器"选项卡，在"On Exit"下拉选项中设置实体颜色为绿色，如图9-160所示。

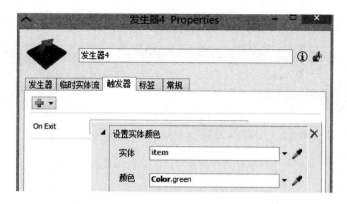

图 9-160　托盘颜色设置

（3）传送带 4 的参数设置

打开"传送带 4"的属性对话框，选择"临时实体流"选项卡，在"发送至端口"下拉列表中选择"按百分比"，设置有 10%的产品输出至端口 1，有 90%的产品输出至端口 2，如图 9-161 所示。

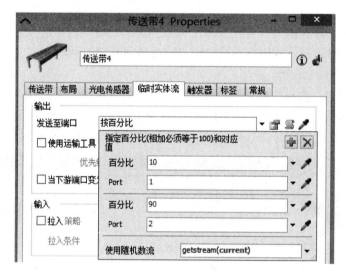

图 9-161　传送带输出端口参数设置

选择"常规"选项卡，检查输出端口，端口 1 为暂存区 1，端口 2 为合成器 1，如图 9-162 所示。

图 9-162　传送带输出端口顺序检查

这里端口 1 连接暂存区，端口 2 连接合成器，保证了 10%的不良产品进入暂存区而不被入库，合格产品则可以通过合成器装盘进入下一个环节。

210

（4）暂存区的参数设置

打开"暂存区 1"的属性对话框，选择"临时实体流"选项卡，选中"使用运输工具"复选框，如图 9-163 所示。

图 9-163　暂存区使用运输工具参数设置

打开"暂存区 14"的属性对话框，选择"暂存区"选项卡，将"最大容量"设置为350，如图 9-164 所示。

图 9-164　暂存区容量设置

（5）合成器 1 的参数设置

打开"合成器 1"的属性对话框，选择"合成器"选项卡，将"合成模式"设置为"打包"，在下方的"组成清单"中将"打包数量"（Target Quantity）设置为 4，如图 9-165 所示。

图 9-165　合成器托盘装货量参数设置

2. 存储区的 Flexsim 模型

存储区采用横梁式组合货架，存放出入库频率较低的商品，货物的接受、上架、出库均采用条形码手持终端导引作业。存储区由 4 个暂存区、9 个传送带、4 个货架和 4 台堆垛机组成，如图 9-166 所示。

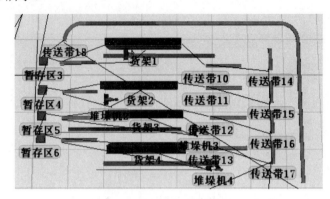

图 9-166　存储区布局图

存储区实体参数设置如表 9-28 所示。

表 9-28　存储区实体参数设置

实体名称	对象说明	参数设置
暂存区 3～6	产品暂存区	输出端口设置为随机端口
传送带 6～13 传送带 18	传送带	传送带 6～9 设置使用运输工具 其余传送带参数保持默认设置
传送带 17	传送带	当货物到达传送带 17 时，判断货物类型。如果是 1，即可走端口 1（端口 1 通往流通加工区）；如果是 2，走端口 2（端口 2 通往拣货区）
货架 1～4	货架	设置成 10 行 10 列，最大容量为 100；每个货格存放一个托盘产品；货物的放置从第 1 排第 1 列开始放置；停留时间服从泊松分布，均值为 7200，随机数流为 1；使用运输工具；当货量储存量达到 80 个时，系统将关闭货架的输入端口，当存储量减少到 20 个时，系统将自动打开货架的输入端口继续补货
堆垛机 1～4	堆垛机	参数保持默认设置

具体参数设置如下。

（1）暂存区输出端口设置

以暂存区 3 为例，打开"暂存区 3"的属性对话框，选择"临时实体流"选项卡，在"发送至端口"下拉列表中选择"随机端口"。如图 9-167 所示。

图 9-167　暂存区输出端口设置

对暂存区 4~6 进行相同的参数设置。

（2）传送带使用运输工具设置

以传送带 6 为例，打开"传送带 6"的属性对话框，选择"临时实体流"选项卡，选中"使用运输工具"复选框，如图 9-168 所示。

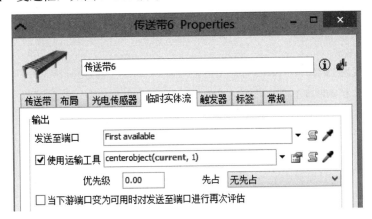

图 9-168　传送带使用运输工具设置

对传送带 7~9 进行相同的参数设置。

（3）货架的参数设置

以货架 1 为例，打开"货架"选项卡，设置"放置到列"为"First Available Bay"（第一个可用列），"放置到层"为"First Available Level"（第一个可用层），"最小停留时间"为"possion（7200，1）"，"最大容量"为"100"，如图 9-169 所示。

图 9-169　货架参数设置

选择"临时实体流"选项卡，选中"使用运输工具"复选框，如图 9-170 所示。

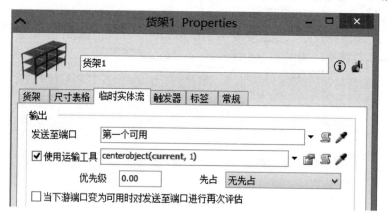

图 9-170　货架使用运输工具设置

将"尺寸表格"选项卡中的参数保持默认设置，如图 9-171 所示。

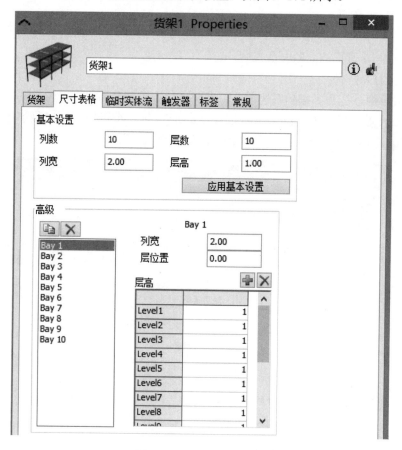

图 9-171　货架层数设置

选择"触发器"选项卡，设置货架容量，选择"On Entry"为"关闭和打开端口"，在其下拉选项中设置当达到条件"content(current)>=80"（数量大于或等于 80）时，进行

"closeinput"（关闭端口）操作，如图 9-172 所示。

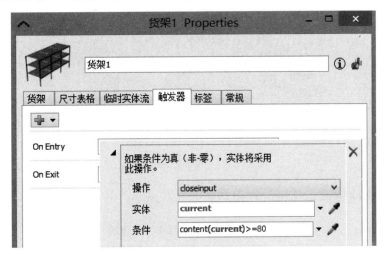

图 9-172　货架容量参数设置（1）

接下来选择"On Exit"为"关闭和打开端口"，在其下拉选项中设置当达到条件"content(current)<20"（数量小于 20）时，进行"closeinput"（关闭端口）操作，如图 9-173 所示。

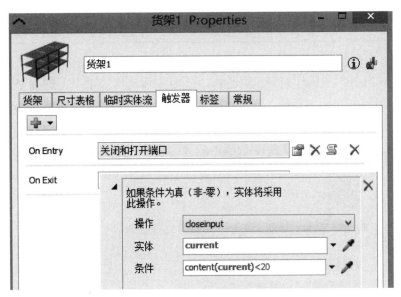

图 9-173　货架容量参数设置（2）

对货架 2～4 进行相同的设置。

3．流通加工区的 Flexsim 模型

流通加工区放置 1 台条形码打印机、1 台计算机和若干手持终端，进行分装包装、贴标签等加工活动。流通加工区由 2 个分解器、3 个暂存区、1 个操作员、1 个处理器和 1 个合成器组成，如图 9-174 所示。

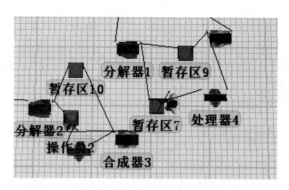

图 9-174　流通加工区布局图

流通加工区实体参数设置如表 9-29 所示。

表 9-29　流通加工区实体参数设置

实体名称	对象说明	参数设置
分解器 1、2	托盘分解器	设置为容器临时实体从端口 1 发送，将容纳的所有临时实体从端口 2 发送。如果没有拆包，则仅送往第一个可用端口
暂存区 7、8	产品暂存区	设置最大容量为 100；使用运输工具
暂存区 9、10	托盘暂存区	设置最大容量为 100
合成器 2、3	组盘合成器	合成器的托盘装货量都为 4 件
处理器 4、5		参数保持默认设置
操作员 1、2	操作员	操作员 1 与操作员 2 服从定长分布，均值分别为 62、92

（1）分解器的参数设置

打开"分解器 1"的属性对话框，选择"临时实体流"选项卡，选择"发送至端口"为"默认分解器选项"，即容器端口输出到端口 1，内置实体端口输出到端口 2，如图 9-175 所示。

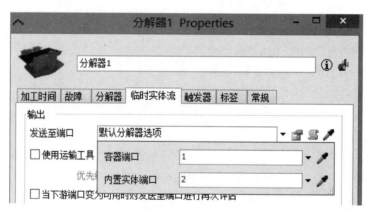

图 9-175　分解器的参数设置

分解器的输出端口有两个，一个为容器端口，另一个为内置实体端口，因此，应使容器端口首先连着暂存区 7，而内置实体端口连着暂存区 9，以保证托盘通过输出端口 1 去往合成器，货物通过输出端口 2 去往处理器。如图 9-176 所示。

图 9-176　分解器输出端口顺序检查

分解器 2 的参数设置与分解器 1 类似。

（2）暂存区的参数设置

打开"暂存区 7"的属性对话框，选择"临时实体流"选项卡，选中"使用运输工具"复选框，如图 9-177 所示。

图 9-177　暂存区使用运输工具设置

选择"暂存区"选项卡，设置"最大容量"为100，如图9-178所示。

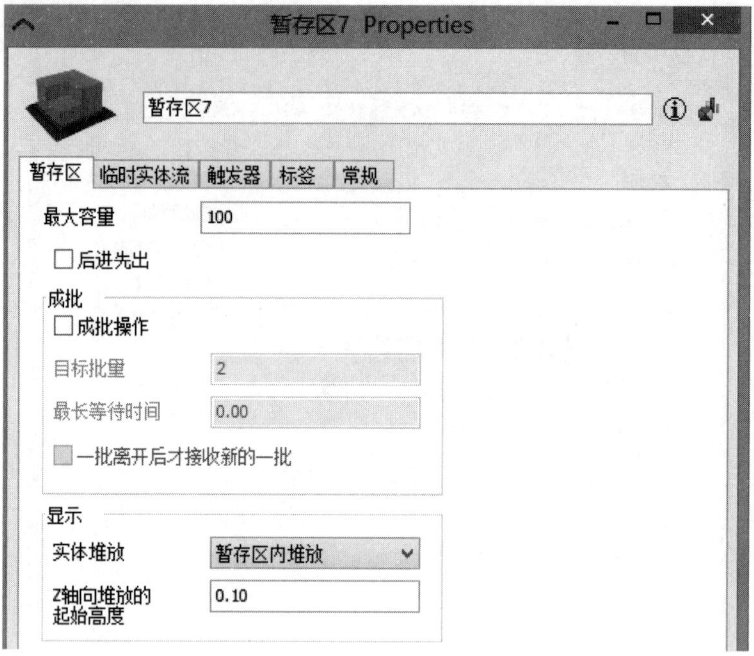

图9-178　货物暂存区容量设置

对暂存区8进行相同的参数设置。

对暂存区9进行设置，在暂存区选项卡下将最大容量设为100，如图9-179所示。

图9-179　托盘暂存区容量设置

对暂存区 10 进行相同的参数设置。

（3）合成器的参数设置

打开"合成器 2"的属性对话框，选择"合成器"选项卡，设置"合成模式"为"打包"，在"组成清单"列表中设置"Target Quantity"（打包数量）为 4，如图 9-180 所示。

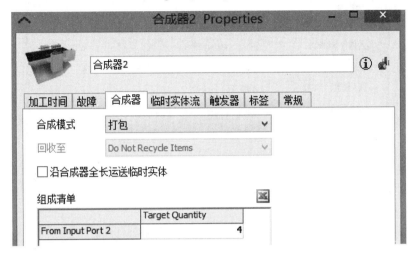

图 9-180　合成器托盘装货量参数设置

对合成器 3 进行相同的设置。

（4）操作员的参数设置

打开"操作员 1"的属性对话框，选择"操作员"选项卡，设置"装载时间"为 62，如图 9-181 所示。

图 9-181　操作员参数设置（1）

对操作员 2 进行类似设置，设置"装载时间"为 92，如图 9-182 所示。

图 9-182　操作员参数设置（2）

4．拣货区的 Flexsim 模型

拣货区采用水平旋转货架，在货架上可安置电子拣选设备，作业人员根据电子表指示，完成分拣作业。拣货区由 2 排货架、1 个操作员和 8 个传送带组成，如图 9-183 所示。

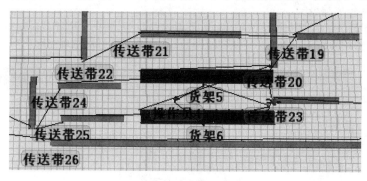

图 9-183　拣货区布局图

拣货区实体参数设置如表 9-30 所示。

表 9-30　拣货区实体参数对象设置

实体名称	对象说明	参数设置
传送带 20	传送带	输出端口为随机端口
传送带 19、传送带 21～27	传送带	参数保持默认设置
货架 5、6	货架	设置成 10 行 5 列，最大容量为 50；每个货格存放一个托盘产品；货物的放置从第 1 排第 1 列开始放置；停留时间按泊松分布，均值为 3600，随机数流为 1；使用运输工具；当货物存储量达到 45 个时，系统将关闭货架的输入端口，当存储量减少到 5 个时，系统将自动打开货架的输入端口继续补货
操作员 3、4	操作员	参数保持默认设置

（1）传送带 20 参数设置

打开"传送带 20"的属性对话框，选择"临时实体流"选项卡，在"发送至端口"下拉列表中选择"随机端口"，如图 9-184 所示。

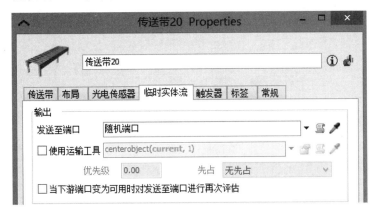

图 9-184　传送带输出端口设置

（2）货架的参数设置

打开"货架 5"的属性对话框，选择"货架"选项卡，设置"放置到列"为"First Available Bay"（第一到达列），"放置到层"为"First Available Level"（第一个到达层），"最小停留时间"为"possion（3600，1）"，如图 9-185 所示。

图 9-185　货架 5 的货架参数设置

选择"尺寸表格"选项卡，将"层数"设置为 5，其他参数保持默认设置，如图 9-186 所示。

选择"临时实体流"选项卡，选中"使用运输工具"复选框，如图 9-187 所示。

图 9-186 货架层数设置

图 9-187 货架使用运输工具设置

选择"触发器"选项卡，然后选择"On Entry"为"关闭和打开端口"，在其下拉选项中设置当达到条件"content(current)>=45"（数量大于或等于 45）时，进行"closeinput"（关闭端口）操作，如图 9-188 所示。

接下来选择"On Exit"为"关闭和打开端口"，在其下拉选项中设置当达到条件"content (current)<=5"（数量小于或等于 5）时，进行"closeinput"（关闭端口）操作，如图 9-189 所示。

图 9-188 货架容量参数设置（1）

图 9-189　货架容量参数设置（2）

对货架 6 进行相同的参数设置。

5．发货区的 Flexsim 模型

发货区主要负责发货工作，实现库内物资的转运，装载单元采用 AGV 运输小车或叉车。发货区由 3 个暂存区、1 个分解器、1 辆叉车、2 个操作员、5 个传送带组成，如图 9-190 所示。

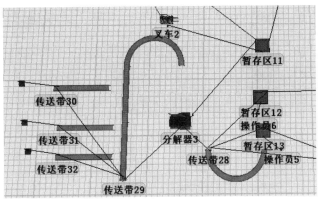

图 9-190　发货区布局图

发货区实体参数设置如表 9-31 所示。

表 9-31　发货区实体参数设置

实体名称	对象说明	参数设置
暂存区 12、13	产品暂存区	设置使用运输工具
暂存区 11	托盘暂存区	设置使用运输工具，最大容量为 350
叉车 2	托盘叉车	参数保持默认设置
操作员 5、6	操作员	参数保持默认设置
分解器 3	托盘分解器	设置为容器临时实体从端口 1 发送，将容纳的所有临时实体从端口 2 发送。如果没有拆包，则仅送往第一个可用端口
传送带 29～32	传送带	传送带 29 输出端口设置为随机端口，其他运输机参数保持默认设置
吸收器 2～4	出库吸收器	参数保持默认设置

（1）暂存区的参数设置

打开"暂存区 12"的属性对话框，选择"临时实体流"选项卡，选中"使用运输工具"复选框，如图 9-191 所示。

图 9-191　暂存区 12 使用运输工具设置

对暂存区 13 进行相同的参数设置。

打开"暂存区 11"的属性对话框，选择"暂存区"选项卡，设置"最大容量"为 350，如图 9-192 所示。

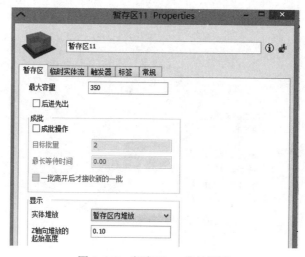

图 9-192　暂存区 11 容量设置

选择"临时实体流"选项卡，选中"使用运输工具"复选框，如图 9-193 所示。

图 9-193　暂存区 11 使用运输工具设置

（2）分解器的参数设置

打开"分解器 3"的属性对话框，选择"临时实体流"选项卡，选择"发送至端口"为"默认分解器选项"，即容器端口输出到端口 1，内置实体端口输出到端口 2，如图 9-194 所示。

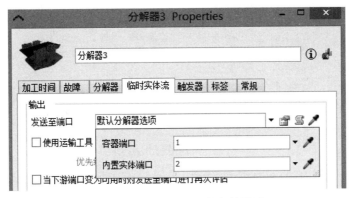

图 9-194　托盘分解器的参数设置

分解器的输出端口有两个，一个为容器端口，另一个为内置实体端口，因此，应使容器端口首先连着暂存区 11，而内置实体端口连着传送带 29，以保证托盘去往托盘暂存区，货物经过传送带去往吸收器。如图 9-195 所示。

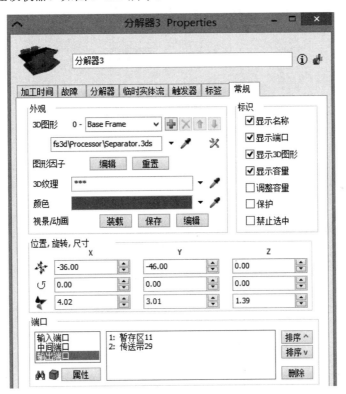

图 9-195　托盘分解器输出端口检查

（3）传送带的参数设置

打开"传送带 29"的属性对话框，选择"临时实体流"选项卡，在"发送至端口"下拉列表中选择"随机端口",如图9-196所示。

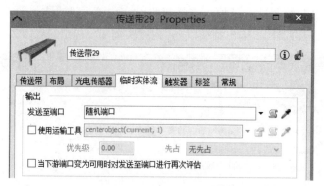

图9-196 传送带输出端口设置

以上为配送中心主要的实体参数设置,其他没有说明的实体参数保持默认设置。经过以上全部参数设置后单击"运行"按钮,可以得到配送中心的仿真运行过程图,如图9-197和9-198所示。

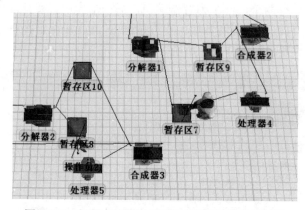

图9-197 运行中的流通加工区和运行中的装盘过程

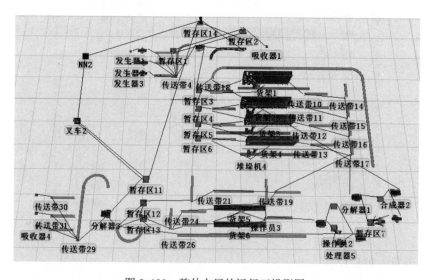

图9-198 整体布局的运行正投影图

9.8.3 仿真结果分析与优化

1. 仿真模型运行及结果统计

模型建立后，经编译、重置后就可以单击“运行”按钮来运行模型，仿真模拟自动化立体仓库一天真实的工作情况，即 10h（36000s）。

由于 Flexsim 是实时的仿真软件，在仿真过程中，可对每一个堆垛机、运输小车、货架进行操作，检测其当前的状态。仿真结束后，通过选择“统计”→“状态报告”输出 Excel 状态报表，如图 9-199 所示。通过模型报告可以很清楚地了解模型中的实体各种状态占总时间的百分比。

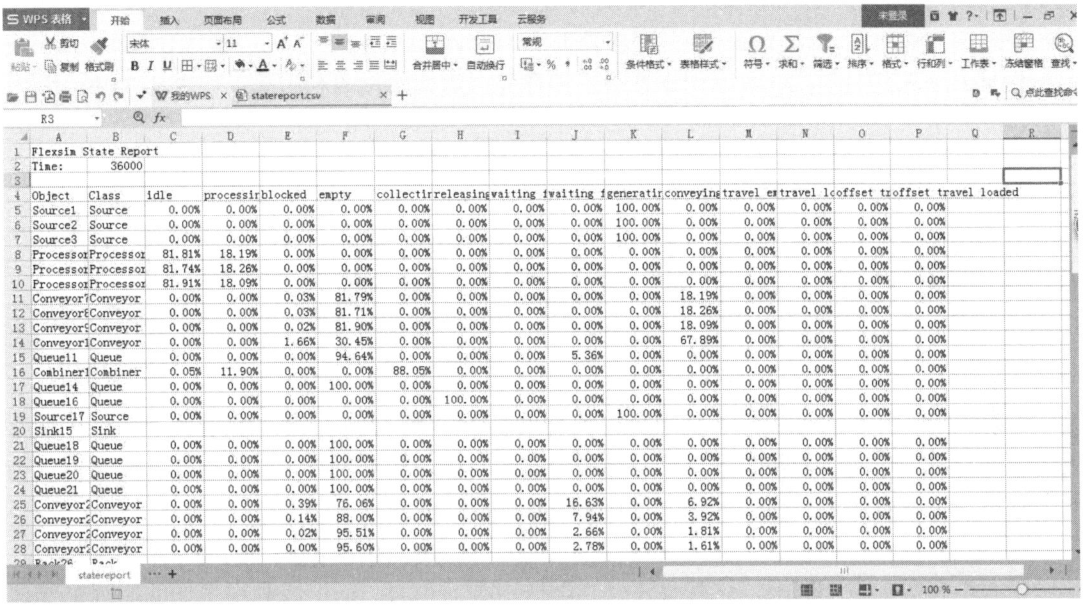

	A	B	C	D	E	F	G	H	I	J	K	L	M	N	O	P
1	Flexsim State Report															
2	Time:	36000														
3																
4	Object	Class	idle	processir	blocked	empty	collectir	releasing	waiting f	waiting f	generatir	conveying	travel er	travel lc	offset tr	offset travel loaded
5	Source1	Source	0.00%	0.00%	0.00%	0.00%	0.00%	0.00%	0.00%	0.00%	100.00%	0.00%	0.00%	0.00%	0.00%	0.00%
6	Source2	Source	0.00%	0.00%	0.00%	0.00%	0.00%	0.00%	0.00%	0.00%	100.00%	0.00%	0.00%	0.00%	0.00%	0.00%
7	Source3	Source	0.00%	0.00%	0.00%	0.00%	0.00%	0.00%	0.00%	0.00%	100.00%	0.00%	0.00%	0.00%	0.00%	0.00%
8	Processor	Processor	81.81%	18.19%	0.00%	0.00%	0.00%	0.00%	0.00%	0.00%	0.00%	0.00%	0.00%	0.00%	0.00%	0.00%
9	Processor	Processor	81.74%	18.26%	0.00%	0.00%	0.00%	0.00%	0.00%	0.00%	0.00%	0.00%	0.00%	0.00%	0.00%	0.00%
10	Processor	Processor	81.91%	18.09%	0.00%	0.00%	0.00%	0.00%	0.00%	0.00%	0.00%	0.00%	0.00%	0.00%	0.00%	0.00%
11	Conveyor7	Conveyor	0.00%	0.00%	0.03%	81.79%	0.00%	0.00%	0.00%	0.00%	0.00%	18.19%	0.00%	0.00%	0.00%	0.00%
12	Conveyor8	Conveyor	0.00%	0.00%	0.03%	81.71%	0.00%	0.00%	0.00%	0.00%	0.00%	18.26%	0.00%	0.00%	0.00%	0.00%
13	Conveyor9	Conveyor	0.00%	0.00%	0.02%	81.90%	0.00%	0.00%	0.00%	0.00%	0.00%	18.09%	0.00%	0.00%	0.00%	0.00%
14	Conveyor1	Conveyor	0.00%	0.00%	1.66%	30.45%	0.00%	0.00%	0.00%	0.00%	0.00%	67.89%	0.00%	0.00%	0.00%	0.00%
15	Queue11	Queue	0.00%	0.00%	0.00%	94.64%	0.00%	0.00%	0.00%	5.36%	0.00%	0.00%	0.00%	0.00%	0.00%	0.00%
16	Combiner1	Combiner	0.05%	11.90%	0.00%	0.00%	88.05%	0.00%	0.00%	0.00%	0.00%	0.00%	0.00%	0.00%	0.00%	0.00%
17	Queue14	Queue	0.00%	0.00%	0.00%	100.00%	0.00%	0.00%	0.00%	0.00%	0.00%	0.00%	0.00%	0.00%	0.00%	0.00%
18	Queue16	Queue	0.00%	0.00%	0.00%	0.00%	0.00%	100.00%	0.00%	0.00%	0.00%	0.00%	0.00%	0.00%	0.00%	0.00%
19	Source17	Source	0.00%	0.00%	0.00%	0.00%	0.00%	0.00%	0.00%	0.00%	100.00%	0.00%	0.00%	0.00%	0.00%	0.00%
20	Sink15	Sink														
21	Queue18	Queue	0.00%	0.00%	0.00%	100.00%	0.00%	0.00%	0.00%	0.00%	0.00%	0.00%	0.00%	0.00%	0.00%	0.00%
22	Queue19	Queue	0.00%	0.00%	0.00%	100.00%	0.00%	0.00%	0.00%	0.00%	0.00%	0.00%	0.00%	0.00%	0.00%	0.00%
23	Queue20	Queue	0.00%	0.00%	0.00%	100.00%	0.00%	0.00%	0.00%	0.00%	0.00%	0.00%	0.00%	0.00%	0.00%	0.00%
24	Queue21	Queue	0.00%	0.00%	0.00%	100.00%	0.00%	0.00%	0.00%	0.00%	0.00%	0.00%	0.00%	0.00%	0.00%	0.00%
25	Conveyor2	Conveyor	0.00%	0.00%	0.39%	76.06%	0.00%	0.00%	0.00%	16.63%	0.00%	6.92%	0.00%	0.00%	0.00%	0.00%
26	Conveyor2	Conveyor	0.00%	0.00%	0.14%	88.00%	0.00%	0.00%	0.00%	7.94%	0.00%	3.92%	0.00%	0.00%	0.00%	0.00%
27	Conveyor2	Conveyor	0.00%	0.00%	0.02%	95.51%	0.00%	0.00%	0.00%	2.66%	0.00%	1.81%	0.00%	0.00%	0.00%	0.00%
28	Conveyor2	Conveyor	0.00%	0.00%	0.00%	95.60%	0.00%	0.00%	0.00%	2.78%	0.00%	1.61%	0.00%	0.00%	0.00%	0.00%
29	Rack26	Rack														

图 9-199 系统模型报告

堆垛机运行状况的主要评价指标包括工作时间、闲置率和利用率，将其数据整理后记录于表 9-32 中。

表 9-32 堆垛机仿真输出数据

	1 号堆垛机	2 号堆垛机	3 号堆垛机	4 号堆垛机
最小等待时间/min	10.17	12.67	7.17	15.17
最大等待时间/min	24.55	23.05	19.31	25.55
平均等待时间/min	16.89	17.46	12.46	20.07
空闲时间百分比	57.1%	76.4%	92.4%	89.3%
空载运输时间百分比	20.4%	11.0%	3.6%	4.8%
装载运输时间百分比	22.6%	12.6%	3.9%	6.0%

货架的主要评价指标包括最大库存量、现有库存量、输入货物总数、输出货物总数和库位利用率，货架主要考虑存储区的货架，将仿真数据记录于表 9-33 中。

表 9-33 货架仿真输出数据

设备	当前库存量/盘	最大库存量/盘	平均库存量/盘	入库总数/盘	出库总数/盘	平均停留时间/s
1 号货架（Rack26）	51	63	48.45	266	215	7249.45
2 号货架（Rack27）	30	39	26.15	145	115	7243.46
3 号货架（Rack28）	18	18	11.12	65	47	7108.64
4 号货架（Rack29）	9	18	10.84	58	49	7347.62

由表 9-33 的数据可以得出，存储区 4 排货架入库总量为 504，出库总量为 426，库位的平均利用率为 21.1%，相对较低，需要加以优化让配送中心能达到预期的作用，所以模型中发生器的到达时间间隔和货架的最小停留时间均要调整。

根据表 9-32 和表 9-33 可以得出堆垛机和存储区货架库位的利用率，如表 9-34 所示。

表 9-34 仿真实验数据分析结果

设备	利用率	设备	利用率
堆垛机 1	42.9%	1 号货架（Rack26）	51%
堆垛机 2	23.6%	2 号货架（Rack27）	30%
堆垛机 3	7.6%	3 号货架（Rack28）	18%
堆垛机 4	10.7%	4 号货架（Rack29）	9%

1）由表 9-34 可以看出，4 架堆垛机的利用率非常低，而导致堆垛机利用率低的主要原因是配送中心到达的货物数量少以及货物的停留时间短，如需要改善这个问题，必须在货物到达发生器上做出优化，让货物到达配送中心的数量多起来。

2）由表 9-34 可以看出，4 个货架的平均利用率只有 21.2%，这样的利用率是很低的，配送中心没有得到充分利用，这就有违建立配送中心的初衷。而造成利用率低的原因主要是到达的货物数量少，货物在货架上的停留时间短，所以为了更好地解决货架问题，应该增加货物的到达数量，增加货物停留在货架上的时间。

3）由仿真模型可以看出，在产生托盘的暂存区中还有 141 个托盘处于空闲状态，剩余的托盘数量比较多，所以可以认为最初的 340 个托盘应该是明显过多的。因为托盘是循环使用的，而且货物的到达数量少，所以说 340 个托盘不合适。优化托盘问题主要在于适当减少托盘的生成，这样可以避免托盘过多造成的浪费。

以上就是配送中心在原始数据下进行仿真后的结果，从中可以发现系统运行过程中存在的一些问题，为进一步优化系统配置提供了重要的依据。由于仿真模型中的临时实体是通过发生器连续产生的，沿袭这样的思路和方法，待有条件时可以进行更加全面、真实的分析。

2. 配送中心的优化

（1）堆垛机和货架利用率的优化

根据以上分析，堆垛机和货架利用率低的原因是货物到达数量少，货物在货架上停留时间短。针对这一问题，可以对模型进行如下修改，来提高堆垛机和货架的利用率。

货物的到达时间间隔服从均值为 55、随机数流为 1 的泊松分布，要优化该因素，增加货物到达数量，可以货物的到达时间间隔改为均值为 50、随机数流为 1 的泊松分布。存储区的货架上货物的最小停留时间也采用泊松分布，要延长货物的停留时间，可以将停留时间函数修改为均值为 9000、随机数流为 1 的泊松分布；储存区的货架关闭输入端口的上限修改为 90，参照此数据修改模型，仿真结果整理、记录于下列各个表中。

通过表 9-35 可以看出，堆垛机工作效率有所提高。

表 9-35　修改前后堆垛机工作效率对照表

	1 号堆垛机	2 号堆垛机	3 号堆垛机	4 号堆垛机
修改前工作效率	42.9%	23.6%	7.6%	10.7%
修改后工作效率	43.1%	23.7%	8.7%	12.9%

通过表 9-36 可以看得出，修改后的平均货架利用率为 39.75%，比修改前提高了 18.55%。由以上数据可以看出，修改货物的入库时间间隔和货物在货架上的停留时间，可以作为优化配送中心的因素。之后再通过多次试验仿真就能找出最优的货物入库时间间隔和货物在货架上的停留时间。

表 9-36　修改前后的货架利用率数据表

	1 号货架 （Rack26）	2 号货架 （Rack27）	3 号货架 （Rack28）	4 号货架 （Rack29）
修改前工作效率	51%	30%	18%	9%
修改后工作效率	79%	46%	16%	19%

（2）托盘生成数量的优化

在以上优化方案基础上，通过进一步分析来确定在现有资源配置下该配送中心的托盘生成数量，在提高堆垛机和货架利用率的同时避免过多托盘的浪费，使配送中心效益最大化。在托盘发生器中设置托盘的初始数量为 300，运行该模型，根据仿真结果可知，托盘暂存区剩余托盘数量为 36，与优化之前的 141 相比，大幅减少。因此，可以认为托盘的初始数量为 300 比 340 要更合适一些（节省了 40 个托盘的成本）。

根据仿真结果可以知道，修改托盘初始生成数量也可以作为优化配送中心的因素之一，后面再通过多次试验仿真可以找出最优的托盘数量。

（3）最终优化方案结果

通过反复的测算和仿真运行分析，货物到达时间间隔和储存区货架货物最小停留时间均采用泊松分布，分别采用均值 50、9300，使用随机数流为 1，储存区的货架关闭输入端口的上限修改为 90，托盘的初始生成数量为 280。参照此数据修改模型，仿真结果整理、记录于表 9-37 中。

通过表 9-37 可以看出，堆垛机的工作效率有一定的提高；储存区的货架利用率有了很大的提高，平均利用率由 21.2%提高到了 42.75%。根据仿真结果还可以知道托盘暂存区的托盘剩余量为 5，与之前相比极大地减少了，避免了购买托盘过多而造成浪费，使配送中心的效益得到了提高。

表 9-37　最终修改前后工作效率对照表

	修改前工作效率	修改后工作效率		修改前工作效率	修改后工作效率
堆垛机 1	42.9%	46%	1 号货架（Rack26）	51%	79%
堆垛机 2	23.6%	21.5%	2 号货架（Rack27）	30%	47%
堆垛机 3	7.6%	8.9%	3 号货架（Rack28）	18%	21%
堆垛机 4	10.7%	13.3%	4 号货架（Rack29）	9%	24%

综合以上结果，可以证明我们选择的优化方案是正确的，通过仿真分析，优化系统的资源配置后，达到了提高系统效率、优化投资效益的目的。